浙江省自然科学基金青年项目资助（项目号：LQ17G020006）
国家自然科学基金青年项目资助（项目号：71502166）

财务信息可比性及其业绩预测效应研究

CAIWU XINXI KEBIXING
JIQI YEJI YUCE XIAOYING YANJIU

◆陈翔宇 著

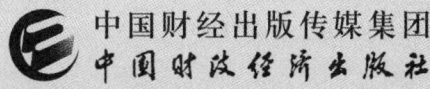

中国财经出版传媒集团
中国财政经济出版社

图书在版编目（CIP）数据

财务信息可比性及其业绩预测效应研究／陈翔宇著．—北京：中国财政经济出版社，2018.10

ISBN 978 – 7 – 5095 – 8535 – 1

Ⅰ.①财… Ⅱ.①陈… Ⅲ.①财务信息 – 研究 – 中国 Ⅳ.①F275

中国版本图书馆 CIP 数据核字（2018）第 217029 号

责任编辑：卢元孝　　　　　责任印制：刘春年
封面设计：卜建辰　　　　　责任校对：徐艳丽

中国财政经济出版社 出版

URL：http：//www.cfeph.cn
E – mail：cfeph@cfeph.cn

（版权所有　翻印必究）

社址：北京市海淀区阜成路甲 28 号　邮政编码：100142
营销中心电话：010 – 88191537　北京财经书店电话：64033436　84041336
北京财经印刷厂印装　各地新华书店经销
710×1000 毫米　16 开　16.5 印张　260 000 字
2018 年 10 月第 1 版　2018 年 10 月北京第 1 次印刷
定价：68.00 元
ISBN 978 – 7 – 5095 – 8535 – 1
（图书出现印装问题，本社负责调换）
本社质量投诉电话：010 – 88190744
打击盗版举报热线：010 – 88191661、QQ：2242791300

前　　言

可比性作为一个重要的财务信息质量特征，不仅是会计学和财务学等相关学科研究的经典课题，同时也是会计准则制定以及会计实务的重大实践问题。2010年9月IASB和FASB发布的联合概念框架首次将可比性定位为基本财务信息质量（如实反映及相关性）之上、有助于信息使用者决策的增进的质量特征，由此激发不少学者围绕该信息质量特征展开新一轮的讨论。然而，现有文献的相关研究仍然存在不少分歧，特别是可比性度量的技术"瓶颈"始终有待突破。

对于可比性的度量，已有研究大多局限于以间接方法度量国家间财务信息可比性，无法对特定国家的公司间财务信息可比性予以衡量。事实上，单纯采用全球统一的财务报告准则并不必然带来一国内部公司之间财务信息可比性的提高。近期研究证实，会计准则趋同也有可能不会对同一国家的公司间财务信息可比性产生显著影响。然而，正如国际资本流动需要全球财务信息具有可比性，特定国家信息使用者同样强烈需要利用财务信息可比性帮助其做出合理决策。目前，基于公司层面财务信息可比性的研究刚刚起步，有关转轨经济环境下的相关研究尚未展开。

当前，中国市场化改革已经步入全面深化阶段，市场在资源配置中的决定性作用已经确立，激发了各类市场主体参与经济活动的积极性，市场主体往往基于所获取的信息来做决策，而信息的可比性能够帮助市场主体比较不同经济事项的异同，提高决策效率，从而引导资源的优化配置。在此背景下，本书利用 De Franco 等（2011）设计的直接测度公司层面财务信息可比性的方法所提供的难得机遇，研究了我国上市公司财务信息可比性的影响因素及可比性对分析师预测和管理层预测的影响，具有较高的理论和现实意义。

本书主要从公司内外部治理机制、公司财务特征以及财务信息的基本质量特征等方面识别了我国上市公司财务信息可比性的影响因素，研究发现：产品市场竞争越激烈、审计师具有行业专长、大股东持股比例越高、非国有控股、盈利能力越好、财务信息的相关性和如实反映程度越高，则公司的财务信息可比性越高；而公司的规模越大、盈余波动性越大、负债比率越高，则公司的财务信息可比性越低。

基于可比性有助于信息使用者比较不同项目的异同，增强财务信息的决策有用性，本书考察了财务信息可比性对分析师预测行为的影响，研究发现：上市公司财务信息可比性越高，跟踪的分析师数量越多，预测质量越高。进一步研究发现，产品市场竞争增强了财务信息可比性与分析师跟踪数量和预测质量之间的正向关系。

本书还继续考察了财务信息可比性对公司管理层业绩预测的影响，主要研究了财务信息可比性对管理层业绩预告精确度的影响、财务信息可比性对管理层业绩预告准确度的影响以及财务信息可比性对管理层业绩预告乐观偏差的影响。

研究发现：（1）财务信息可比性越高的公司，其管理层披露的业绩预告精确度越高；财务信息可比性与业绩预告精确度的正向关系主要体现在较高的财务报告信息质量或较好的外部市场化环境下。（2）财务信息可比性越高的公司，其管理层业绩预告的准确度越高；财务信息可比性对业绩预告准确度的促进作用还受公司内外部信息环境的影响，良好的公司内外部信息环境均能够增强财务信息可比性与业绩预告准确度之间的正向关系，并且在业绩预测难度较大的情况下，财务信息可比性对业绩预告准确度的提升作用更显著。（3）财务信息可比性越高的公司，其管理层业绩预告乐观偏差越小；财务信息可比性对业绩预告乐观偏差的抑制作用在较差的信息环境和较低的监督环境下更强；会计准则国际趋同提高了财务信息可比性，进而降低了管理层业绩预告的乐观偏差。

　　本书的创新与贡献主要体现在以下三个方面：（1）首次从公司内外部治理机制视角，较系统地研究了我国上市公司财务信息可比性的影响因素，拓展了财务信息可比性影响因素的研究领域，为提高上市公司财务信息可比性提供了有益的政策建议。（2）本书从财务信息可比性的视角，考察了其对我国分析师预测行为的影响，并创新性地考察了产品市场竞争对可比性与分析师预测之间关系的影响，为财务信息可比性与分析师预测的关系提供了转型经济国家的证据，同时也验证了 De Franco 等（2011）关于财务信息可比性测度方法在中国情境下的有效性。（3）本书首次发现可比性这一财务信息质量特征是影响管理层业绩预测的一个重要因素，突破了以往主要从管理层动机来分析管理层业绩预测的研究。本书将可比性的经济后果拓展到其对管理层业绩预测行为的影响研究，开拓了可比性经济后果研究的新视角；从可比性的视角，为公司财务信息质量服务于管理层的决策提供了经验证据，有利于深化准则制定者和理论研究者对可比性这一增进质量特征对提高信息决策有用性作用的认知，同时也为公司管理层和监管机构提高公司业绩预测质量，进而更好地服务于资本市场发展提供了有价值的政策建议。

  本书的出版，我要感谢厦门大学会计系肖虹教授和曲晓辉教授的倾心指导，感谢浙江财经大学会计学院老师们的关心支持，感谢中国财政经济出版社编辑的严谨负责。受本人研究水平的限制，本书的研究仍存在着一定局限，还有待在今后的研究中加以完善。

陈翔宇

2018年6月

目 录

第一章 导论 ·· 1

　　第一节 研究背景与动机 ··· 3
　　第二节 研究思路与方法 ··· 7
　　第三节 研究内容与主要贡献 ·· 9

第二章 财务信息可比性及其研究回顾 ································· 15

　　第一节 财务信息可比性概述 ·· 17
　　第二节 文献回顾 ··· 22

第三章 财务信息可比性影响因素 ··· 35

　　第一节 引言 ··· 37
　　第二节 理论分析与研究假设 ·· 39
　　第三节 研究设计 ··· 49
　　第四节 实证结果与分析 ··· 55
　　第五节 本章小结 ··· 66

第四章 财务信息可比性与分析师预测 ································· 69

　　第一节 引言 ··· 71
　　第二节 理论分析与研究假设 ·· 74

第三节 研究设计 …………………………………………… 78
第四节 实证结果与分析 …………………………………… 83
第五节 本章小结 …………………………………………… 107

第五章 财务信息可比性与管理层业绩预告精确度 109

第一节 引言 ………………………………………………… 111
第二节 制度背景、文献回顾与研究假设 ………………… 114
第三节 研究设计 …………………………………………… 121
第四节 实证结果与分析 …………………………………… 125
第五节 本章小结 …………………………………………… 140

第六章 财务信息可比性与管理层业绩预告准确度 143

第一节 引言 ………………………………………………… 145
第二节 文献回顾与研究假设 ……………………………… 147
第三节 研究设计 …………………………………………… 151
第四节 实证结果与分析 …………………………………… 156
第五节 本章小结 …………………………………………… 180

第七章 财务信息可比性与管理层业绩预告乐观偏差 183

第一节 引言 ………………………………………………… 185
第二节 文献回顾与研究假设 ……………………………… 188
第三节 研究设计 …………………………………………… 191
第四节 实证结果与分析 …………………………………… 195
第五节 本章小结 …………………………………………… 214

第八章 结论、启示及未来研究方向 217

第一节 主要研究结论 ……………………………………… 219

第二节　研究启示 …………………………………………… 221

第三节　研究局限及未来研究方向 ………………………… 223

参考文献 ……………………………………………………… 226

财务信息可比性
及其业绩预测
效应研究

Chapter 1

第一章 导 论

第一章 导 论

本章介绍本书的研究背景与动机，陈述本书的研究思路、研究方法以及研究内容，并指出本书的主要研究贡献。

第一节 研究背景与动机

发轫于20世纪80年代的经济全球化，带来了跨国商品与服务贸易规模和形式的增加，也伴随着全球资本流动规模的增加，资本在全世界范围内的自由流动，其需要的条件是：以可比的财务信息按最低的成本提供给最有效的使用者，在此过程中，作为"商业语言"的财务会计信息，其是否可比的重要性日益凸显，如何在全球范围内达到财务会计信息的可比受到了理论界和实务界的高度重视。在此背景下，国际会计准则委员会（IASC）开始了其寻求全球会计可比的艰难历程，其自身机构改革和准则制定的历史就是一部为提高全球会计可比性和高质量会计信息的历史。1989年，IASC出台了《财务信息可比性》的征求意见稿，即著名的ED 32，对在此之前颁布的共32份国际会计准则（IAS）进行了全面的修订，其中最主要的工作就是减少每份国际会计准则中的备选方案（alternative accounting methods）的数目，达到"相同或相似的经济交易，不论在全球的任何地方发生，都能够按照相同或相似的会计处理方法进行处理"的目的，最终通过会计准则的国际可比性来达到会计的国际化，进而更好地服务于经济全球化的需要（杜兴强和章永奎，2008）。为达到这个目的，国际会计准则委员会付出了艰辛的努力，并于2001年改组为国家会计准则理事会（IASB），致力于在全球范围内采用国际财务报告准则（IFRS），其主要目标就是增强各国间公司财务报告的可比性，为投资者提供可比的财务信息，从而提高投资者投资决策的效率，使全球资本得以更加有效合理的分配，进一步降低企业的资本成本。2010年9月，国际会计准则理事会（IASB）和美国财务会计准则委员会（FASB）联合发布了《财务报告概念框架》（以下简称"联合概念框架"），在联合概念框架中将可比性作为有用财务信息的增进质量特征，以便提高财务信息的决策有用性，进而实现财务报告的目标（Barth，2013）。

既有研究发现，国际会计准则的强制变迁（即强制采用 IFRS）有利于增强国际财务信息可比性，进而增强了公司信息的跨国传递效应（Yip and Young，2012；Wang，2014），公司采用 IFRS 之后，其与美国公认会计准则（GAAP）得到的会计金额的可比性有所提高（Barth et al.，2012），更高的国际财务信息可比性有利于国际业务的开展，减少了交易成本（Turner，1983；Weber，1992；Choi et al.，1999），增加国际投资（DeFond et al.，2011），降低资本成本（Li，2010），提高国际资源配置效率（Radebaugh et al.，1997）。这些研究表明会计准则的国际协调促进了国家间财务信息可比性的提高和跨国资本流动，降低了会计语言差异对经济全球化的阻碍。

会计准则国际趋同虽然影响了国家间财务信息可比性，但是，既有研究并没有发现准则全球趋同会对同一国家内部公司间的财务信息可比性产生显著影响（Yip and Young，2012；Wang，2014；Barth et al.，2012），单纯采用全球统一的财务报告准则并不一定带来一国内部公司之间的财务信息可比性的提高。但是，如同国际资本流动对全球财务信息可比的需求一样，一国内部也同样对财务信息可比有着强烈需求。与 IASB 长期以来侧重于追求财务信息的国际可比性所不同的是，美国证券交易委员会（SEC）和美国财务会计准则委员会（FASB）则比较强调一国内公司信息的可比性，主要原因在于财务信息的可比性能够使市场主体判断出不同项目的优劣，使其做出合理决策，进而使一国资源得到有效配置。我国准则制定者也历来重视财务信息的可比性，在其 2006 年颁布的《企业会计准则——基本准则》中，把可比性作为会计信息质量要求之一，明确要求企业提供的会计信息应当具有可比性，确保不同企业以及同一企业不同时期的会计信息应相互可比。从理论上讲，可比性对财务报告非常重要，主要是因

第一章 导 论

为可比性同财务信息的其他质量特征一样，有利于实现财务报告的目标（Barth et al.，2012）。财务报告的目标主要是为信息使用者提供与企业有关的财务状况、经营成果和现金流量等相关的财务信息，以便帮助他们做出合理的决策。而财务信息决策有用性的发挥离不开财务信息的可比性。可比性的主要作用在于其能使不同项目得以更好地比较，信息使用者常常需要在备选方案中作出选择，可比性能够提供备选方案之间的类似之处和不同之处，让信息使用者以较低的成本做出相对合理的决策，提高了决策效率，优化了资源配置。因此，财务信息的可比性提高了财务信息的有用性和决策相关性。此外，具有可比性的财务信息也是市场公平竞争的前提条件，有利于正确评价企业经营业绩（袁知柱和吴粒，2012）。财务报表分析的经典教科书上也强调，一个公司的财务业绩不能被孤立地评估，需要有可比对象加以比较才能得出合理的评估结论，以达到正确评价公司业绩的目的，也有利于投资银行和机构投资者对股票进行合理估值（Libby et al.，2009；Stickney et al.，2007；姜国华，2008）。可见，一国内部公司间的财务信息可比性对信息使用者的各项决策所起的作用是相当重要的。

尽管各国准则制定者以及实务工作者对本国公司的财务信息可比性问题给予了一定程度的重视，但由于缺乏公司层面财务信息可比性的直接测度方法，相对于可靠性、相关性、稳健性等财务信息质量特征的研究，理论研究者对一国内部公司层面的财务信息可比性问题的研究明显滞后，导致公司层面财务信息可比性的影响因素及其经济后果研究严重缺乏。De Franco等（2011）基于会计盈余——股票收益的回归模型，创新性地设计出了测度公司层面财务信息可比性的方法，它遵循了IASB和FASB在概念框架中对财务信息可比性的定义，即如果两个公司发生了同样的经济事项，那么这两个公司对该经济事项在财务信息中的反映也应是相似的，反之则应不同。因此，该方法在一定程度上解决了财务信息可比性的直接测度问题，从而也为研究一国内部公司间财务信息可比性的相关问题创造了机会。

虽然 De Franco 等（2011）的测度方法为研究一国内部财务信息可比性问题提供了有利条件，但从目前能够检索到的文献来看，国内外学者对这方面的研究还处于起步阶段，相关研究鲜有涉及。De Franco 等（2011）发现一国内公司之间财务信息可比性的提高有利于吸引证券分析师的关注，并提高了分析师预测质量。Chen 等（2013）研究发现财务信息可比性能够帮助并购人更好地做出并购投资决策，提高并购决策的效率，促进资本的有效配置。尽管财务信息可比性提高了公司内外部信息使用者的决策效率，但是现有研究并没有识别财务信息可比性的决定因素。基于可比性对于实现财务报告目标和提高资本市场效率的重要作用，识别财务信息可比性的影响因素进而提高财务信息可比性，才能更有效地发挥其对财务信息决策有用性的提升作用，从而实现财务报告的目标，具有较强的理论意义和现实意义。

IASB 和 FASB 在其 2010 年联合概念框架中将为使用者提供有助于其决策的财务信息作为财务报告的目标，并将可比性作为增进的财务信息质量特征，从而在相关和如实反映的基础上用来增进和优化财务信息的质量，提高已经是相关的、如实反映的财务信息的决策有用性，从而实现财务报告的目标（葛家澍和张金若，2007；Barth，2013）。公司的未来业绩预测是证券分析师和管理层和对公司未来业绩走势的判断，进而会影响投资者和利益相关者的投资和其他决策。财务分析教科书也都将公司估值作为判断公司价值的重中之重，当然这也影响着投资者的购买、持有或是抛售公司股票的决策，而估值不论是采用何种技术，均需要对公司未来业绩有较为准确的判断。正如姜国华（2008）指出的那样，在采用现金流量折现模型估计公司价值时，公司估值的准确与否往往取决于公式的分子，也就是公司未来业绩的判断。财务信息的作用在很大程度上是帮助决策者做预测的，无论是对公司价值的预测还是业绩的预测都需要可比的信息提供支持。可比性之所以能够服务于业绩预测，发挥其对财务报告目标实现的增进作用，主要原因在于具有较高可比性的公司，其财务信息能够较好地做到横向和纵向的可比,不仅有利于预测者更好地评估公司过去和现在的业绩,而且还有利于预测者更好地利用行业乃至宏观经济信息,进而有助于预测者做出更为准确与合理的预测。为此,本书对财务信息可比性对业绩预测的作用加以实证检验,一方面考察了财务信息可比性对分析师预测行为的影响,为两者关系提供新兴与转型经济国家的经验证据支持;另一方面考察了财务信息可比性对公司管理层预测行为的影响,开拓了可比性经济后果研究的新视角。此外,对于财务信息可比性是否增进与提高了如实反映和相关性信息的决策有用性,进而服务于财务报告目标的实现,学术界尚未给予很好的回答。本书通过研究财务信息可比性在业绩预测中的作用,为这一问题的解答提供了直接证据。

第二节 研究思路与方法

一、研究思路

本书围绕可比性这一财务信息质量特征,梳理了财务信息可比性的概念及其历史演进,回顾了财务信息可比性的相关研究文献,在此基础上,本书从公司外部与内部治理机制、公司财务特征、财务信息的基本质量特征等方面研究了财务信息可比性的影响因素,并研究了财务信息可比性分别对分析师预测和管理层预测的影响。其中,财务信息可比性对分析师预测的影响从分析师跟踪数量、分析师预测分歧度以及分析师预测准确度三个方面来考察;财务信息可比性对管理层业绩预告的影响从业绩预告的精确度、业绩预告的准确度以及业绩预告的乐观偏差这三个方面来检验。此外,本书还考虑了上述关系在不同环境下的可能差异,具体而言,在研究财务信息可比性对分析师预测的影响时,本书考察了产品市场竞争程度对财务信息可比性与分析师预测行为之间关系的影响;在研究财务信息可比性对管理层业绩预告精确度的影响时，本书还考察了审计质量和外部市场化环境这两个调节因素对可比性与业绩预告精确度关系的影响；在研究财务信息可比性对管理层业绩预告准确度的影响时，本书还考察了公司外部信息环境、内部信息环境及业绩预测的难度这三个调节因素对可比性与业绩预告准确度关系的影响；在研究财务信息可比性对管理层业绩预告乐观偏差的影响时，本书还考虑了信息环境质量以及以媒体监督和机构投资者为代表的监督环境对可比性与业绩预告乐观偏差之间关系的可能影响。本书的研究框架如图1-1所示。

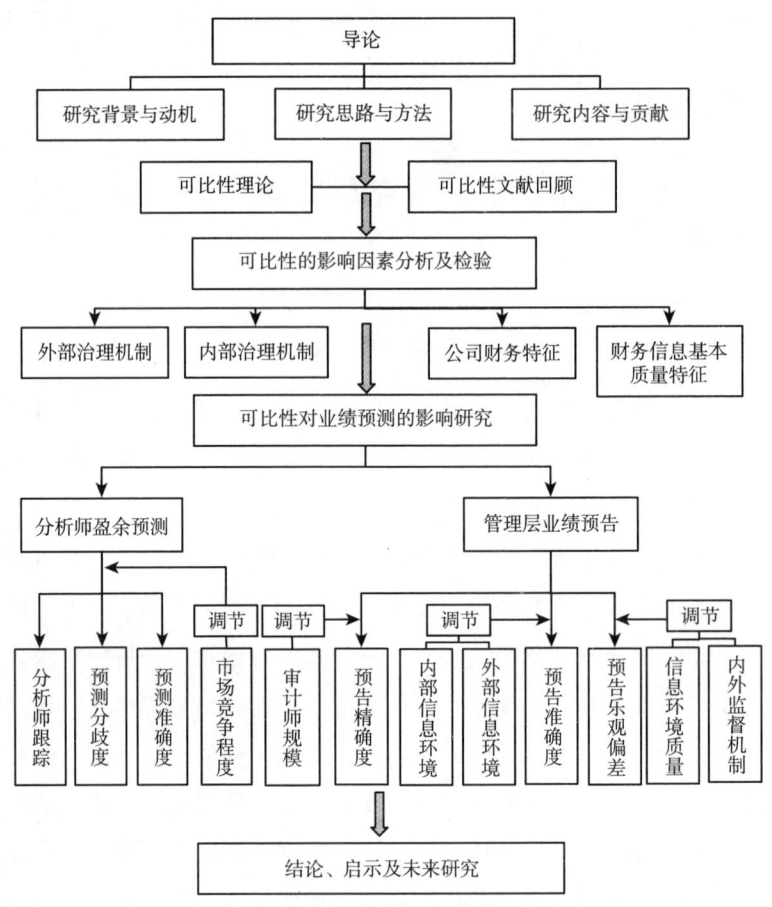

图1-1　财务信息可比性及其业绩预测效应研究框架

二、研究方法

本书采用规范分析和实证检验相结合的研究方法,并以实证研究方法为主。采用规范研究法对财务信息可比性的理论基础,财务信息可比性影响分析师预测的机理,以及财务信息可比性影响管理层业绩预告的机理进行了分析。采用单变量描述性统计、多变量相关性分析、大样本多元线性回归和 Logistic 回归检验了财务信息可比性的影响因素及其对分析师预测和管理层业绩预告的影响。

第三节 研究内容与主要贡献

一、研究内容

本书共分为七章,各章具体内容安排如下:

第一章,导论。本章主要介绍本书的研究背景与动机、研究思路与方法、研究内容与研究的主要贡献。

第二章,财务信息可比性及其研究回顾。本章对财务信息可比性的概念以及可比性的理论发展进行了梳理,并从可比性的度量方法、可比性的影响因素以及可比性的经济后果三个方面对财务信息可比性的相关研究进行了回顾,为后面的实证分析提供理论和文献支持。

第三章,财务信息可比性影响因素。本章基于公司层面财务信息可比性的度量,考察了公司外部与内部治理机制、公司财务特征、财务信息的基本质量特征等因素对我国上市公司财务信息可比性的影响。研究发现:在外部治理方面,产品市场竞争程度显著影响了财务信息的可比性,表现为激烈的产品市场竞争能够提高所在行业公司的财务信息可比性;审计师的行业专长也有利于提高被审计公司与行业内其他公司的财务信息可比性。在内部治理方面，大股东的治理效应体现为大股东持股比例的增加提高了公司的财务信息可比性，并且大股东为非国有性质会有利于提高财务信息可比性；而机构投资者持股和独立董事比例虽对财务信息可比性有正向影响，但影响不显著，说明机构投资者和独立董事在提升财务信息可比性方面的作用还没有得到有效发挥；在财务特征方面，盈余波动性越大的公司其财务信息可比性越低，公司规模和财务信息可比性显著负相关，发展比较平稳的公司财务信息可比性较高，此外，较好的盈利能力和较低的负债比率均有利于提高上市公司的财务信息可比性。在财务信息的基本质量特征方面，财务信息的如实反映和相关性均能够显著增强财务信息的可比性，进一步说明可比性是建立在如实反映和相关性基础之上的增进质量特征。

第四章，财务信息可比性与分析师预测。本章考察了财务信息可比性对分析师预测行为的影响，本章分别从分析师跟踪数量和分析师预测质量两个方面来对分析师预测行为进行考察，其中预测质量包括预测的分歧度与准确度。研究结果发现：上市公司的财务信息可比性越高，则对其进行跟踪预测的分析师数量越多，预测质量越高，表现为预测分歧度越小，预测准确度越高。进一步研究发现，财务信息可比性与分析师预测行为之间的关系还受公司所在产品市场竞争程度的影响，产品市场竞争程度越高的公司，其财务信息可比性与分析师跟踪数量之间的正向关系更为显著，可比性与分析师预测质量之间的正向关系也更显著。由此可知，上市公司的财务信息可比性是影响分析师预测行为的一个重要因素，并且公司的产品市场竞争程度会增强两者之间的正向关系。

第五章，财务信息可比性与管理层业绩预告精确度。本章主要考察了财务信息可比性对管理层业绩预告精确度的影响。研究发现，财务信息可比性越高的公司，其管理层披露的业绩预告精确度越高，这说明财务信息可比性能够提高管理层业绩预告的质量。进一步分析发现财务信息可比性与业绩预告精确度的关系主要体现在较高的财务报告信息质量或较好的外部市场化环境下，说明财务信息可比性的作用发挥依赖于高质量的公司内部信息和较好的外部市场化环境的支撑。以2006年企业会计准则实施作为政策冲击，研究发现，准则趋同能够提高管理层业绩预告精确度，并且部分是通过提高财务信息可比性而实现的。

第六章，财务信息可比性与管理层业绩预告准确度。本章研究了财务信息可比性对管理层业绩预告准确度的影响，进一步研究了公司的内外部信息环境对这两者关系的影响。研究发现，财务信息可比性越高的公司，其管理层业绩预告的准确度越高；财务信息可比性对业绩预告准确度的促进作用还受公司内外部信息环境的影响，良好的公司外部信息环境和内部信息环境均能够增强财务信息可比性与业绩预告准确度之间的正向关系。此外，本章还发现在预测难度较大的情况下，财务信息可比性对业绩预告准确度的提升作用能够得到更大程度的发挥。本章的研究结果表明，财务信息可比性是业绩预告准确性的基础，保障会计信息质量是提高上市公司预测性信息披露质量的重要途径。

第七章，财务信息可比性与管理层业绩预告乐观偏差。本章研究了公司的财务信息可比性是否影响管理层业绩预告的乐观偏差。以2005~2013年中国A股披露了年度业绩预告的上市公司为样本，研究发现财务信息可比性越高的公司，其管理层业绩预告乐观偏差越小，财务信息可比性对业绩预告乐观偏差的抑制作用在较差的信息环境和较低的监督环境下更强。进一步分析表明，会计准则国际趋同提高了财务信息可比性，进而降低了管理层业绩预告的乐观偏差。研究结果说明会计准则的国际趋同提高了财务信息可比性，并通过可比性这一会计信息质量特征间接影响了公司的信息披露行为，丰富了会计准则国际趋同的经济后果和会计信息决策有用观的研究文献。

第八章，结论、启示及未来研究方向。对全书的研究结论进行总结，并分析了可能的启示，进一步总结了本书的研究存在的局限性，并讨论了未来研究方向。

二、研究贡献

与以往的研究相比，本书的研究贡献归纳起来主要有以下三个方面：

第一，本书以中国上市公司为例，首次较系统地研究了公司层面财务信息可比性的影响因素，从公司内外部治理机制、公司财务特征以及财务信息的基本质量特征等方面识别出影响我国上市公司财务信息可比性的因素，拓展了可比性影响因素的研究领域，深化了我们对公司层面财务信息可比性的认知。一方面，本书为准则制定者关于财务信息可比性是建立在财务信息如实反映和相关性基础之上的增进质量特征的这一论断提供了直接经验证据支持；另一方面，为上市公司提供了增加其财务信息可比性的可能途径，也为监管部门提供了提高上市公司之间财务信息可比性可供参考的政策建议，因此具有较强的理论意义和现实意义。

第二，不同于以往文献侧重于研究盈余质量、信息透明度等财务信息质量对分析师预测的影响，本书从财务信息可比性的视角，考察了其对我国证券分析师预测行为的影响，并创新性地考察了产品市场竞争这一外部治理机制对财务信息可比性与分析师预测行为之间关系的影响。基于我国资本市场特征下的研究有利于更为深入地认知在转型国家中财务信息质量与分析师预测行为的关系，为财务信息可比性与分析师预测的关系提供了"新兴+转型"背景下的证据，拓展了财务信息质量特征的研究视野，丰富了财务信息质量对分析师预测行为影响的研究文献。此外，也验证了 De Franco 等（2011）关于财务信息可比性测度方法在中国上市公司的有效性。

第三，本书首次发现可比性这一财务信息质量特征是影响管理层业绩预测的一个重要因素，突破了以往主要从管理层动机来分析管理层业绩预测的研究。本书将财务信息可比性的经济后果拓展到其对管理层业绩预测行为的影响研究，开拓了可比性经济后果研究的新视角，揭示了财务信息可比性影响业绩预测质量的机理并提供了经验证据。从可比性的视角，为公司财务信息质量服务于管理层的决策提供了经验证据，加深了财务信息质量对管理层业绩预测行为影响的认识，有利于深化准则制定者和理论研究者对财务信息决策有用性的认知，同时也为公司管理层和监管机构提高公司业绩预测质量，进而更好地服务于资本市场发展提供了有价值的政策建议，即从内部和外部两个层面丰富了公司的信息环境。内部信息环境层面，公司应提高财务信息的质量，如尽量选择规模较大，声誉较高的会计师事务所作为公司的审计机构，严格执行最新的会计准则等措施，为包括管理层在内的决策者提供更为相关、如实反映和可比的财务信息。外部信息环境层面，基于证券分析师在行业分析方面的优势，监管机构应鼓励和扶持证券分析师行业的发展，不断丰富我国上市公司的外部信息环境。

财务信息可比性
及其业绩预测
效应研究

Chapter 2

第二章 财务信息可比性
及其研究回顾

第二章　财务信息可比性及其研究回顾

本章对财务信息可比性的概念以及可比性在会计准则中的历史演进做了归纳梳理，并从财务信息可比性的度量方法、财务信息可比性的影响因素以及财务信息可比性的经济后果三个方面对可比性相关研究进行了回顾，为后面的实证分析提供理论和文献支撑。

第一节　财务信息可比性概述

一、财务信息可比性概念界定

在会计学研究中，较早地对可比性概念做出了定义与解释的是 Simmons（1967）。通过演绎方法，Simmons（1967）给可比性做出了一个较为明确的概念。首先，Simmons 设立了以下假定条件：（1）关于可比性的沟通有义务；（2）可比性与投资决策的联系能够充分建立；（3）可比性能够评估财务报告理想的一面或不理想的一面；（4）财务信息中可比性的现有状态可以确定下来；（5）可比性的概率大致能得以评估；（6）可比性的程序基本能够建立起来。其次，他还就可比性的含义与范围做出了分析，他认为可比性是对相似经济状况做出同等的计量和报告，应通过对相似经济状况的同等反映达到实现可比性的目标，经济状况的同等反映可以通过基本相当的会计计量和基本相当的财务呈报来实现。Simmons 还认为，不同公司间的资源分配决策需要对这些公司的相对经济状况做出比较。原因在于，将两个或多个公司的相对经济状况加以比较分析，得出评估结果，有利于投资者更好地决策。因此，对投资者而言，可比性这一概念变得越来越重要。

在财务会计准则规范中对可比性也有明确的定义。目前，IASB 和 FASB 在其 2010 年发布的财务报告联合概念框架中指出，可比性是有用财务信息的质量特征，能够让信息使用者识别和理解项目之间的相似之处和差异之处。信息使用者常常需要在可相互替代的两者间做出选择，可比性能够提供两者之间的类似之处和不同之处，降低了使用者收集和理解信息的成本，让他们花费较低的成本更好地解读公司之间的财务信息，进而做出有意义的比较，这将有助于使用者的决策，因此，更可比的财务信息有利于使用者的决策，提高了财务信息的有用性。具体来讲，可比性是指当经济业务相似时，不同主体的财务信息应能显示相似的情况，反之，当经济业务不同时，财务信息也能反映其差异，即可比性使得同样的事项看起来应是相似的，不同的事项看起来应是不同的。一个企业的财务信息应与其他企业的同类财务信息尽量做到口径一致，相互可比。概念框架继续指出可比性使得财务信息非常有用，因为它可以用来比较不同公司的同类信息。因此，可比性是个相对概念，是属于两个公司之间的财务信息特征，可比性不同于其他质量特征，其他质量特征通常只与单个项目有关，而可比性则至少需要两个项目（IASB，2010；FASB，2010）。

  作为质量特征体系中不可缺少的组成部分，可比性是一个很重要的财务信息特征。IASB和FASB的2010年联合概念框架将可比性作为有用财务信息的质量特征之一，使其促进财务报告目标的实现——向信息使用者提供有关报告主体的财务信息，以便帮助他们做出合理的决策。财务信息之所以能够对信息使用者的决策发挥作用，其很大程度依赖于财务信息的可比性，主要原因在于具备可比性的财务信息能够让使用者更好地比较事项之间的异同，花费较低的信息处理成本做出满意决策。因此，对于高质量财务信息而言，可比性至关重要，美国证券交易委员会（SEC）的前主席Levitt就曾提出高质量财务信息的三个标准，其中就包括信息的可比。财务信息的可比性使得市场参与者能够有效地评价一定时期内公司的经济状况以及公司之间的相对经济状况，促使其更有可能做出相对合理的决策。

二、财务信息可比性在会计准则中的历史演进

在会计规范中首次明确可比性信息质量定义的文件，是美国会计原则委员会（APB）在1970年发布的第四号公告《企业会计报告所依据的基础概念和会计原则》。在该规范中，APB将可比性明确列为会计信息七条"质的目标"中的一条。美国会计学会（AAA）在1977年发布的《会计理论与理论认可》报告中，也将可比性明确列为决策有用观下的信息质量标准之一。

此后，1980年5月，美国财务会计准则委员会（FASB）在财务会计概念公告第2号（SFAC2）——《会计信息的质量特征》中首次明确提出了"会计信息质量特征"的概念，就可比性做出了明确要求，并指出可比性使信息使用者能够比较两类经济现象之间的异同（FASB，1980），并采用绘图的形式首次表达了信息质量特征"层级"的概念，把可比性作为次级质量特征，如图2-1所示。

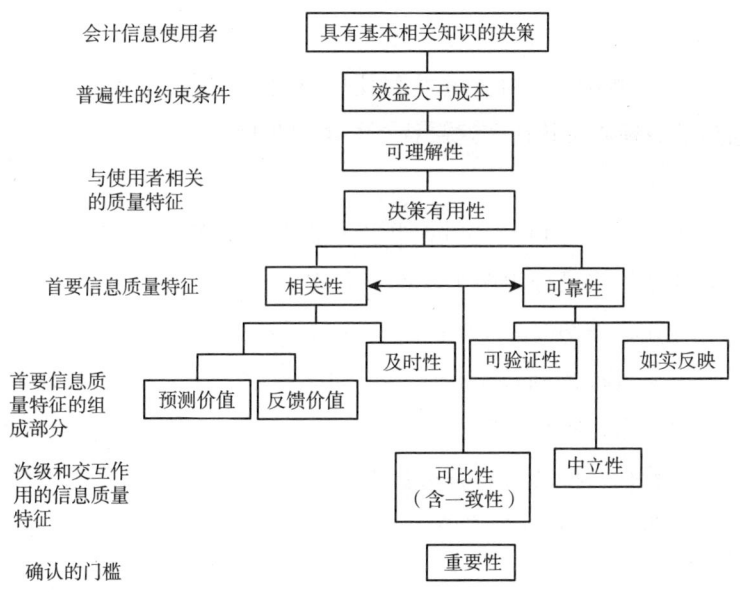

图2-1　SFAC2中的会计信息质量特征层次结构

国际会计准则委员会（IASC）于 1989 年 9 月发布的《财务报表编报概念框架》中认为，高质量的会计信息必须具备十个质量特征，其中四个最主要特征分别为可理解性、相关性、可靠性和可比性（IASC，1989）。相比 SFAC2，IASC 把"可比性"和"可理解性"也作为财务报表信息的首要质量特征，可见其对可比性的重视程度。实际上，IASC 从它成立之日起，就一直谋求会计准则的国际化，特别是在 1989 年推行了会计准则的"可比性"计划，目的在于通过确立"基准会计处理方法"，减少"备选会计处理方法"，增强财务信息的可比性，摆脱因屈就于各国会计准则而允许多种备选方法存在的缺陷，倡议基准处理方法。因此 IASC 将可比性并列作为财务报表信息的首要质量特征并不难理解。最终 IASC 的努力在国际证监会组织（IOSCO）的大力支持下产生了一系列高质量的"核心准则"，大大提升了 IASC 的威望，从而为其由 IASC 改组为 IASB 创造了重要条件。2001 年 4 月，改组后的国际会计准则理事会（IASB）继续采用了《概念框架》（1989），详细论述了"财务报表质量特征"，如图 2-2 所示。英国会计准则委员会（ASB）在其 1999 年 2 月发布的《财务报告原则公告》中，也将可比性与相关性和可靠性并列作为会计信息的关键质量特征，这一特点与英国积极参与会计准则的国际化协调的倾向密不可分。

2010 年 9 月，IASB 和 FASB 正式发布的财务报告联合概念框架中将财务信息质量分为两个层次：基本的信息质量特征和增进的信息质量特征，如图 2-3 所示。基本质量特征包括相关性、如实反映，增进质量特征则包括可比性、可验证性、及时性和可理解性。概念框架指出，有用的财务信息至少要具备相关性和如实反映两项基本质量特征，但若再具备可比性等四项增进质量特征，则能进一步提高（即"增进"的含义）财务报告信息的质量（葛家澍和陈朝琳，2011）。IASB 的《概念框架》（1989）和 FASB 的《概念公告 2》对可比性的重要性层级存在差异。《概念框架》（1989）将可

第二章 财务信息可比性及其研究回顾

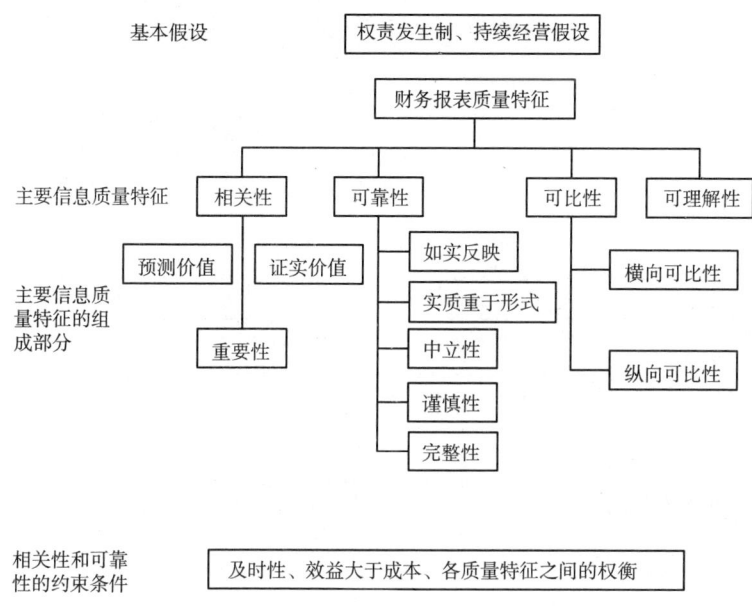

图 2-2　IASB 概念框架中财务报表的质量特征层次结构

比性看作与相关性和可靠性同样重要的质量特征，而《概念公告2》则将其视为次级质量特征。《概念框架》（2010）接受了 FASB 的观点，因为有用的信息首先要具备相关性和如实反映，否则仅具备可比性的信息也是无用的。信息的可比必须建立在信息是相关的且如实反映的基础之上，在此基础上可比性能够提高财务信息的决策有用性。

我国 2006 年颁布的《企业会计准则——基本准则》提出了八项会计信息质量要求，"可比性"是其中之一，明确要求企业提供的会计信息应当具有可比性，不同企业发生的相同或者相似的交易或者事项，应当采用规定的会计政策，确保会计信息口径一致、相互可比；同一企业不同时期发生的相同或者相似的交易或者事项，应当采用一致的会计政策，不得随意变更。《基本准则》中各项信息质量要求之间呈平行、并列的关系，尚未形成明确的层级关系。

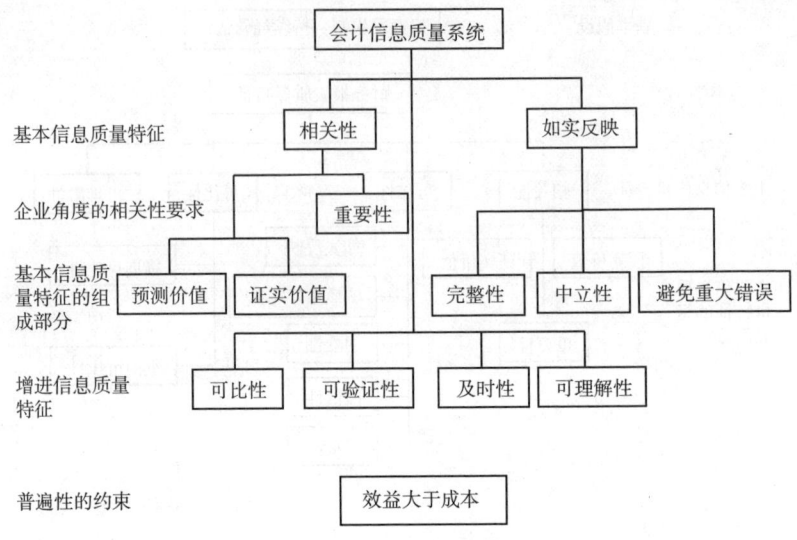

图 2-3 联合概念框架中财务信息质量特征层次结构

第二节 文献回顾

从国内外的研究现状来看，有关可比性研究可归纳为以下三个方面：第一，财务信息可比性的测度方法；第二，财务信息可比性的影响因素；第三，财务信息可比性的经济后果。本书主要从这三个方面对相关文献进行回顾。

一、财务信息可比性测度方法研究

对财务信息可比性的测度可以分为直接测度和间接测度两大类方法，间接测度在先，直接测度在后。间接测度一开始是从会计协调的角度研究的，Van De Tas（1988）提出了会计协调可以划分为会计准则协调也即形式协调（formal harmonisation）和会计方法协调也即实务协调（material harmonisation）的概念。此后，有不少学者开始研究会计准则协调或会计方法协调的问题，由于会计准则协调或会计方法协调的方法可以用来间接比较不同国家的财务信息可比性，因此这方面的研究主要考察了国际财务信息可比性问题。

1. 基于会计准则协调（差异）的测度方法

Rahman 等（1996）以澳大利亚和新西兰的会计规则为对象，将有关计量和披露的规定分为四类，运用多元判定分析求出两国会计规则之间的类马氏距离（Mahalanobis-like distance），并以类马氏距离和配比率综合衡量两国会计规则的协调程度，这就是类马氏距离法。随后，Fontes 等（2005）分别采用了欧氏距离法、Jaccard 相似系数及 Spearman 相关系数法比较了葡萄牙会计准则在三个发展阶段 43 个比较点上与国际会计准则的差异情况。Li（2010）用 IFRS 和本国会计准则的差异数作为会计可比性的一种度量方法，研究欧盟国家在强制采用 IFRS 后资本成本的降低情况，结果表明这些国家在强制采用 IFRS 后资本成本确实有所降低，但只是出现在法律执行力较强的国家，作者进一步指出资本成本的降低部分要归因于 IFRS 采用后增加的可比性。然而这篇研究关于度量可比性的方法是有争议的，它捕捉的应该是准则之间的亲密度，而不是可比性（Bradshaw et al., 2004）。

国内学者王静和孙美华（2003）详细对比了我国具体会计准则与对应的国际会计准则之间的异同，根据对比点的差异程度计算出各单项会计准则的国际协调度，再将各单项准则的国际协调度加权平均，得出我国会计准则总的国际协调度，为中度协调。王治安等（2005）提出的平均距离法测量了中国会计准则与国际会计准则的协调度，但是此方法对会计协调检验的有效性和适用性有待进一步验证。杨钰和曲晓辉（2008）采用修订 Jaccard 系数法分阶段定量考察了自 1998 年以来中国会计准则与国际财务报告准则的趋同程度及其变化趋势。采用该方法判断财务信息可比性的基本分析逻辑在于，两国会计准则的差异度越小,则两国准则的协调度越高,财务信息可比性越强。

上述方法主要用于研究国际会计准则差异及协调度,若直接采用该方法来判断国际财务信息可比性,尚存在一些问题,因为会计准则趋同并不一定能带来会计信息可比(Leuz and Wysocki, 2008; DeFond et al., 2011),它还受准则执行力度、公司治理机制、审计监管等因素的影响。而各个国家的这些影响因素又是不相同的,因此,会计准则趋同只是国际会计信息可比的必要条件,而不是其充分条件。也就是说,要想实现国际会计信息可比必须以会计准则趋同为前提条件,但会计准则趋同并不必然导致国际会计信息可比。此外,此类方法只能用来近似比较不同国家的财务信息可比性,却不适用于比较同一国家内部公司之间财务信息的可比性(袁知柱和吴粒,2012)。

2. 基于会计方法协调(差异)的测度方法,也称为实务协调、财务报告协调

会计的实务协调不仅取决于会计准则的协调,更直接受到报告主体的会计选择和对具体会计方法运用的影响。会计方法协调是指要确保不同公司面对相同的环境时,对某一事项的处理采用相同的会计方法,用来增强会计计量方法和会计报表可比性的程度。目前,国际上明确指出测量实质性计量协调程度的方法只有指数法(魏明海,2003)。为此,在该部分我们只介绍指数法。Van De Tas(1988)提出分别采用 H 指数、C 指数和 I 指数这三种方法来测量会计方法的协调程度。指数法认为,可比性增长表现为企业在一系列可供选择的会计方法中集中选择某一种或有限的几种,H 指数法就是用以衡量这种集中的程度。C 指数主要用于衡量在多重报告环境下的会计协调程度。H 指数和 C 指数都可以用来测定国内会计实务协调程度,I 指数则是用来度量国际会计实务协调程度,即不同国家对特定项目选择会计处理方法意见的一致程度。上述三种指数在测定实务协调程度方面

起到了一定的作用，但其也有比较明显的局限性。该方法主要通过对单一事项的会计处理方法的逐项对比，以测度单一事项上会计处理方法的协调程度，而不适用于测定整体性的协调程度（魏明海，2003）。此外，该方法衡量的是企业总体在单一事项上会计方法选择的总体可比性或集中，而未涉及对构成企业总体的企业个体的认识，即不能反映单一特定公司在单一事项或多个事项上的会计方法选择与其他公司会计方法选择上的可比性（胡志勇，2008），因此指数法无法对两个公司之间会计方法的总体可比性程度进行测度。另外，在操作中如何确定每个公司所使用的会计政策和会计方法也存在不小的难度，因为有的公司在财务报告中未披露其特定项目的会计处理方法，或者在该业务不适用于该公司的情况下，计算指数时就无法判断是否属于可比公司（贾建军等，2007）。虽然胡志勇（2008）针对这一弊端，提出了改进方法，设计了 Gower 指数用来测度两个公司间会计方法的总体可比性，但该方法尚未得到普遍认可。

  总体来说，这类基于会计方法构建的测度可比性的指标仍然存在不少问题：一方面，企业的财务信息是所有会计方法选择运用的综合结果，然而各个方法的贡献率是有差异的，如何对贡献率赋权？另外，会计方法在执行过程中也是存在差异的，如何解释不同会计方法的执行差异？此外，指数法忽视了公司在不同的环境下选择不同会计方法的合理性（Mcleay et al., 1999；Rahman et al., 2002）。因此，会计方法可比并不一定能够带来会计信息可比。另一方面，对于某一特定经济业务，即使两个公司采用不同的会计方法但也可能产生相同的会计信息，如当价格与存货量不变时，企业对发出存货的计量使用后进先出法与先进先出法，最终生成的与存货有关的会计信息是相同的（De Franco et al., 2011）。最后，基于会计方法差异的测度方法往往需要手工搜集大量数据，成本也是巨大的（De Franco et al., 2011）。为此，通过对公司采用会计方法的比较来测度公司间的财务信息可比性是难以操作的，测度误差也是比较大的。

以上两种方法基于会计准则趋同或会计方法协调的视角，通过比较不同国家之间会计准则的异同或不同公司之间采用会计方法的差异来间接地衡量不同主体之间财务信息的可比性，这类方法存在的问题首先在于它没有反映可比性的内涵，即不同主体提供的会计信息在同一时期可比（De Franco et al., 2011），而会计准则趋同与会计方法的可比都不必然带来会计信息可比（Barth et al., 2012；袁知柱和吴粒，2012），其次这种间接方法也无法量化到单个公司层面，即不能衡量单个公司的财务信息可比性，会计准则协调的方法仅适用于近似比较不同国家间的财务信息可比性，会计方法协调的指数法也无法测度两个公司之间会计方法的总体可比性。De Franco 等（2011）基于会计盈余——股票收益的回归模型，创新性地设计出了测度公司层面财务信息可比性的方法，它遵循了 IASB 和 FASB 在概念框架中对财务信息可比性的定义，即如果两个公司发生了同样的经济事项，那么这两个公司对该经济事项在会计信息中的反映也应是相似的，反之亦然。因此，该方法解决了公司层面财务信息可比性的直接测度问题，从而也为研究一国国内公司间财务信息可比性的相关问题提供了契机。

3. De Franco 等（2011）构建的会计系统可比性测度方法

依据 FASB（1980）的观点"可比性使信息使用者能够比较两类经济现象之间的相似之处和不同之处"，De Franco 等（2011）把可比性定义为，会计系统使经济业务转化为会计信息的功能相似性，把会计系统定义为公司经济业务生成财务报表的转换过程，当公司 i 和公司 j 的会计系统相似时，给定某一经济业务，如果两个公司生成了相似的财务报表，则两个公司的会计系统具有较大可比性，也即两公司间的财务信息可比性较强。作者用股票收益代表经济业务对公司的净影响，用会计盈余这一重要的财务指标代表公司的会计信息，他们使用公司 i 第 t 期前连续 16 个季度的数据，以会计盈余（$Earnings_{it}$）为因变量，以季度股票收益（$Return_{it}$）为自变量进行回归来估算公司 i 第 t 期的会计系统，用同样的方法估计出公司 j 第 t 期的会计系统。两个公司间会计系统的相近程度表示财务信息可比性，为了估计这种相近程度，作者用相同的经济事项（用 $Return_{it}$ 来表示，不失一般性也可以用公司 j 的收益 $Return_{jt}$ 来表示）代入各自公司的会计系统函数中，得到各自的预期盈余，两公司预期盈余差异的大小就代表它们之间财务信息可比性的高低。为了得到单个公司的年度公司层面的可比性数值，作者先计算出同一行业内每一对公司组 i 和 j 的可比性数值 $COMP_{ijt}$，再以公司 i 为基准，将所有与公司 i 配对的组合的可比性数值按从大到小的顺序进行排序，$COMP4_{it}$ 为可比性最高的四对组合的平均值，$COMP10_{it}$ 为可比性最高的 10 对组合的平均值，而 $COMPM_{it}$ 为所有组合的平均值，$COMPI_{it}$ 为所有组合的中位数，这样就取得了公司 i 在第 t 期的财务信息可比性数值。

提出该方法后，De Franco 等（2011）又对该方法进行了有效性检验，并发现用该方法度量的财务信息可比性与公司信息环境显著正相关，进而证明了用该方法测度公司层面的财务信息可比性是有效的，因此可以说三位作者开创性地设计出了公司层面财务信息可比性的直接测度方法。以往研究通过比较报告主体对会计政策选择和会计方法选用上的差异来间接衡量会计信息的可比程度，我们称其为基于投入的测度方法，De Franco 等（2011）基于产出的测度可比性方法比基于投入的测度方法有许多优点。一是基于公司会计方法差异的测度可比性方法在使用过程中，使用者会面临一些困难，如使用者首先必须要弄清楚企业对于每项业务的计量所使用的会计方法；其次，会计信息是所有会计方法综合运用的结果，各个方法的贡献率到底多大，如何给它们赋权重？这也是一个比较困难和主观性很强的问题；最后，会计方法在具体执行过程中是有差异的，如何解释不同会计方法的执行差异？如何考虑会计方法与企业环境和经济业务的适应性？这些都是基于会计方法协调的测度可比性方法所无法回避的问题，影响了该方法的可信性和有效性。相比之下，De Franco 等（2011）的方法就避免了上述方法存在的问题,这种把股票收益作为经济事项及会计盈余作为会计系统产出的方法,仅仅依靠会计盈余和股票收益数据就可以计算出每个公司可比性,不但省去了赋权的主观判断,而且数据也比较容易获得。二是对于某一特定经济业务,即使两个公司采用不同的会计方法但也有可能会产生相同的会计信息(如当公司存货价格和期末库存量相同时,用先进先出法和后进先出法对会计信息的影响相同的),这种情况会给使用者以误导,而 De Franco 等(2011)的方法就不会产生这种问题。会计方法的多样性增加了公司间会计信息可比的难度(Defond and Hung, 2003)。此外,基于会计方法差异的测度方法需要花费很多时间和精力手工搜集大量关于公司会计方法和会计政策的资料,工作量十分繁重,相比之下,De Franco 等(2011)的方法只需公司盈余和股票收益数据,都是比较容易获得的。综上所述,De Franco 等(2011)基于会计产出的直接测度可比性的方法比传统间接度量可比性的方法具有十分明显的优势。

随后,De Franco 等(2011)提出的公司层面财务信息可比性测度方法,也得到了国外不少学者的广泛采用(e.g., Sohn, 2011; Yip and Young, 2012; Fang et al., 2012; Brochet et al., 2013; Kim et al., 2013; Chen et al., 2013; Campbell and Yeung, 2013; Francis et al., 2014; Kang et al., 2015; Lee et al., 2015),他们将一些经典的财务会计研究领域的话题与财务信息可比性联系起来,丰富了可比性的相关研究,也进一步验证了该可比性测度方法的有效性。

二、财务信息可比性影响因素研究

1. 基于会计方法选择的影响因素视角的间接研究

鉴于不同公司会计方法选择的一致性能够对财务信息可比性产生影响,早期的研究主要关注影响会计方法选择的因素,并借此间接地判断影响财务信息可比性的因素。Rahman 等(2002)发现公司特征因素与会计方法选择有一定关系,公司所在行业类别、审计师类型、管理集权度以及财务杠杆比率皆对会计方法选择协调有着显著的影响。Jaafar 和 Mcleay（2007）发现国家与行业类别是影响欧盟公司会计方法选择的最重要因素，相比于行业因素来讲，国家对其的影响程度更大。胡志勇（2008）采用 Gower 指数度量会计方法的可比性，实证检验发现行业类别、公司规模、公司成长性、ST 管制、债务比率等对会计方法选择有着重要影响。Cole 等（2010）发现行业类别对企业会计方法选择的影响并不那么重要，对于公司层面的影响因素来说，审计师类型对会计方法选择的影响更重要，而公司规模、盈利性及负债比率均不会对会计方法选择产生显著影响。

2. 财务信息可比性影响因素的直接研究成果

上述文献均是间接判断财务信息可比性的影响因素，并非直接检验结果。从现有文献来看，鲜有人研究影响财务信息可比性的直接因素，这方面的文献很少，有的也只是在文章里顺带提到几点可能的影响因素，没有经过实证检验，且主要是检验 IFRS 的运用对财务信息可比性提升的影响，缺少其他直接影响因素的研究。

这方面的研究最早开始于 Beuselinck 等（2007），他们研究了 1990~2005 年 14 个欧盟国家的会计盈余可比性问题，从不同国家应计与现金流关系的变化来考察财务信息可比性。作者发现在 IFRS 执行之前的 15 年间，这些国家的应计会计系统就逐渐趋向一致，而 2005 年的强制推行 IFRS 并没有带来这些国家盈余可比性的显著提升。作者进一步指出，经济周期和一国的制度特征是盈余可比性的驱动因素。Cascino 和 Gassen（2014）发现强制采用 IFRS 给财务信息可比性带来的提升作用只是表现在对 IFRS 的遵循程度较高的公司，在对多个国家的样本检验中发现强制执行 IFRS 对可比性的整体提升作用非常有限，为了挖掘原因，作者又手工收集了德国和意大利两国更为翔实的数据，进一步发现国家层面的准则执行力和公司层面的准则遵循意愿（包括审计师类型、董事会独立性、所有权性质等）在会计准则到会计信息的转换过程中起着重要作用，调和了强制执行 IF-

RS 的可比性效应，影响了各国之间财务信息的可比性。Lang 等（2011）把 De Franco 等（2011）的测度方法运用到国际比较层面，考察 IFRS 强制执行后国家间盈余同步性和会计系统可比性的变化，结果发现 IFRS 的强制执行使国家间盈余同步性提高了，但却降低了会计系统的可比性，作者认为盈余同步性和会计系统可比性是两个不同的概念，会计系统的可比性才是真正的可比性，它能够使报表使用者从国家之间公司的比较中提取有用的信息。作者进一步指出会计系统可比性的降低是因为一国当地的会计准则经过多年的发展，已经适应了当地特定的制度环境，突然强制转换为国际通用会计准则，有损于会计准则的合理差异，破坏了会计系统的适应性。

不同于上述三篇文献的研究结论，Barth 等（2012）考察的是基于 IFRS 和基于美国 GAAP 的会计信息是否可比的问题，研究发现当公司采用 IFRS 后，其与采用美国 GAAP 公司的会计信息在会计系统可比性和价值相关性可比性方面都有所提高，且在以下几种情况下，这两类国家公司的会计可比性更强，即这些公司是强制采用而非自愿采用 IFRS，或公司所在国属于普通法法系或准则执行力较高时。作者还指出盈余平滑度、应计质量及盈余及时性的变化是可比性提高的可能原因。Yip 和 Young（2012）考察 IFRS 的强制采用能否带来欧盟 17 国财务信息可比性的提高，研究发现强制执行 IFRS 的确显著提高了国家间公司的财务信息可比性，会计准则趋同和 IFRS 下较高的信息质量是驱动会计信息可比的原动力，此外公司所处的制度环境也对国家层面的财务信息可比性产生了一定影响。Wang（2014）研究会计准则国际协调是否提高了不同国家之间公司的财务信息可比性问题，作者把可比性定义为两个公司会计盈余生成过程的相关性。本书从国家之间公司信息传递的角度来验证所要研究的问题，考察一国公司宣告盈余对其他国家相同行业未宣告盈余的公司市场反应的影响，结果发现，当这两个公司采用相同会计准则（如 IFRS）时的市场反应要显著大于采用不同会计准则的情况，这说明会计准则的国际协调提高了不同国家间公司的财务信息可比性,进而促进了公司信息的跨国传递效应。

Lee 等(2015)以韩国公司为样本,研究发现有关联方交易的公司,其财务信息可比性随着关联方交易量的增加而呈现明显下降的趋势,作者指出这主要是因为该类公司为了阻止监管机构发现其违规关联交易行为,往往通过操纵会计政策和会计方法的方式使其会计信息跟同行公司更不可比。

综上所述,现有的直接研究财务信息可比性影响因素的几篇文献也主要局限于考察 IFRS 的强制执行对国家间财务信息可比性的提升作用,很少从一国内部公司层面考察财务信息可比性的影响因素,尤其是一国证券市场内部的微观层面因素,为此本书试图探究哪些因素会影响公司层面财务信息可比性,以期丰富可比性影响因素的研究文献。

三、财务信息可比性经济后果研究

有关财务信息可比性经济后果的研究主要有两类文献,第一类是基于国家间会计准则的差异度量财务信息可比性,从国际比较层面来研究可比性的经济后果;第二类是基于 De Franco 等(2011)构建的会计系统可比性测度方法,从一国公司层面来研究可比性的经济后果。

1. 基于会计准则差异度量可比性的经济后果研究

这方面研究始于 Bae 等(2008),作者通过与 IFRS 的对比点分析,构建了度量不同国家间会计准则差异的方法,并选取 49 个国家 1998~2004 年的数据考察了国家间会计准则差异对证券分析师盈余预测行为的影响。研究发现,当两个国家的会计准则条款差异度越大时,则一国证券分析师对另一个国家上市公司的跟踪人数就越少,并且预测的准确度越低,可见会计准则差异会给分析师预测带来经济成本。Li（2010）用 IFRS 和本国会计准则的差异数作为会计可比性的一种度量方法，研究欧盟国家在强制采用 IFRS 后资本成本的降低情况，结果表明这些国家在强制采用 IFRS 后资本成本确实有所降低，但只是出现在法律执行力较强的国家，作者进一步指出资本成本的降低部分要归因于 IFRS 采用后增加的财务信息可比性。

DeFond 等（2011）采用 14 个欧盟国家 2003~2004 年以及 2006~2007 年的上市公司数据为研究样本，基于财务信息可比性的视角研究了 IFRS 的强制执行对国外共同基金跨国投资决策的影响，采用同一行业内使用相同会计准则的上市公司数量在 IFRS 强制执行后增加的倍数这个指标来度量国家间财务信息可比性的变化情况，结果发现，由于强制执行 IFRS 带来国家间财务信息可比性的提高，进而促使国外共同基金的投资比例显著增加，进一步研究发现这种显著的促进作用仅发生在制度环境较好从而使会计准则可以得到严格执行的国家。不同于 DeFond 等（2011）的研究思路，Yu 和 Wahid（2014）检验了会计距离对国外共同基金的投资比例，会计距离衡量的是投资人和被投资人各自所在国会计准则之间的差异度，研究发现会计距离的减少能够显著增加国外共同基金的投资比例，这种会计距离的减少是可能是由于被投资人采用了 IFRS 或是投资人所在国采用了 IFRS。作者进一步指出，会计距离的减少降低了外国投资者的信息加工成本，降低了信息不对称程度是导致这一现象出现的重要原因。可见，DeFond 等（2011）、Yu 和 Wahid（2014）最大的差异就是 IFRS 对国外投资的影响机制不同，前者是可比性的提高，后者是会计距离的减少。

Ozkan 等（2012）以欧洲 15 个国家为样本，研究了强制执行 IFRS 和基于会计信息的高管薪酬契约有效性的关系，作者指出如果公司薪酬委员会认为 IFRS 的强制执行能使国与国公司间的盈余可比性得到提升，那么他们在制定公司高管薪酬时就会更多地考虑国外同行的相对业绩比较（RPE）。经过实证检验，结果和作者假设相符。进一步验证得到，关于相对业绩比较使用增加的公司，大多是那些开展国际业务且国内可比同行较少的企业。本书同时也印证了强制执行IFRS确实能够提高跨国盈余可比性,进而增加了高管薪酬契约的有效性。

Brochet等(2013)研究发现,随着英国公司强制执行IFRS后,公司内部人交易的非正常收益率下降了,主要是因为在2005年之前,英国公司一部分采用英国GAAP,一部分公司本身就已经采用了IFRS,当所有公司统一执行IFRS后,这两类公司的财务信息可比性明显增强,进而提高了外部投资者理解公司相对业绩的能力,减少了内部人的私有信息优势。

2. 基于De Franco等(2011)测度方法的经济后果研究

De Franco等(2011)开创性地设计出了公司层面财务信息可比性的直接测度方法,反映了可比性的内涵,作者利用该方法计算出每个公司的可比性数值。不同于以往的国际比较视角,本书以美国公司为样本,首次基于一国内部公司层面研究了财务信息可比性对证券分析师盈余预测行为的影响。作者发现,证券分析师比较热衷于跟踪财务信息可比性较强的公司,而且分析师的预测准确度与财务信息可比性显著正相关,预测分歧度与可比性显著负相关。这说明,财务信息可比性为证券分析师等外部信息使用者提供了更多高质量的财务信息,降低了信息获得成本。

Chen等(2013)研究了财务信息可比性与并购决策效率的关系,具体是检验当目标公司在同行业中显示更高的可比性时,并购人是否能做出更好的并购决策。实证结果发现,当目标公司财务信息可比性较高时,并购公告日后并购人的累积非常正收益率更高,并购协同效益更大,且并购后的经营业绩也更好,并购溢价和并购后商誉减值都较小。进一步发现,这种效应更多地体现在多元化并购中,表明了当并购人对目标公司的情况了解的相对有限时,可比的信息就显得非常重要。本书结果表明目标公司的财务信息可比性能够帮助并购人更好地做出并购投资决策,促进了资本有效配置。

Fang 等（2012）利用美国上市公司数据考察了公司财务信息可比性与私人贷款成本之间的关系，研究发现两者呈显著的负相关关系，表明财务信息可比性有利于降低个人放贷者的信息获取和处理成本。Kim 等（2013）则关注了财务信息可比性给公共债券市场带来的益处，实证检验发现财务信息可比性越高的公司其发行债券的利率越低，主要是由于可比性使不同项目之间的比较变得更容易，公司较高的可比性降低了债券购买者的信息加工成本。Campbell 和 Yeung（2013）研究发现某个公司的财务报告重述行为对同行业内其他公司股价造成负面影响，并且这种负面影响主要发生在与该公司具有较大财务信息可比性的公司，说明行业内的信息传递效应在可比公司之间表现得更为明显。Kang 等（2015）以韩国公司为样本研究了被审计公司的财务信息可比性对审计师的审计效率的影响，发现财务信息可比性与审计时间显著负相关，说明客户的财务信息可比性提高了审计效率。

综上所述，关于财务信息可比性经济后果的现存文献研究多以发达国家上市公司为样本，且研究很不充分，还有很多地方没有研究，如与可比性非常相关的一个重要研究问题就是公司的业绩预测，包括证券分析师预测和公司管理层预测，而可比性最重要的作用是为信息使用者提供可比的财务信息，有助于其识别不同企业经济事项的异同点，使预测者能够更准确地把握目标公司的整体情况，并给予其更合理的定位，进而有利于分析师和管理层的预测行为。基于此，本书研究了财务信息可比性对分析师预测和管理层预测的影响，丰富了财务信息可比性的经济后果研究。

财务信息可比性
及其业绩预测
效应研究

Chapter 3

第三章 财务信息可比性影响因素

第三章 财务信息可比性影响因素

本章基于公司层面财务信息可比性的度量,深入考察了公司内外部治理机制、公司财务特征、财务信息的基本质量特征等因素对我国上市公司财务信息可比性的影响。研究发现,在外部治理方面,激烈的产品市场竞争能够提高所在行业公司的财务信息可比性;审计师的行业专长也有利于提高被审计公司与行业内其他公司的财务信息可比性。在内部治理方面,大股东的治理效应体现为大股东持股比例的增加提高了公司的财务信息可比性,并且大股东为非国有性质会有利于提高财务信息可比性;机构投资者持股和独立董事比例虽对财务信息可比性有正向影响,但影响不显著。在财务特征方面,盈余波动性越大的公司其财务信息可比性越低,公司规模和财务信息可比性显著负相关,发展比较平稳的公司财务信息可比性较高,此外,较好的盈利能力和较低的负债比率均有利于提高上市公司的财务信息可比性。在财务信息的基本质量特征方面,财务信息的如实反映和相关性均能够显著增强财务信息可比性,进一步说明可比性是建立在如实反映和相关性基础之上的增进质量特征。

本章关于我国上市公司财务信息可比性影响因素的研究,拓展了现存文献的相关研究,深化了基于公司治理以及财务特征等因素影响的财务信息可比性认知,为监管机构和公司管理层提高上市公司财务信息可比性提供了有益的政策建议,因而具有较强的理论意义和现实意义。

第一节 引 言

国际会计准则理事会(IASB)和美国财务会计准则委员会(FASB)在 2010 年联合概念框架中将可比性作为有用财务信息的质量特征之一,以便提高财务信息的决策有用性,进而实现财务报告的目标(Barth,2013)。可比性使得财务信息变得更加有用,是因为其能够使不同公司的相似信息或者同一公司不同期间的相似信息进行比较，有助于信息使用者识别和理解不同项目的相似之处和差异之处，进而有利于投资者或债权人等信息使用者在不同的可选方案中做出更为合理的决策，增强了财务信息的决策有用性，引导资源的优化配置，并有利于培育投资者信心（IASB，2010；FASB，2010；SEC，2000）。可比的财务信息是财务报表分析的基础，财务报表分析的教科书也无不强调公司财务信息可比的重要性，以便使用财务指标对公司业绩做出合理有效的评估，要想从任何一个财务指标中得出有意义的经济结论，必须要有一个可比的基础（Libby et al.，2009；Stickney et al.，2007；姜国华，2008）。我国2006年新企业会计准则在基本准则中也要求企业提供的会计信息应当具有可比性，即同一企业不同时期以及不同企业发生的相同或者相似的交易或者事项，应当采用相同或者相似的会计政策，确保会计信息相互可比，可比性也是我国会计信息质量要求之一。

虽然可比性在准则制定机构的概念框架中以及在财务分析中具有重要的地位，但是相对于其他信息质量特征，既有文献关于财务信息可比性的研究仍然偏少。可能的原因是传统度量可比性的方法往往基于会计准则趋同或会计方法协调的视角，通过比较不同国家之间会计准则的异同或公司之间采用会计方法的差异来间接地衡量不同主体之间财务信息的可比性，这些方法存在的问题一方面在于它没有反映可比性的内涵，即不同主体提供的财务信息在同一时期可比（De Franco et al.，2011），而会计准则趋同或会计方法可比都不必然带来财务信息可比（Barth et al.，2012；袁知柱和吴粒，2012），而且这种间接方法也无法量化到单个公司层面，即不能衡量单个公司的财务信息可比性。De Franco等（2011）基于会计信息产出的角度，构建了测度公司层面财务信息可比性的方法，并研究了财务信息可比性对分析师预测的影响，发现财务信息可比性越高的公司，其分析师跟踪人数越多，分析师预测质量越高，说明财务信息可比性影响了分析师预测行为，提高了资本市场的定价效率。但是，De Franco 等（2011）也提到了其局限性，即没有研究财务信息可比性的影响因素。基于财务信息可比性对于实现财务报告目标和提高资本市场效率的重要作用，识别财务信息可比性的影响因素，进而提高财务信息可比性具有较强的理论意义和现实意义。本章从公司内外部治理机制、公司财务特征、财务信息的基本质量特征等方面识别了我国上市公司财务信息可比性的影响因素，丰富了财务信息可比性的研究文献，深化了我们对财务信息可比性的认知，为监管机构和公司管理层提高上市公司财务信息可比性提供了有益的政策建议。

第二节 理论分析与研究假设

根据 IASB 和 FASB（2010）联合概念框架，财务信息的可比性是基于财务信息基本质量特征（即如实反映和相关性）基础上的增进质量特征。对此，IASB 和 FASB 的 2010 年联合概念框架指出，可比性使得同样的事项看起来应是相似的，不同的事项看起来应是不同的，即当经济业务相似时，不同主体的财务信息应能显示相似的情况；反之，当经济业务不同时，财务信息也能反映其差异。只有满足基本质量特征的财务信息才能达到某种程度之可比性，即如实反映和相关性是信息可比性的前提条件。某种程度的可比性可以通过报告主体对类似经济业务的如实反映来实现（IASB，2010；FASB，2010）。

对于财务信息可比性这一增进质量特征与基本质量特征之间关系，相关文献研究也给予了支持。例如，Barth（2013）认为两个主体对类似经济现象做了如实描述，则在某种程度上就实现了可比性。即如果财务报表真实地反映了企业的经济事项，那么财务信息的可比性也就实现了。这是因为，只有如实反映经济事项，才能达到遵循可比性（即使"同样项目看起来应是相似的，不同项目看起来则应不同")的要求。此外，Barth 等（2012）指出应计质量、盈余平滑度可能是影响财务信息可比性的原因。在最新研究中，Lee 等（2015）发现，与同行公司相比较，随意操控会计政策和方法的公司，其财务信息更不具有可比性。由此可见，"如实反映"这一基本财务信息质量特征与财务信息可比性具有密切的内在相关关系。

据此，本章从可能影响财务信息质量的因素入手，分别考察了公司外部治理机制和内部治理机制以及公司财务特征等因素对财务信息可比性的影响。

一、公司外部治理因素影响：产品市场竞争与审计师行业专长

现代公司治理机制分为外部治理机制和内部治理机制。其中，外部治理机制主要包括产品市场竞争、经理人市场、公司控制权市场、审计师等。由于公司控制权市场和经理人市场的数据不可量化，为此我们选取产品市场竞争和审计师行业专长这两个外部治理机制来考察它们对财务信息可比性的影响。

（一）产品市场竞争影响

产品市场的竞争机制影响了公司信息披露的数量和质量。既有研究发现公司所处行业的竞争程度对公司会计政策选择和财务信息披露有着显著的影响。Harris（1998）以及 Botosan 和 Stanford（2005）发现处在竞争程度较低行业的公司，往往会控制会计信息披露的数量，如避免公开收益颇丰的分部信息。Ali 等（2014）发现，寡头垄断行业的公司较少提供管理层盈余预测，而且其预测期也较短。利用行业盈余预测的普遍性作为披露数量的代理变量，Li（2010）发现处于较低市场竞争程度的公司有着较少的信息披露。行业竞争程度不仅影响行业内公司的信息披露数量，也影响了行业内公司信息披露的质量。为了避免披露过于准确的信息让竞争对手和社会公众获知其财务业

绩,管理层会让公司形成相对模糊的信息披露环境,Hagerman 和 Zmijewski(1979)认为行业竞争程度较低的公司更有可能采用降低公司盈余的会计政策,使得其披露了较低质量的会计信息。王雄元和刘众(2008)发现,适度的竞争有利于提高公司信息披露质量,行业竞争程度越强,其信息披露质量越高,在竞争程度较高的行业内处于竞争劣势的公司有较大动机提高信息披露质量。伊志宏等(2010)认为在中国公司整体治理水平不高的情况下,加强产品市场竞争能够有效提升公司的信息披露质量。此外,处于竞争激烈行业中的公司为了拓展业务,往往具有较大的融资需求,其为了降低融资成本,有动力提高信息披露数量和质量。因此,产品市场竞争机制对公司的信息披露产生了外在压力,促使其从信息披露的数量和质量上改善公司的信息不对称程度,既有研究也发现同行业中竞争企业数量越多,信息不对称程度越低(Holmstrom,1982;Nalebuff and Stiglitz,1983)。

此外,充分竞争的产品市场增强了企业财务业绩的可比性,降低了从企业综合业绩中分离出管理者努力程度的成本,提高了财务业绩的可观测性,则管理层的薪酬与财务业绩的关联度就较强(刘凤委等,2007),进而管理层就有动力提升本公司与行业内其他公司的财务信息可比性。因此,产品市场竞争越激烈,一方面,行业内公司信息披露的数量和质量越高,降低了公司间比较的信息缺失程度,进而有利于提高行业内公司间的财务信息可比性;另一方面,管理者出于薪酬的考虑也会自觉提升公司与行业内其他公司的财务信息可比性。基于以上分析,我们提出如下假设:

H3-1:其他条件相同情况下,相对于产品市场竞争程度较低的公司,产品市场竞争程度较高的公司具有更高的财务信息可比性。

(二)审计师行业专长影响

随着审计对象和审计业务的日趋复杂化,审计师已不仅仅只是注重对行业知识的了解和掌握,而是更进一步地形成了自己的行业专长，拥有对某一行业的专有知识和专业技能。审计师发展行业专长，能够增强其竞争力，可以增加所在行业公司对其提供审计或非审计服务的需求（夏立军，2004）。因此，相对于非行业专长的事务所，具有行业专长的事务所在该行业内拥有更多的客户，对于一个行业内由同一家事务所审计的公司来说，既有研究发现它们之间有着相对较高的财务信息可比性。Francis 等（2014）的研究发现，在一个行业内受同一家会计师事务所审计的公司之间有着相似的应计和盈余结构，即它们的财务信息可比性较高，主要原因在于，每一家事务所在对审计准则和会计准则的解释与执行上都有着独特的内部规则，那么对于同行业内的不同客户，审计师在判断这些客户对会计准则的执行和经济业务确认计量等方面必定有着相似的评判标准和要求，甚至在差错更正和审计调整上也会有相似的要求，促使这类公司由经济业务生成会计信息的转换过程比较相近，进而使它们之间的会计信息更加可比。这为 Kothari 等（2010）的推论找到了证据支持，即当会计准则是原则导向的时，审计师会形成各自的内部规则，促进客户之间在财务信息的生成过程中更具可比性。为此，我们认为，审计师的行业专长提高了该行业内被审计公司的财务信息可比性。

另外，已有文献认为由于审计师的行业专长体现了审计师的专业胜任能力，使审计师能够更好地了解被审计单位所属行业的经营特点、业务流程、重大错报风险来源，进而有助于审计师形成基于特定行业的风险知识与审计方法（蔡春和鲜文铎，2007；陈小林等，2013）。由于具有行业专长的审计师对整个行业有着更为深入的了解，他们能够更准确地识别被审计公司的重大错报领域，在纠正被审计单位会计报表的重大错报与盈余管理等方面发挥了特殊作用，并且还能够更好地评价被审计单位选用会计政策和会计方法的合理性，从而减少被审计单位对会计准则运用方面的偏差，使得经其审计的财务报告的信息质量通常较高（陈小林等，2013；夏立军，2004）。国外相关文献也证实了相比于非行业专长审计师，具有行业专长的审计师能够提供关于被审计公司的财务信息更高水平的保证,从而由具有行业专长的审计师所审计的财务报告,其信息质量相对较高(Craswell et al.,1995;Beasley and Petroni,2001;Balsam et al.,2003)。Krishnan(2003)、Balsam 等(2003)和范经华等(2013)的研究均发现,由具有行业专长的审计师所审计的公司,其盈余管理程度较低,盈余质量较高。Carcello 和 Nagy(2004)发现审计师行业专长能够降低客户财务舞弊的概率。Romanus 等(2008)发现审计师行业专长能够降低财务报表重述的概率。因此,审计师的行业专长提高了财务信息的如实反映程度,进而也提高了财务信息的可比性。基于以上理论分析,我们提出如下假设:

H3-2:其他条件相同的情况下,相对于非行业专长事务所审计的公司,行业专长事务所审计的公司具有更高的财务信息可比性。

二、公司内部治理因素影响:大股东、机构投资者、独立董事

良好的公司内部治理机制能够协调管理层和股东之间的利益,提高财务信息的真实性与可靠性(Watts et al.,1990)。公司内部治理机制主要包括大股东治理、董事会治理、机构投资者治理等机制,已有文献也大多是从这三个方面来研究公司内部治理与财务信息质量之间的关系,为此我们也将从以上三个方面的治理机制来考察它们对财务信息可比性的影响。

(一)大股东影响

会计准则仅为高质量的信息披露提供了技术支持,执行过程才是最为关键的一环(Ball et al.,2003)。通过合理的公司治理安排,包括大股东治理、董事会治理等手段能够对管理层实施有效的监督,降低他们操纵公司财务信息披露的动机和可能性(Shleifer and Vishny,1986;Jensen,1993;伊志宏等,2010)。由此可见,大股东治理是

公司治理的重要组成部分,其治理效应在很大程度上体现为对公司财务信息生成和披露过程的监督。既有研究发现,股权集中可以减少股权高度分散下的"搭便车"问题,使大股东具有很强的动力和能力来监督管理层,以此降低管理层操纵财务信息的可能性,从而大股东持股比例的增加有利于提高上市公司信息披露的数量和质量(Shleifer and Vishny,1986、1997)。国内学者袁振超等(2014)的研究发现,股权集中度的增加提高了管理层盈余预测信息的精确度。但是,也有研究认为股权过于集中在大股东手中,其对上市公司的控制力越强,有可能会与管理层合谋,选择性地披露财务信息,误导中小投资者,从而不利于公司信息披露数量和质量的提高(La Porta et al.,1999)。因此,我国上市公司大股东是否有助于提高财务信息可比性还有待实证检验。为此,提出如下假设:

H3-3a:大股东持股比例与财务信息可比性相关。

除了持股比例外,大股东性质也是大股东治理的一个方面,与发达国家公司情况有所不同,我国上市公司存在着国有控股和非国有控股之分。对于国有控股的上市公司来说,各级政府及其相关行政机构是第一大股东,但实际上行政机关并没享有剩余索取权,其监督成本与监督收益不匹配,因而国有股东缺乏足够的经济利益动机去监督公司管理者,往往造成我国国有控股上市公司普遍存在所有者缺位现象,形成了事实上的内部人控制,而内部人为了实现控制权私利就会在一定程度上借助于失真的财务信息。既有研究发现,第一大股东为国有性质的上市公司更容易出现财务舞弊现象,会计信息质量相对较低(刘立国和杜莹,2003;王化成和佟岩,2006)。由于我国在很多政策上都向国有企业倾斜,国有企业具有天然的融资优势,导致其提高信息披露质量的动机较非国企更弱。张然和张鹏(2011)发现相比非国有企业,国有控股企业对盈余预测信息的自愿披露动机更弱。袁振超等(2014)研究发现,相对于非国有上市公司,国有公司发布业绩预告的精确度较差,主要原因在于国有企业中管理层与股东之间的代理成本较高,大股东往往不能有效地监督管理层。基于以上分析,我们预期,相对于非国有控股公司,国有控股公司的财务信息可比性更低。据此提出如下假设:

H3-3b:相比非国有上市公司,国有上市公司的财务信息可比性更低。

(二) 机构投资者影响

机构投资者持股是公司治理的重要组成部分,主要是由于相对于小投资者,机构投资者能够参与到公司治理中来,形成对管理层的监督,其有效监督能够迫使公司管理层减少利润操纵等损害盈余真实性的行为。Chung 等(2002)、Mitra 和 Cready(2005)的研究均发现,机构投资者能够减少上市公司的盈余管理行为,用操纵性应计衡量盈余管理程度,随着机构投资者持股比例的增加,公司的操纵性应计利润逐渐减少,这说明机构投资者能够有效监督和约束公司管理层的机会主义行为,其较好地承担了外部监督的职能。Shleifer 和 Vishny(1986)认为,机构投资者通过大量持股,使他们具有监督企业业绩的动机,因为他们可以从这一监督中获取较高的收益,并且能够享有更多的投票权,致使他们有动机纠正管理层的不正当行为。国内研究方面,程书强(2006)、夏冬林和李刚(2008)、高雷和张杰(2008)也都发现机构投资者的持股比例与上市公司盈余管理程度显著负相关,说明机构投资者能有效抑制管理层的盈余操纵行为,增强财务信息的真实性。此外,已有研究还发现,机构投资者持股能够促使上市公司提高信息披露透明度,Shleifer 和 Visliny(1997)指出通过在股东大会上行使投票表决权的方式,机构投资者会要求管理层披露更多的公司信息;Ajinkya 等(2005)的研究发现,机构投资者持股比例越高的公司,管理层越倾向于对外发布预测性信息,并且预测信息更精确和准确;丁方飞和范丽(2009)发现机构投资者持股和持股数量与上市公司信息披露质量正相关;杨海燕等(2012)研究发现机构投资者总体上提高了我国上市公司的信息透明度。基于以上分析，我们认为，机构投资者持股较多的上市公司，一方面其财务信息的如实反映性更强，另一方面信息披露透明度也较高，这两个方面都能促使财务信息会更加可比。据此提出以下假设：

H3-4：其他条件相同的情况下，机构投资者持股比例越多的公司，其财务信息可比性越高。

（三）独立董事影响

英国1992年发布的Cadbury报告是较早的公司治理规范，倡导对公司治理最佳实务的遵循，并认为独立董事在两个方面对公司治理有着重要贡献：一是评价董事会和执行董事的表现，二是在处理有可能产生利益冲突的事务中具有决定作用，基于独立董事的独立性地位，负责协调管理层与公司股东在某些方面的利益冲突，如在兼并重组、董事薪酬以及董事继任等方面。Cadbury报告主要考虑了独立董事的监督角色，特别是独立董事在董事会中占有较高比例，其决策"话语权"更强，更能体现其监督作用，经验证据也的确发现了这一治理机制。在独立董事的会计信息质量治理效应方面，管理当局提高非正常应计项目以避免报告损失或盈利减少的可能性与董事会中外部董事的比重负相关（Peasnell et al.，2005），Dechow等（1996）证明独立董事能够抑制公司管理层的盈余管理行为；Beasley 和 Mark（1996）的研究发现，相对于发生财务舞弊的公司，未发生舞弊的公司拥有更高比例的独立董事；Farber（2005）发现董事会独立性与财务重述的可能性显著负相关；王跃堂等（2008）发现董事会的独立性提高了财务信息的相关性。可见，独立董事比例影响了财务信息的如实反映和相关性。此外，其对公司的信息披露行为也有着重要影响。Fama和Jensen（1983）的研究发现，独立董事比例越高，越能有效监督董事会，使公司倾向于作出更多的自愿披露。Chen和Jaggi（2000）发现董事会中独立董事比例较高的公司，其信息披露更为全面，且其会计信息失真的可能性更小。基于中国资本市场的研究，既有研究发现独立董事比例越高的公司，其大股东关联交易受抑制程度越高，其盈余信息质量越好，并且发生财务报告舞弊的可能性越低（罗党论和唐清泉，2006；胡奕明和唐松莲，2008；刘立国和杜莹，2003）。

上述文献表明，独立董事对信息披露和信息质量的治理效应不仅存在于国外资本市场，对于我国这一新兴加转轨经济体也同样适用。独立董事在董事会所占比例体现了独立董事在董事会决策中"话语权"的大小，决定了其对高管层的"震慑力"，是其独立性得以体现的一个重要制度安排。独立董事比例越高，其监督能力越强，越有能力保障股东权利，特别是中小股东的权利，因而会降低公司的信息不对称程度和代理成本，促使公司进行更多高质量的信息披露，进而增强了公司与行业内其他公司的横向可比性。此外，独立董事通过对公司内部控制有效性的监督，有利于提高公司财务报告的质量，进而提高了公司财务信息的可比性。因此，我们提出如下假设：

H3-5：其他条件相同的情况下，独立董事比例越高的公司，其财务信息可比性越高。

三、公司财务特征因素影响：盈余波动性、公司规模、公司业绩

（一）盈余波动性影响

盈余波动性是指盈余指标在各个会计期间之间的离散程度，是企业经营风险的外在表现，能在一定程度上反映公司的业绩风险和财务风险。盈余波动性较大的公司，其面临的整体风险比较大，收益起伏也较大。在一个行业内，那些盈余波动较大的公司往往都是与其他公司在经营决策和投资决策等方面有较大不同之处，最终反映在财务信息上也会有较大差异，使其缺乏可比对象，进而导致这类公司的可比性较低，其财务信息在行业内的参考价值较小，正如 De Franco 等

(2011)研究发现,证券分析师不热衷于跟踪那些盈余波动性较大的公司,因为其缺乏可比同行,能够获得的公共信息太少,不利于分析师的预测,而可比性较强的公司往往是分析师关注的对象。反之,盈余波动性较小的公司,其盈余具有较强的持续性,预测参考价值较大,更有可能被同行业内其他公司选为可比对象,财务信息的可比性也较高。为此,我们提出如下假设:

H3-6:其他条件相同的情况下,盈余波动性越小的公司,其财务信息可比性越高。

(二) 公司规模影响

公司规模对于财务信息可比性的影响取决于公司规模对于会计政策选择的影响,而财务信息可比性受会计政策选择的影响尤为明显。一般而言,规模越大的公司其经营业务往往比较复杂,多元化经营越为普遍,其会计政策选择相对于经营业务单一的公司来说,越具有多样性。这就使得规模越大的公司与同行业内其他公司在会计政策选择上更具有多样性和差异性,进而导致财务信息可比性的降低。为此,我们提出如下假设:

H3-7:其他条件相同的情况下,公司规模和财务信息可比性负相关。

(三) 公司业绩影响

已有研究发现相对于业绩较好的公司,业绩较差的公司更有动机进行盈余管理,如为了避免连续三年亏损而进行盈余管理(陆建桥,1999)。好公司往往通过更多的自愿性信息披露,将其与差公司区分开来(Foster,1986),因而业绩好的公司其财务信息披露的质量和数量相对来说较高。此外,公司业绩与公司的信息披露环境也密切相关,既有研究发现业绩较好的公司会发布更多的管理层预测信息以降低私有信息获取收益,进而降低公司的交易成本(King et al.,

1990），业绩越好的公司，其信息披露环境越好，分析师对其评价越高（Lang and Lundholm，1993）。鉴于公司业绩对公司信息质量和信息披露环境可能存在的正向影响，业绩越好的公司越有可能成为同行业内其他公司的可比对象，其财务信息可比性可能越高，为此我们提出如下假设：

H3-8：其他条件相同的情况下，公司业绩和财务信息可比性正相关。

第三节 研究设计

一、样本选取和数据来源

本章采用了 De Franco 等（2011）的方法来度量单个公司层面的财务信息可比性，该方法需要公司有连续 16 个季度的财务数据，由于我国自 2002 年才有季度报告，故我们的样本为 2002~2013 年具有连续 16 个季度财务数据的公司，这样有 10436 个公司年度可比性样本。在检验本章的研究假设时，根据需要剔除了金融类上市公司样本和相关变量计算时数据缺失的样本。

最终进入回归分析的共有 9858 个公司年度样本，具体数据来源为：行业数据和季度财务数据取自 RESSET 金融研究数据库，其他数据取自 CSMAR 数据库。行业分类采用了中国证监会《上市公司行业分类指引》（2012 年修订）。由于制造业有着明显的聚集，本章在模型设计中控制了行业因素。公司年度观测值在年度分布上，从 2005 年 967 个公司数据到 2013 年度的 1252 个公司，各年度分布不甚均匀，为此，本书在模型中也控制了年度因素。为了消除异常值的影响，对所有的连续变量在 1% 和 99% 分位数上进行了 Winsorize 缩尾处理。本章的数据整理及统计分析软件为 SAS 9.1.3。

二、财务信息可比性的度量

本章采用了 De Franco 等（2011）的方法来度量财务信息可比性。De Franco 等（2011）定义会计系统是公司经济业务生成财务报表的转换过程，可以用如下函数形式表示：

$$\text{Financial Statements}_i = f_i(\text{Economic Events}) \qquad (3-1)$$

$f_i()$ 表示公司 i 的会计系统，如果两个公司的会计信息转换机制差异越小，则两个公司的会计系统可比性就越强。De Franco 等（2011）认为给定某一经济业务，如果两个公司生成了类似的财务报表，则两个公司的会计系统具有可比性，这就是两个公司间的财务信息可比性。方程（3-1）说明公司的财务报表是公司经济业务以及确认和计量该经济业务的会计核算的结果。依据这一逻辑，给定相同的经济业务，如果两个公司能生成相似的财务报表，则财务信息可比性较强。

具体而言，De Franco 等（2011）用股票收益 Return 代表经济业务对公司的净影响，用会计盈余 Earnings（等于季度净利润除以期初权益市场价值）这一重要的财务指标代表公司的财务信息。为了计算两个公司 i 和 j 的财务信息可比性值，首先分别对公司 i 和 j 使用第 t 期前的连续 16 个季度数据估计模型（3-2）。

$$\text{Earnings}_{it} = \alpha_i + \beta_i \text{Return}_{it} + \varepsilon_{it} \qquad (3-2)$$

估计出来的系数分别代入方程（3-3）和方程（3-4），给定公司 i 在第 t 期的经济事项（以当期股票收益 Return_{it} 替代），计算公司 i 和公司 j 在该相同的经济事项下，经过各自会计系统 $f_i()$ 和 $f_j()$ 的转换，得到的期望盈余分别为 $E(\text{Earnings})_{iit}$ 和 $E(\text{Earnings})_{ijt}$，这样就可以计算两个公司在相同的经济业务下所生成的会计盈余的差异程度。

$$E(\text{Earnings})_{iit} = \alpha_i + \beta_i \text{Return}_{it} \quad (3-3)$$

$$E(\text{Earnings})_{ijt} = \alpha_j + \beta_j \text{Return}_{it} \quad (3-4)$$

定义公司 i 和公司 j 的财务信息可比性 $COMP_{ijt}$ 为两公司预期盈余差异的绝对值平均数的相反数,如式(3-5)所示,根据方程(3-3)和方程(3-4)分别计算连续 16 期的 $E(\text{Earnings})_{iit}$ 和 $E(\text{Earnings})_{ijt}$,再计算它们的各自差异的平均值,为了使数值越大表示财务信息可比性越高,故对其盈余差异平均数的绝对值取了相反数。

$$COMP_{ijt} = -1/16 \times \sum_{t-15}^{t} | E(\text{Earnings})_{iit} - E(\text{Earnings})_{ijt} | \quad (3-5)$$

式(3-5)度量了公司 i 和 j 在第 t 期的财务信息可比性 $COMP_{ijt}$,该值越大表示公司 i 与公司 j 之间的财务信息可比性越强。有了上述的两个公司间可比性的度量方法,De Franco 等(2011)提出了计算公司 i 的年度公司层面财务信息可比性的方法。具体而言,先计算出同一行业内每一对公司组 i 和 j 的可比性数值 $COMP_{ijt}$,再以公司 i 为基准,将所有与公司 i 配对的组合的可比性数值按从大到小的顺序进行排序,$COMP4_{it}$ 为可比性最高的四对组合的平均值,$COMP10_{it}$ 为可比性最高的 10 对组合的平均值,$COMPM_{it}$ 为所有组合的平均值,称为均值可比性,$COMPI_{it}$ 为所有组合的中位数,称为中位数可比性,这样就取得了公司 i 在第 t 期的财务信息可比性测度值。我们将 t 期分别定义为各年的第四季度,则可以获得公司 i 在某一年度的财务信息可比性值。

三、模型设计和变量定义

为了探究财务信息可比性的影响因素,本章构建如下计量模型以检验前面提出的研究假设:

$$\begin{aligned} COMP4_{i,t} = & \beta_0 + \beta_1 HHI_{i,t} + \beta_2 IPSA_{i,t} + \beta_3 CR1_{i,t} + \beta_4 SOE_{i,t} \\ & + \beta_5 INST_{i,t} + \beta_6 INDR_{i,t} + \beta_7 VOLE_{i,t} + \beta_8 SIZE_{i,t} + \\ & \beta_9 ROA_{i,t} + \beta_{10} EM_{i,t} + \beta_{11} PRED_{i,t} + \beta_{12} LEV_{i,t} + \beta_{13} BM_{i,t} \\ & + \sum IND + \sum YEAR + \varepsilon_{i,t} \end{aligned} \quad (3-6)$$

其中，因变量 $COMP4_{it}$ 表示公司 i 第 t 年的财务信息可比性数值，根据 De Franco 等（2011）计算财务信息可比性的方法，先计算出公司 i 与同行业内其他公司的可比性数值，再将计算出的可比性值按从大到小的顺序进行排序，取前四个值的平均值作为公司 i 的可比性测度值，记为 $COMP4_{it}$，该值越大表示财务信息可比性越高。

解释变量 HHI 度量了产品市场竞争程度，借鉴姜付秀等（2009）的做法，采用测量行业集中度的指标——赫芬达尔指数来表示，该指数越小，表明行业集中度越低，市场竞争程度越高，为了使值越大表示市场竞争程度越高，我们对该指数取了相反数。

IPSA 表示审计师行业专长，借鉴蔡春和鲜文铎（2007）的研究，我们按照审计师行业组合份额来刻度审计师的行业专长，从特定的会计师事务所出发，考察特定事务所在某行业所占市场份额的指标。行业组合份额可以反映特定会计师事务所开展业务的行业重点，一个具有行业专长的事务所往往将其资源重点投入某些特定行业之中。行业组合份额的审计师专长的计算公式如下：

$$IPSA_{ik} = \sum_{j=1}^{J} TA_{ikj} \Big/ \sum_{k=1}^{K} \sum_{j=1}^{J} TA_{ikj} \quad (3-7)$$

其中，分子为 i 会计师事务所在 k 行业的客户期末资产总额，分母为 i 会计师事务所的全部客户期末总资产之和，此值越大，表明公司的审计师行业专长越高。

CR1 表示第一大股东持股比例，衡量了股权集中度。SOE 代表公司的所有权性质，当控股股东为国有性质时，取值为 1，否则为 0。INST 表示机构投资者持股比例，为机构投资者持股数量占公司总股份的比重。INDR 表示独立董事比例，为公司独立董事人数占董事会总人数的比例。VOLE 表示盈余的波动性，用公司最近 3 年净利润的离散系数来衡量。SIZE 表示公司规模，用公司总资产的自然对数衡量。ROA 表示公司业绩，用公司总资产收益率衡量。

基于财务信息可比性和财务信息基本质量特征的关系，我们在回归模型中加入了表征财务信息如实反映和相关性的变量，以控制其对可比性的影响。

EM 为盈余管理程度，衡量财务信息的如实反映程度。由于财务信息的如实反映主要依赖于会计操作层面的保障，能够反映管理层盈余管理情况，管理层盈余管理程度越低，则财务信息的如实反映程度越高（杨海燕等，2012）。根据夏立军（2002）对各种盈余管理计量模型的比较结果，采用分行业分年度的修正 JONES 模型（Dechow et al.，1995）能够比较好地估计公司的盈余管理程度，为此本章采用这种分行业分年度的修正 JONES 模型估计操纵性应计利润 DA，并用其绝对值表示盈余管理程度 EM。操纵性应计利润绝对值越大，表示盈余管理程度越强，则财务信息的如实反映程度越低。具体地，我们先应用模型（3-8）分年度和分行业进行回归，然后将估计所得的回归系数代入模型（3-9）计算可操纵性应计利润 DA。

$$\frac{TA_{i,t}}{Asset_{i,t-1}} = \alpha_1 \times \frac{1}{Asset_{i,t-1}} + \alpha_2 \times \frac{\Delta REV_{i,t}}{Asset_{i,t-1}} + \alpha_3 \times \frac{PPE_{i,t}}{Asset_{i,t-1}} + \varepsilon_{i,t}$$

(3-8)

$$DA_{i,t} = \frac{TA_{i,t}}{Asset_{i,t-1}} - \left(\alpha_1 \times \frac{1}{Asset_{i,t-1}}1 + \alpha_2 \times \frac{\Delta REV_{i,t} - \Delta REC_{i,t}}{Asset_{i,t-1}} + \frac{\alpha_3 PPE_{i,t}}{Asset_{i,t-1}} \right)$$

(3-9)

其中，$TA_{i,t}$ 为公司 i 第 t 期的总应计利润，等于营业利润减去经营活动产生的现金流量；$Asset_{i,t}$ 为公司 i 第 t-1 期期末总资产；$\Delta REV_{i,t}$ 为营业收入变动额，即公司 i 第 t 期营业收入和第 t-1 期营业收入的差额；$\Delta REC_{i,t}$ 为应收账款变动额，即公司 i 第 t 期应收账款净额和第 t-1 期应收账款净额的差额；$PPE_{i,t}$ 为公司 i 第 t 期固定资产价值。

PRED 为盈余的可预测性，由于财务信息的预测价值是财务信息具有相关性的主要因素，我们用盈余的可预测性衡量财务信息的相关性。本章采用与 De Franco 等 (2011) 以及 Francis 等 (2004) 一致的方法，根据模型 (3-10) 将具有 16 个季度的公司季度盈余数据进行一阶自回归，该回归模型的判定系数 R^2 即表示公司盈余的可预测性，R^2 越大表示盈余可预测性越强，进而说明财务信息的相关性越强。

$$Earnings_{i,t} = \alpha_1 + \beta_1 Earnings_{i,t-1} + \varepsilon_{i,t} \qquad (3-10)$$

此外，根据已有研究（Klein, 2002; Beasley and Mark, 1996; 唐盛培, 2006），我们还加入了可能会影响财务信息质量的其他变量，包括负债水平（LEV）和公司成长性（BM），并且还设置了行业虚拟变量 IND 和年度虚拟变量 YEAR 来控制行业和年度固定效应。各变量的定义如表 3-1 所示。

表 3-1　　　　　　　　　　变量定义

变量名称	变量标识	定义及计算公式
因变量		
财务信息可比性	COMP4	把所有与公司 i 在 t 年配对的组合的可比性值从大到小进行排序，$COMP4_{it}$ 为可比性最高的四对组合的平均值。
解释变量		
产品市场竞争程度	HHI	$HHI = -\sum S_i^2$，其中 S_i 为第 i 家公司销售额在所属行业中所占的份额
审计师行业专长	IPSA	审计师行业组合份额
大股东持股比例	CR1	公司年末第一大股东持有股份占总股份的比例
所有权性质	SOE	若最终控制人为政府及其行政机关，则取值为 1，否则为 0
机构投资者持股比例	INST	机构投资者持股占总股份的比例

续表

变量名称	变量标识	定义及计算公式
解释变量		
独立董事比例	INDR	公司独立董事占董事会总人数的比例
盈余波动性	VOLE	公司最近3年净利润的离散系数,公式为: $VOL = Std(Netpro_k)/Abs[Mean(Netpro_k)]$ $k = -2, -1, 0$
公司规模	SIZE	公司报告期上年度末总资产的自然对数
公司业绩	ROA	报告期公司总资产收益率
控制变量		
财务信息如实反映	EM	盈余管理程度,用修正 Jones 模型估计的操纵性应计利润的绝对值表示
财务信息相关性	PRED	盈余的可预测性,将具有16个季度的公司季度盈余数据进行一阶自回归,求出回归模型的 R^2
资产负债率	LEV	年末公司总负债与总资产的比值
账面市值比	BM	市净率的倒数
行业虚拟变量	IND	采用证监会2012行业分类,制造业按二级代码分类,属于该行业时取值为1,否则取0
年度虚拟变量	YEAR	属于该年度时取值为1,否则取0

第四节 实证结果与分析

一、描述性统计分析

表3-2列示了主要变量的描述性统计结果。从全样本来看,财务信息可比性（COMP4）的均值为 -0.24%,这与 De Franco 等（2011）中的 -0.6% 有些差异,相比之下,我国上市公司财务信息可比性平均而言更高,最大值和最小值分别为 -0.02% 和 -2.42%,说明可比性在公司间差异较大。盈余管理程度（EM）的均值和标准差分别为 0.0628 和 0.0626,最小值为 0.0006,最大值为 0.3369,说

明不同公司间对盈余的操纵程度相差较大，财务信息的如实反映程度的差异也较大。盈余可预测性（PRED）的均值和方差分别为 0.3934 和 0.3186，最大值为 0.9639，最小值为 0.0001，说明不同公司之间的盈余可预测性状况差异较大。盈余波动性（VOLE）的均值为 1.4484，75% 分位为 1.0739，最大值为 27.2055，说明样本中有一小部分公司的盈余波动性程度非常大。产品市场竞争程度（HHI）的中位数为 -0.0220，大于平均值 -0.0563，表明我国过半数行业的市场竞争程度高于平均水平，超过一半的行业处在竞争程度较高的水平上。审计师行业专长 IPSA 的均值为 0.1942，可见我国会计师事务所的平均行业专长程度还是不低的。机构投资者持股比例（INST）的平均值为 6.93%，中位数为 2.91%，表明过半数公司的机构投资者持股水平低于平均水平，最大值为 61.1%，最小值几乎为 0，说明我国上市公司的机构投资者持股比例存在较大的差异。独立董事比例（INDR）的均值和中位数分别为 36.22% 和 33%，这与胡奕明和唐松莲（2008）的描述一致，说明独立董事设置基本符合监管政策，独立董事在我国上市公司董事会中已经具有一定的地位。公司业绩（ROA）的平均值为 2.98%，25% 分位和 75% 分位分别为 0.94% 和 5.56%，说明我国上市公司整体盈利能力还不高，盈利差异较为明显。股权集中度（CR1）和所有权性质（SOE）的均值分别为 35.95% 和 67.2%，表明样本公司中第一大股东平均持股比例高达 35.95%，且约 67.2% 的公司为国有控股上市公司。

表 3-2　　变量描述性统计

变量名称	样本量	平均值	标准差	最小值	25% 分位	中位数	75% 分位	最大值
COMP4	9858	-0.0024	0.0032	-0.0242	-0.0025	-0.0013	-0.0007	-0.0002
EM	9858	0.0628	0.0626	0.0006	0.0200	0.0440	0.0840	0.3369
PRED	9858	0.3934	0.3186	0.0001	0.0730	0.3565	0.6860	0.9639
VOLE	9858	1.4484	3.5145	0.0386	0.2381	0.4703	1.0739	27.2055
HHI	9858	-0.0563	0.0868	-0.4336	-0.0639	-0.0220	-0.0140	-0.0121

续表

变量名称	样本量	平均值	标准差	最小值	25%分位	中位数	75%分位	最大值
IPSA	9858	0.1942	0.1709	0.0027	0.0585	0.1393	0.2990	0.7793
INST	9858	0.0693	0.1111	0.0000	0.0044	0.0291	0.0864	0.6110
INDR	9858	0.3622	0.0498	0.2500	0.3333	0.3333	0.3750	0.5556
SIZE	9858	21.7548	1.1847	19.0208	20.9349	21.6254	22.4132	25.3554
ROA	9858	0.0298	0.0621	-0.3420	0.0094	0.0285	0.0556	0.2020
LEV	9858	0.5157	0.1896	0.0812	0.3836	0.5284	0.6540	1.5155
BM	9858	0.4740	0.3078	-0.1678	0.2405	0.4022	0.6391	1.4735
CR1	9858	0.3595	0.1539	0.0851	0.2352	0.3384	0.4762	0.7496
SOE	9858	0.6720	0.4695	0.0000	0.0000	1.0000	1.0000	1.0000

二、相关性分析

表3-3为各变量之间的Pearson相关系数结果。由表中结果可知，产品市场竞争程度（HHI）、审计师行业专长（IPSA）、盈余可预测性（PRED）、机构投资者持股比例（INST）、公司业绩（ROA）均与财务信息可比性（COMP4）的相关系数在1%水平上显著为正；国有控股（SOE）、盈余波动性（VOLE）、盈余管理程度（EM）、公司规模（SIZE）、账面市值比（BM）、资产负债率（LEV）均与财务信息可比性（COMP4）的相关系数在1%水平上显著为负。

由此可知，主要解释变量与因变量的相关系数符号基本上与预期相符。此外，各个解释变量之间的相关系数远小于0.5，说明多重共线性问题不大，从而能够保证后续多元回归分析结果的可靠性。以上只是单变量之间的相关性分析，进一步较为严谨的经验证据还有待后面的多元回归分析。

表 3-3 主要变量的相关系数

	COMP4	HHI	IPSA	SOE	CR1	VOLE	EM	PRED	INST	INDR	SIZE	ROA	BM	LEV
COMP4	1.0000													
HHI	0.2079 <0.0001	1.0000												
IPSA	0.1557 <0.0001	0.2849 <0.0001	1.0000											
SOE	-0.0718 <0.0001	-0.0524 <0.0001	0.0351 0.0005	1.0000										
CR1	0.0076 0.4527	-0.0443 <0.0001	0.1002 <0.0001	0.2681 <0.0001	1.0000									
VOLE	-0.0662 <0.0001	0.0425 <0.0001	-0.0007 0.9435	-0.0160 0.1124	-0.0471 <0.0001	1.0000								
EM	-0.0944 <0.0001	0.0079 0.4308	-0.0130 0.1953	-0.0605 <0.0001	0.0113 0.2617	0.0370 0.0002	1.0000							

第三章 财务信息可比性影响因素

续表

	COMP4	HHI	IPSA	SOE	CRI	VOLE	EM	PRED	INST	INDR	SIZE	ROA	BM	LEV
PRED	0.1451 <0.0001	-0.0794 <0.0001	-0.0191 0.0579	0.0505 <0.0001	0.0851 <0.0001	-0.2640 <0.0001	-0.0664 <0.0001	1.0000						
INST	0.0337 0.0008	-0.0303 0.0026	0.0211 0.0358	0.0677 <0.0001	0.0835 <0.0001	-0.0725 <0.0001	0.0113 0.2607	0.1660 <0.0001	1.0000					
INDR	-0.0055 0.5825	-0.0322 0.0014	0.0096 0.3413	-0.0579 <0.0001	-0.0037 0.7152	0.0127 0.2093	0.0258 0.0104	-0.0417 <0.0001	-0.0524 <0.0001	1.0000				
SIZE	-0.1304 <0.0001	-0.0554 <0.0001	0.1005 <0.0001	0.2265 <0.0001	0.2670 <0.0001	-0.0872 <0.0001	-0.0931 <0.0001	0.1600 <0.0001	0.1026 <0.0001	0.0650 <0.0001	1.0000			
ROA	0.1536 <0.0001	-0.0680 <0.0001	-0.0210 0.0369	-0.0273 0.0068	0.1120 <0.0001	-0.1910 <0.0001	-0.0355 0.0004	0.3142 <0.0001	0.1766 <0.0001	-0.0075 0.4579	0.1221 <0.0001	1.0000		
BM	-0.0349 0.0005	0.0441 <0.0001	0.0873 <0.0001	0.1420 <0.0001	0.1243 <0.0001	-0.0367 0.0003	-0.1409 <0.0001	0.0599 <0.0001	-0.0756 <0.0001	-0.0181 0.0729	0.4169 <0.0001	-0.0980 <0.0001	1.0000	
LEV	-0.2201 <0.0001	0.0432 <0.0001	0.0710 <0.0001	0.0928 <0.0001	0.0249 0.0134	0.0791 <0.0001	0.0721 <0.0001	-0.1626 <0.0001	-0.0708 <0.0001	0.0076 0.4529	0.2828 <0.0001	-0.3530 <0.0001	0.0246 0.0144	1.0000

注：该表左下方为 Pearson 相关系数矩阵，相关系数下面为对应的 P 值。

三、多元回归分析

表 3-4 为公司年度的财务信息可比性影响因素的回归结果。从中可以看出,产品市场竞争程度 HHI 的回归系数显著为正,且在 1% 的水平上显著,表明市场竞争程度的提高有利于增强行业内公司之间的财务信息可比性,则假设 H3-1 得到验证。审计师行业专长 IPSA 的回归系数在 1% 的水平上显著为正,表明由具有审计行业专长的事务所审计的公司,其与行业内其他公司的财务信息可比性更强,审计师的行业专长的确能够提升财务信息质量,支持了假设 H3-2。大股东持股比例 CR1 的回归系数在 1% 的水平上显著为正,表明大股东持股比例的增加提高了公司的财务信息可比性,可能是因为股权集中使大股东具有足够的动力和意愿去监督管理层以提高会计信息质量,为此假设 H3-3a 得到支持,即两者之间具有正相关关系。所有权性质 SOE 的回归系数显著为负,且在 1% 的水平上显著,说明同等条件下,相对于非国有控股公司,国有控股公司的财务信息可比性更低,假设 H3-3b 也得到支持。机构投资者持股比例 INST 的回归系数为正,但在统计上不显著,说明机构投资者对提高财务信息可比性的作用有限。独立董事比例 INDR 的回归系数为正,但在统计上不显著,说明独立董事对提升财务信息可比性的作用也十分有限。盈余波动性 VOLE 的回归系数在 5% 的水平上显著为负,表明公司盈余波动性越大,财务信息可比性越低,假设 H3-6 得到支持,即盈余的波动性降低了财务信息的可比性。公司规模 SIZE 与财务信息可比性的回归系数在 1% 的水平上显著为负,表明公司规模越大,其财务信息可比性越低,支持了假设 H3-7。公司业绩 ROA 与财务信息可比性的回归系数在 1% 的水平上显著为正,说明业绩越好的公司,其有着更少的盈余操纵压力,业绩的如实反映程度和真实性会更高,其财务信息可比性也较高,从而假设

H3-8 得到支持。

表 3-4　公司年度财务信息可比性的影响因素回归结果

	预测符号	系数	T 值
常数项		0.0082***	12.0963
HHI	+	0.0067***	18.4502
IPSA	+	0.0026***	14.0976
CR1	?	0.0010***	4.6243
SOE	-	-0.0002***	-3.0459
INST	+	0.0003	1.0237
INDR	+	0.0001	0.1910
VOLE	-	-0.0000**	-2.5461
SIZE	-	-0.0005***	-14.1661
ROA	+	0.0043***	7.4898
EM	-	-0.0045***	-9.1735
PRED	+	0.0013***	12.9341
LEV	-	-0.0021***	-11.2956
BM	+	0.0003*	1.9013
YEAR	控制	控制	控制
IND	控制	控制	控制
N	9858	9858	9858
ADJ-R^2	16.17%	16.17%	16.17%
F-value	91.527***	91.527***	91.527***

注：括号里的数字为 T 统计量值，*、**、*** 分别表示在 10%、5% 和 1% 的统计水平上显著。

在控制变量方面，盈余管理程度 EM 的回归系数显著为负，且在 1% 的水平上显著，表明公司盈余管理程度越低，财务信息的如实反映程度越高，进而财务信息的可比性也越高，与预期一致。盈余可预测性 PRED 的回归系数显著为正，且在 1% 的水平上显著，表明盈余的可预测性越强，财务信息的相关性越强，进而财务信息的可比性也越强，与预期一致。公司负债比率 LEV 对财务信息可比性有着显著为负的影响，可能是因为公司在负债压力比较大的情况下，面临较高财务风险，增加了管理层操纵财务信息的机会主义行为，财务信息的如实反映程度下降，进而导致财务信息可比性下降。公司账面市值比 BM 对财务信息可比性有显著为正的影响，说明成长性不高的公司，由于公司业务比较稳定，故与行业内公司的可比性较强。

四、稳健性检验

为了使研究结果更为稳健，本章进行了如下稳健性检验：

第一，与 $COMP4_{it}$ 为财务信息可比性最高的四对组合的平均值不同，这里选取可比性最高的十对组合的平均值构造了公司年度财务信息可比性 $COMP10_{it}$，回归结果如表 3-5 的第（1）列所示，各影响因素对可比性的显著性没有明显变化。

第二，产品市场竞争程度 HHI，与姜付秀等（2009）一致，我们采用了行业内公司数目来替代，行业内公司数目越多，表明公司所处的产品市场竞争程度越大。回归结果如表 3-5 的第（2）列所示，HHI 在 1% 的显著性水平上对可比性有显著影响，结果保持不变。

第三，审计师行业专长 IPSA，我们还根据市场组合计算的审计师行业专长连续变量构建了哑变量，以反映会计师事务所在某个行业是否具有行业专长，与蔡春和鲜文铎（2007）一致，我们将每个会计师事务所行业组合份额最高的一个行业定义为其专长行业，令哑变量 IPSA 取值为 1，表示具有行业专长，否则为 0。回归结果如表 3-5 的第（3）列所示，审计师行业专长 IPSA 在 1% 的显著性水平上对可

第三章 财务信息可比性影响因素

比性影响显著，结果没有明显改变。

第四，股权集中度 CR1 改为前五大股东持股比例 CR5，回归结果如表 3-5 的第（4）列所示，CR5 对可比性影响仍然显著，回归结果与表 3-5 无明显差异。

第五，财务信息的如实反映程度改用基本 JONES 模型和业绩调整模型（Kothari et al., 2005）分别估计的操纵性应计利润计算公司的盈余管理程度，分别进入回归模型，结果如表 3-5 的第（5）列和第（6）列所示，盈余管理程度越高，公司财务信息的如实反映程度越低，可比性也越低，回归结果没有明显改变。

第六，财务信息的如实反映程度由盈余管理程度 EM 改用盈余平滑度 SMOOTH 来表示，既有研究认为盈余平滑度越高的公司，其财务信息质量越低（Dechow et al., 2010）。盈余平滑度 SMOOTH 分别采用了公司最近 3 年盈余的标准差与经营活动净现金流的标准差之比、公司应计盈余与经营活动现金净流量的相关系数来表示（Barth et al., 2012）。回归结果如表 3-5 的第（7）列和第（8）列所示，盈余平滑程度越高，则公司财务信息如实反映程度越低，可比性也越低，回归结果仍支持财务信息的如实反映程度与财务信息可比性之间的正向关系。

第七，我们还采用公司营业收入的自然对数来替代公司规模 SIZE，账面市值比 BM 采用总资产除以总市值来衡量，总市值计算公式为：

总市值 = 人民币普通股 × 年度最后一交易日收盘价 + 境内上市的外资股 B 股
　　　× 年度最后一日收盘价 × 当日汇率 + （总股数 - 人民币普通股 - 境内
　　　上市的外资股 B 股）× 所有者权益合计期末值 + 负债合计本期期末值

此外，本章还采用净资产收益率 ROE 来替代 ROA，采用营业收入波动率来替代盈余波动率 VOLE。上述各项回归结果与表 3-4 的结果基本一致，无明显差异，鉴于篇幅，未予以列示。

表 3–5　可比性影响因素的稳健性检验结果

	(1)	(2)	(3)	(4)	(5)	(6)	(7)	(8)
常数项	0.012*** (13.7857)	0.0075*** (11.0809)	0.008*** (11.8141)	0.0083*** (11.9886)	0.0082*** (12.0946)	0.0082*** (12.0506)	0.0084*** (12.5492)	0.0058*** (8.4303)
HHI	0.0104*** (22.355)	0.0000*** (19.7383)	0.0071*** (19.7581)	0.0067*** (18.4113)	0.0067*** (18.454)	0.0067*** (18.4025)	0.0067*** (18.4975)	0.0066*** (18.2323)
IPSA	0.0037*** (15.6391)	0.0008*** (3.6767)	0.0009*** (13.0635)	0.0026*** (14.2254)	0.0026*** (14.132)	0.0026*** (14.1826)	0.0027*** (14.7291)	0.0027*** (14.7232)
INST	0.0007* (1.8943)	0.0000 (0.0613)	0.0003 (0.9569)	0.0003 (1.0537)	0.0003 (1.0303)	0.0003 (0.9378)	0.0002 (0.6086)	0.0003 (0.3348)
INDR	0.0005 (0.6566)	0.0000 (-0.0184)	0.0000 (0.0356)	0.0001 (0.1925)	0.0001 (0.2039)	0.0001 (0.1207)	0.0000 (0.0047)	-0.0003 (-0.4319)
VOLE	-0.0000** (-2.4847)	-0.0000*** (-2.7138)	-0.0000*** (-2.6528)	-0.0000** (-2.5639)	-0.0000** (-2.5603)	-0.0000** (-2.5741)	-0.0000** (-2.2381)	-0.0000** (-2.0194)
EM	-0.0060*** (-9.7027)	-0.0041*** (-8.461)	-0.0045*** (-9.1489)	-0.0044*** (-9.0897)	-0.0044*** (-9.0868)	-0.0036*** (-6.6977)	-0.0008*** (-16.1517)	-0.0013*** (-15.511)
PRED	0.0017*** (12.6123)	0.0013*** (12.8696)	0.0013*** (12.7636)	0.0013*** (12.9887)	0.0013*** (12.9525)	0.0013*** (12.8529)	0.0011*** (10.37)	0.0012*** (11.2594)
SIZE	-0.0007*** (-16.3575)	-0.0005*** (-14.5341)	-0.0005*** (-13.5403)	-0.0005*** (-13.7979)	-0.0005*** (-14.1667)	-0.0005*** (-14.2672)	-0.0005*** (-13.2508)	-0.0004*** (-11.6544)

续表

	(1)	(2)	(3)	(4)	(5)	(6)	(7)	(8)
ROA	0.0059***	0.0047***	0.0044***	0.0043***	0.0042***	0.0047***	0.0034***	0.0039***
	(8.0934)	(8.2986)	(7.643)	(7.6326)	(7.4663)	(8.1554)	(6.0445)	(6.8559)
LEV	-0.0027***	-0.0018***	-0.0021***	-0.0021***	-0.0021***	-0.0021***	-0.0027***	-0.0027***
	(-11.3123)	(-9.4551)	(-11.1393)	(-11.2579)	(-11.3109)	(-11.0068)	(-14.2867)	(-14.5318)
BM	0.0005***	0.0006***	0.0003**	0.0003*	0.0003*	0.0003**	0.0001	0.0001
	(2.8598)	(4.1225)	(2.1404)	(1.8982)	(1.8696)	(2.2924)	(0.4292)	(0.6025)
CR1	0.0012***	0.0009***	0.0010***	0.0008***	0.0010***	0.0009***	0.0008***	0.0009***
	(4.4413)	(4.2029)	(4.6983)	(2.9265)	(4.6356)	(4.4631)	(4.0061)	(4.1422)
SOE	-0.0003***	-0.0002***	-0.0002***	-0.0002***	-0.0002***	-0.0002***	-0.0002**	-0.0002**
	(-3.2087)	(-3.1235)	(-2.8074)	(-2.6017)	(-3.0693)	(-2.9066)	(-2.2573)	(-2.4858)
YEAR	控制	控制	控制	控制	控制	控制	控制	控制
IND	控制	控制	控制	控制	控制	控制	控制	控制
N	9858	9858	9858	9858	9858	9858	9858	9858
ADJ-R^2	19.15%	16.57%	15.93%	16.06%	16.15%	15.83%	17.64%	17.47%
F-value	112.189***	94.234***	89.960***	90.799***	91.438***	89.309***	101.502***	100.357***

注：括号里的数字为T统计量值，*，**，*** 分别表示在10%，5%和1%的统计水平上显著。

第五节 本章小结

本章基于公司层面财务信息可比性的度量，考察了公司外部与内部治理机制、公司财务特征以及财务信息的基本质量特征等因素对我国上市公司财务信息可比性的影响。具体地，公司外部治理机制主要从产品市场竞争程度和审计师行业专长这两个方面进行研究；公司内部治理因素包括大股东的影响、机构投资者及独立董事的影响；公司财务特征主要考虑盈余波动性、公司规模、公司业绩、公司负债比率及公司成长性等方面的影响；基于财务信息可比性与财务信息基本质量特征的关系，我们还考虑财务信息的如实反映和相关性这两个基本质量特征对财务信息可比性的影响。以 2005～2013 年我国 A 股上市公司为样本，研究发现：在外部治理方面，产品市场竞争程度显著影响了财务信息的可比性，表现为激烈的产品市场竞争能够提高所在行业公司的财务信息可比性；审计师的行业专长也有利于提高被审计公司与行业内其他公司的财务信息可比性。在内部治理方面，大股东的治理效应体现为，大股东持股比例的增加提高了公司的财务信息可比性，并且大股东为非国有性质会有利于提高财务信息可比性；机构投资者持股和独立董事比例对财务信息可比性虽有正向影响，但影响不显著，说明机构投资者和独立董事在提升财务信息可比性方面的作用还没有得到有效发挥。在公司财务特征方面，盈余波动性越大的公司其财务信息可比性越低，公司规模和财务信息可比性显著负相关，发展比较平稳的公司财务信息可比性较高，此外，较好的盈利能力和较低的负债比率均有利于提高上市公司的财务信息可比性。在财务信息的基本质量特征方面，财务信息的如实反映和相关性均能够显著增强财务信息可比性，进一步说明可比性是建立在如实反映和相关性基础之上的增进质量特征。

本章的启示意义在于，提升上市公司财务信息可比性需要从以下几个方面着手：(1) 上市公司要对财务信息进行如实呈报，提高信息披露质量，增加信息披露透明度，监管部门也要加大对上市公司信息真实性和完整性的检查力度，进而从内外两个方面提高上市公司财务信息基本质量。(2) 政府部门要搭建公平自由的竞争环境，逐渐放开垄断领域，引入竞争机制，培育良好的市场竞争环境，以发挥产品市场竞争这一外部治理机制对公司信息披露质量的积极作用。(3) 监管部门和市场应当鼓励会计师事务所做大做强，发展行业专长，提高专业胜任能力，促进审计市场适度竞争，合理提高审计市场的集中度，并且会计师事务所自身也应当加大行业专长投资力度，积累丰富的行业审计经验，以达到"规模效应"与"专长效应"，提高审计质量，进而提高上市公司财务信息质量。(4) 上市公司自身要继续完善内部治理结构，增加独立董事比例，提高独立董事的话语权并有效发挥其监督职能；优化股权结构，降低国有股比例，加强对国有企业经营者的监督，引入更多的机构投资者并提高他们参与公司治理的积极性，使机构投资者能够真正以战略股东的身份参与到公司治理中来，形成对管理者的监督；同时，倡导大股东对经营者的监督作用，积极发挥大股东的治理效应。

本章的研究贡献主要体现在以下四个方面：(1) 本章借鉴了 De Franco 等 (2011) 的可比性度量方法，采用转型经济的中国资本市场数据，从公司内外部治理环境以及公司特征等方面识别了影响财务信息可比性的因素，加深了对财务信息可比性的认知，丰富了财务信息质量特征影响因素的相关研究，并为监管者和公司管理者提供了提高上市公司信息可比性的政策建议。(2) 本章对财务信息可比性的影响因素研究，回应了 De Franco 等 (2011) 的研究展望，并为 Barth 等 (2012) 关于应计质量和盈余平滑度可能是财务信息可比性潜在决定因素的这一论断，提供了直接的经验证据支持，深化了该领域的研究。(3) 本章发现财务信息的如实反映和相关性的确影响了财务信息的可比性,从而为准则制定者关于财务信息可比性是建立在财务信息如实反映和相关性基础之上的增进质量特征的这一论断提供了直接经验证据支持。(4)本章发现产品市场竞争和审计师行业专长对公司财务信息可比性有着积极影响,丰富了外部治理环境对财务信息质量影响的研究文献,也为从培育良好的外部治理环境着手来提高公司财务信息质量提供了经验证据。

财务信息可比性
及其业绩预测
效应研究

Chapter 4

第四章 财务信息可比性与分析师预测

第四章　财务信息可比性与分析师预测

　　本章考察了财务信息可比性对分析师预测行为的影响,分别从分析师跟踪数量和分析师预测质量两个方面来对分析师预测行为进行考察。研究结果发现:上市公司的财务信息可比性越高,则对其进行跟踪预测的分析师数量越多,预测质量越高,表现为预测分歧度越小,预测准确度越高。进一步研究发现,可比性与分析师预测行为之间的关系还受公司所在产品市场竞争程度的影响,产品市场竞争程度越高的公司,其财务信息可比性与分析师跟踪数量之间的正向关系更为显著,可比性与分析师预测质量之间的正向关系也更显著。由此可知,上市公司的财务信息可比性是影响分析师预测行为的一个重要因素,并且公司的产品市场竞争程度会增强两者之间的正向关系。

第一节　引　　言

　　证券分析师是资本市场上重要的信息提供者,他们利用自己的行业专长和宏观经济知识深入分析上市公司公开披露的信息,为投资者提供公司的盈利预测以及买卖或持有公司股票的建议。这些来自分析师的信息和建议,特别是他们提供的公司盈余预测成为广大投资者进行投资决策的重要参考依据。因此,分析师的预测行为得到了投资者和其他业界人士的普遍关注,同时也是学术界探讨的热点问题(Ramnath et al., 2008)。既有研究发现,证券分析师的盈余预测比盈余的时间序列分析模型更为准确,其发布的盈余预测和投资建议具有显著的市场反应(Brown and Rozeff, 1978; Francis and Soffer, 1997),因此,证券分析师为资本市场提供了许多有价值的信息,为提高市场效率发挥了重要作用(Healy and Palepu, 2001)。基于我国新兴转轨市场的制度背景,岳衡和林小驰(2008)研究发现,同以年度历史数据为基础的统计模型得出的盈余预测相比,我国证券分析师盈余预测的误差较小,说明证券分析师的盈余预测具有一定的优势。吴东辉和薛祖云（2005）也发现我国分析师的盈利预测具有较强的价值相关性，其预测准确性高于随机游走模型，投资者在投资决策时可以利用分析师的盈利预测以提高投资回报，这说明我国证券分析师给市场上的投资者也提供了有价值的信息（方军雄，2007）。鉴于分析师预测的重要性，分析师的盈余预测已被普遍用作预期盈余的替代变量，成为学术研究的一项基础（胡奕明和孙聪颖，2005）。因此，分析师预测已然成为引导资本市场资源优化配置的信息基础之一，任何影响分析师预测行为的潜在因素都会间接地影响我国资本市场的有效运行（王玉涛和王彦超，2012）。基于此，本章考察了财务信息可比性对于我国证券分析师预测行为的影响，以期丰富财务信息可比性经济后果的研究成果，并拓展我们对证券分析师预测行为的认知。

本章参照以前的研究（如 Hope，2003；Zhang，2006；白晓宇，2009；王玉涛和王彦超，2012），将分析师预测行为分为分析师跟踪数量和分析师预测质量两大方面，其中分析师预测质量又包括预测分歧度和预测准确度。已有研究发现，分析师跟踪数量和预测质量主要由分析师能够获取的信息的数量和质量决定（Bhushan，1989；Lang and Lundholm，1996；方军雄，2007；Hodder et al.，2008；白晓宇，2009）。可比性作为财务信息质量的重要特征之一，有助于信息使用者比较不同项目的异同，增强财务信息的决策有用性（IASB，2010；FASB，2010），证券分析师作为上市公司的信息使用者，对其跟踪的公司进行盈余预测时，往往会选择同行业内的一家或几家公司做参照进行对比分析，以此更好地分析和预测未来业绩，但前提是公司间要具备可比性，才能做出有意义的比较。正如经典财务报表分析教科书中强调的那样，要想从任何一个财务指标中得出有意义的经济结论，必须有一个可比的参照系才行（Libby et al.，2009）。De Franco 等（2011）以美国公司为样本，研究了财务信息可比性与分析师预测行为的关系，发现分析师比较热衷于跟踪财务信息可比性较高的公司，并且预测质量也相应较高，结果表明财务信息可比性为证券分析师提供了更多高质量的财务信息,降低了分析师获取信息的成本,进而改善公司的信息环境。基于我国转型经济体的资本市场,我国上市公司的财务信息可比性对分析师预测行为的影响尚待验证。对于中国资本市场而言,会不会随着公司可比性的提高,跟随其进行预测的分析师数量有所增加,预测的分歧度有所下降,预测准确度得以提高?基于此,本章研究财务信息可比性对我国证券分析师预测行为的影响。由于前面发现产品市场竞争程度能够影响财务信息可比性,因此我们在检验财务信息可比性对分析师预测影响的基础上,又进一步考察了产品市场竞争程度对财务信息可比性与分析师预测行为之间关系的影响。

本章研究发现:(1)上市公司财务信息可比性越高,则跟踪其进行预测的分析师数量越多,预测质量越高,即预测的分歧度越低,准确度越高;(2)公司所在的产品市场竞争程度越高,财务信息可比性与分析师跟踪数量之间的正向关系更显著,财务信息可比性与分析师预测质量之间的正向关系也更显著。这说明,财务信息可比性是影响分析师预测行为的一个重要因素,并且公司所在的产品市场竞争程度发挥了其外部治理效应,进而增强了财务信息可比性与分析师预测行为之间的正向关系。

本章的主要研究贡献体现在:第一,不同于以往基于其他财务信息质量特征的研究文献,本章从财务信息可比性的角度,基于中国转型经济体的资本市场数据研究了财务信息质量特征的经济后果,拓展了财务信息质量特征的研究视野,同时也验证了 De Franco 等(2011)关于财务信息可比性测度方法在中国上市公司的有效性。第二,本章扩展了现有的分析师预测行为研究文献,现有我国分析师行为研究文献中,方军雄(2007)、白晓宇(2009)研究了公司信息披露透明度对分析师预测的影响,李丹和贾宁(2009)主要研究了公司盈余质量对分析预测质量的影响,王玉涛和王彦超(2012)考察了业绩预告的形式和精度等特征对分析师预测行为的影响。本章发现财务信息可比性也是影响分析师预测行为的重要因素,丰富了财务信息质量对分析师预测行为影响的研究文献。第三，本章与 De Franco 等（2011）的研究不同，首先，本章是基于转型经济体下分析师预测的研究，既有研究发现我国资本市场与西方成熟资本市场还存在较大差距，上市公司财务信息质量普遍不高，信息透明度不足已是不争的事实（Jin and Myers，2006；潘越等，2011），基于我国资本市场特征下的研究有利于更为深入地认知在转型国家中会计信息质量与分析师预测行为的关系，为财务信息可比性与分析师预测的关系提供了"新兴＋转型"背景下的证据。其次，本章深化了 De Franco 等（2011）的研究，本章除了检验财务信息可比性与分析师预测行为的关系外，还分析了不同产品市场竞争环境对上述关系的影响，考察了产品市场竞争这一外部环境的治理效应。

第二节　理论分析与研究假设

一、财务信息可比性与分析师跟踪数量

认知心理学认为，人脑是一个信息加工系统，信息通过感受器输入大脑后，大脑会根据输入信息的形式与特征等属性，从已储存的记忆中调取与之相匹配的记忆存储（Hogarth，1987）。信息的可比性将能够影响到信息使用者对信息的解释、归类和使用。接收到的信息特征将会激发记忆中与该信息有相似特征的知识存储，用来指导与决策判断相关的信息的选择和解释。因此，当某家公司和证券分析师目前所跟踪的公司具有较强的可比性时，这家公司就较容易成为分析师所关注的对象，即信息的可比与否会对分析师的判断和决策产生影响。与其他公司相比，可比性越高的公司对于分析师来说，他付出的认知努力和认知成本越低。心理学上的研究表明，个体在进行判断时，对于需要耗费更多认知成本的信息仅会给予较低程度的关注（Russo，

1977),由此推测,分析师应该会对可比性高的公司给予较高程度的关注,意味着可比性越高的公司越能吸引更多的分析师对其进行跟踪。

可比性是财务信息的重要质量特征,有利于增进财务信息的决策有用性。任何经济决策的做出都是经过比较选择的结果(Wang,2014),对于证券分析师来说,其在分析任何一家公司的财务数据时,要想得出有意义的经济结论,必须要有一个比较的基础。分析师将其跟踪的公司和与之具有可比性的公司进行对比分析,能够提高分析师理解和预测公司经营状况和财务状况的能力。可比性的主要作用在于其能使不同项目得以更好地比较,可比性高的公司之间构成了彼此更好的比较基础,这些公司之间的信息传递效应也会更强。既有研究表明,一个公司的财务报表信息会对可比公司的财务报表和经营决策产生影响(e.g., Ramnath, 2002; Gleason et al., 2008; Durnev and Mangen, 2009)。总之,可比性的增强会带来会计信息质量的提高(De Franco et al., 2011)。基于以上分析,我们可以推测,对于那些有可比同行的公司,分析师对其财务信息进行理解和分析,所付出的努力程度会比没有可比同行的公司要低,进而降低了分析师获取信息和处理信息的成本。由于跟踪某个公司的分析师人数取决于分析师付出的成本和获得的收益比较(Bhushan, 1989; Lang and Lundholm, 1996),在收益一定的前提下,分析师付出的成本就在很大程度上决定了其对某一公司的跟踪。

综上所述,对于具有较高可比性的公司来说,证券分析师可以获取更多数量和更高质量的有用信息,降低了获取信息和理解信息的成本,有助于对公司进行业绩预测,相应地会吸引更多的分析师跟踪。据此,我们提出本章的第一个假设:

H4-1:其他条件相同的情况下,财务信息可比性与分析师跟踪数量正相关,即财务信息可比性越高的公司,跟踪的分析师数量越多。

此外,还存在这样一种可能,由于可比性的提高,改善了公司的信息环境,可能会降低投资者对分析师预测的需求,使分析师跟踪数量减少。Bhushan（1989）认为投资者对证券分析师服务的需求取决于证券分析师在资本市场上扮演的角色。如果证券分析师更多地表现为"信息中介"的角色，即对上市公司的信息加以专业化解读，并传达给投资者，则公司信息环境的改善意味着市场对分析师服务的需求也随之增加；如果证券分析师在资本市场中更多的是担当着信息提供者的角色，则公司信息环境的改善可能会降低了投资者对分析师服务的需求。然而，大量文献表明，分析师在资本市场上主要担负着解读分析信息的角色而不是提供信息的角色（Lang and Lundholm，1996；Francis et al.，2002；Frankel et al.，2006；De Franco and Hope，2011）。而且，不少学者还发现，上市公司信息披露质量越高，跟踪该公司的分析师越多（如 Lang and Lundholm，1996；方军雄，2007；白晓宇，2009；王玉涛和王彦超，2012）。上述这些实证研究表明，上市公司信息供给的增加有利于吸引更多的分析师跟踪，这也与分析师由于获得更多的信息带来成本下降的优势超过了可能的需求减少带来的利益受损程度是相符的。因此这些发现都支持了我们对假设 H4-1 的预期符号判断。

二、财务信息可比性与分析师预测质量

除了影响分析师跟踪数量外，财务信息可比性也可能会影响分析师预测的质量——预测分歧度和预测准确度。影响分析师预测的信息集包括公共信息和私有信息，可比性高的公司意味着分析师能够有效并低成本地获取该公司更多优质的公共信息，那么分析师的最优预测将更多地依赖公共信息而不是私有信息，从而使分析师的信息来源较为一致，降低了盈余预测的分歧度。正如前面所指出的那样，对于可比性较高的公司，分析师可以获取更多高质量的有用信息，使之能够更好地评估公司过去和现在的经营业绩，而且也能使分析师对经济业务是如何生成会计盈余的这一过程有更准确的理解。这些增加的技能

有利于提高分析师对公司盈余进行预测的能力,再加上他们对更丰富信息的分析和处理能力,使得预测的准确度得以提高。基于以上分析,我们提出本章的第二个假设:

H4-2:其他条件相同的情况下,财务信息可比性与分析师预测质量正相关,即财务信息可比性越高的公司,分析师预测的分歧度越低,预测的准确度越高。

三、产品市场竞争对财务信息可比性与分析师预测关系的影响

产品市场竞争是公司外部治理机制的重要组成部分,除了公司内部治理机制之外,来自产品市场的竞争压力同样可能在约束和激励管理层方面产生积极的作用,进而影响了公司信息披露的数量和质量。既有研究发现,行业竞争程度较低的公司往往会控制财务信息披露的数量,因此信息披露水平较低(Harris, 1998; Botosan and Stanford, 2005; Li, 2010)。行业竞争程度不仅影响行业内公司的信息披露数量,也影响了行业内公司信息披露的质量。如 Hagerman 和 Zmijewski (1979)认为行业竞争程度较低的公司更有可能采用降低公司盈余的会计政策,使得其披露了较低质量的财务信息。王雄元和刘众 (2008)发现,适度的竞争有利于提高公司信息披露质量,行业竞争程度越强,其信息披露质量越高。因此,产品市场竞争越激烈,行业内公司信息披露的数量和质量会越高,降低了公司之间进行比较的信息缺失程度,有利于提高行业内公司间的财务信息可比性。此外,充分竞争的产品市场增强了企业财务业绩的可比性,降低了从企业综合业绩中分离出管理者努力程度的成本,提高了财务业绩的可观测性,管理层的薪酬与财务业绩的关联度就较强(刘凤委等,2007),为此,管理层就有动力提升财务信息的可比性。前面对可比性影响因素的实证检验结果,也发现公司的产品市场竞争越激烈,其财务信息可比性越高。基于此,产品市场竞争程度越高的公司,其财务信息可比

性程度也越高，进而能够吸引更多的分析师对其进行跟踪预测，并且分析师预测的质量也更高，表现为预测分歧度越低，预测准确度越高。据此，我们提出本章的第三个假设：

H4-3a：其他条件相同的情况下，产品市场竞争程度越高的公司，财务信息可比性与分析师跟踪数量之间的正相关关系越强。

H4-3b：其他条件相同的情况下，产品市场竞争程度越高的公司，财务信息可比性与分析师预测质量之间的正相关关系越强。

第三节 研究设计

一、样本选取和数据来源

本章选取针对沪深两市 A 股上市公司 2006～2013 年的盈余进行预测的证券分析师样本，为了控制可能存在的内生性问题，我们对主要解释变量财务信息可比性滞后一期，故在计算公司的财务信息可比性时，选取的是 2002～2012 年 A 股上市公司为样本。所有数据均来自国泰安（CSMAR）数据库。

样本筛选过程如表 4-1 所示，首先对于财务信息可比性的初始样本，剔除金融行业类上市公司样本后，得到可比性数据的样本量为 9033 个；其次，剔除相关变量的缺失值样本后，得到可比性对分析师跟踪数量的回归样本量为 8953 个；再次，为了考察可比性对分析师预测准确度的影响，我们进一步剔除了分析师跟踪数量为 0 的样本，得到可比性对分析师预测准确度的回归样本量为 6049 个；最后，为了考察可比性对分析师预测分歧度的影响，又进一步剔除了某一公司的分析师跟踪人数少于 2 人而无法计算分歧度的样本，最终得到可比性对分析师预测分歧度的回归样本量为 4872 个。为了消除异常值的影响，对所有的连续变量在 1% 和 99% 分位数上进行了 Winsorize 缩尾处理。

表 4-1　　　　　　　　研究样本的筛选过程

样本筛选过程	数量
Pannel A：财务信息可比性样本量	
2005-2012 年度的 A 股公司具有可比性数据的样本	9136
减：金融行业上市公司样本	103
最终具有可比性数据的样本量	9033
Pannel B：回归分析样本量	
减：相关变量的缺失值	80
可比性对分析师跟踪回归样本量	8953
减：分析师跟踪数量为 0 的样本	2904
可比性对分析师预测准确度回归样本量	6049
减：分析师跟踪数量少于 2 人导致分析师预测分歧度无法计算的样本	1177
可比性对分析师预测分歧度回归样本量	4872

二、模型设计和变量定义

为了检验假设 H4-1 和假设 H4-2，我们构建模型（4-1）和模型（4-2）来分别考察财务信息可比性对分析师跟踪数量和分析师预测质量的影响。为了检验假设 H4-3a 和 H4-3b，我们构建模型（4-3）和模型（4-4）来分别考察产品市场竞争程度对财务信息可比性与分析师跟踪数量和预测质量之间关系的影响。

$$COVERAGE_{i,t} = \beta_0 + \beta_1 COMP_{i,t-1} + \beta_2 SIZE_{i,t-1} + \beta_3 ROA_{i,t-1} + \beta_4 LEV_{i,t-1}$$
$$+ \beta_5 BM_{i,t-1} + \beta_6 BIG4_{i,t-1} + \beta_7 VOLR_{i,t-1} + \beta_8 VOLE_{i,t-1}$$
$$+ \beta_9 CR1_{i,t-1} + \beta_{10} CORR_{i,t-1} + \beta_{11} ISSUE_{i,t-1}$$
$$+ \sum IND + \sum YEAR + \varepsilon_{i,t} \quad (4-1)$$

$$DISPER_{i,t}(ACCURACY_{i,t}) = \beta_0 + \beta_1 COMP_{i,t-1} + \beta_2 SIZE_{i,t-1} + \beta_3 ROA_{i,t-1}$$
$$+ \beta_4 LEV_{i,t-1} + \beta_5 BM_{i,t-1} + \beta_6 VOLR_{i,t-1}$$
$$+ \beta_7 VOLE_{i,t-1} + \beta_8 CR1_{i,t-1} + \beta_9 CORR_{i,t-1}$$
$$+ \beta_{10} ISSUE_{i,t-1} + \beta_{11} DAYS_{i,t}$$
$$+ \sum IND + \sum YEAR + \varepsilon_{i,t} \quad (4-2)$$

$$\begin{aligned}
COVERAGE_{i,t} = & \beta_0 + \beta_1 COMP_{i,t-1} + \beta_2 HHI_{i,t-1} + \beta_3 HHI_{i,t-1} * COMP_{i,t-1} \\
& + \beta_4 SIZE_{i,t-1} + \beta_5 ROA_{i,t-1} + \beta_6 LEV_{i,t-1} + \beta_7 BM_{i,t-1} \\
& + \beta_8 BIG4_{i,t-1} + \beta_9 VOLR_{i,t-1} + \beta_{10} VOLE_{i,t-1} + \beta_{11} CR1_{i,t-1} \\
& + \beta_{12} CORR_{i,t-1} + \beta_{13} ISSUE_{i,t-1} + \sum IND \\
& + \sum YEAR + \varepsilon_{i,t} \quad\quad\quad\quad\quad\quad\quad\quad (4-3)
\end{aligned}$$

$$\begin{aligned}
DISPER_{i,t}(ACCURACY_{i,t}) = & \beta_0 + \beta_1 COMP_{i,t-1} + \beta_2 HHI_{i,t-1} + \beta_3 HHI_{i,t-1} \\
& * COMP_{i,t-1} + \beta_4 SIZE_{i,t-1} + \beta_5 ROA_{i,t-1} \\
& + \beta_6 LEV_{i,t-1} + \beta_7 BM_{i,t-1} + \beta_8 VOLR_{i,t-1} \\
& + \beta_9 VOLE_{i,t-1} + \beta_{10} CR1_{i,t-1} + \beta_{11} CORR_{i,t-1} \\
& + \beta_{12} ISSUE_{i,t-1} + \beta_{13} DAYS_{i,t} \\
& + \sum IND + \sum YEAR + \varepsilon_{i,t} \quad\quad (4-4)
\end{aligned}$$

表4-2给出了前述所有变量的定义,因变量COVERAGE为分析师跟踪数量,是指在第t-1年年度报告发布日之后和第t年年度报告发布日之前,所有对公司i第t年业绩进行预测的分析师数量,表示公司i在t年的分析师跟踪数量,年度内多次预测的分析师取最早一次预测;DISPER为预测分歧度,是指所有跟踪公司i的分析师对其第t年盈余预测的标准差,盈余预测标准差越小,说明跟踪公司i的所有分析师预测一致性越好,分歧度越低;ACCURACY为分析师预测准确度,用预测误差的大小来衡量,是用所有跟踪公司i的分析师对其第t年盈余预测的平均误差的绝对值的负数来表示,该值越大则准确度越高。

表4-2　　　　　　　　　　　　　变量定义

变量名称	变量标识	定义及计算公式
因变量		
分析师跟踪数量	COVERAGE	公司i在第t期分析师跟踪人数加上1后取自然对数
分析师预测分歧度	DISPER	公司i在第t期所有分析师预测的标准差
分析师预测准确度	ACCURACY	公司i在第t期所有分析师预测平均误差绝对值的负数

续表

变量名称	变量标识	定义及计算公式
解释变量		
财务信息可比性	COMP	公司 i 在第 t-1 期的财务信息可比性
控制变量		
公司规模	SIZE	公司 i 在第 t-1 期期末总资产的自然对数
公司业绩	ROA	公司 i 在第 t-1 期的公司总资产报酬率
资产负债率	LEV	公司 i 在第 t-1 期的负债总额占总资产的比例
账面市值比	BM	公司 i 在第 t-1 期期末的总资产除以期末公司总市值
审计师规模	BIG4	公司 i 在第 t-1 期为国际四大会计师事务所审计时取值为 1，否则为 0
股票回报波动率	VOLR	公司 i 在第 t-1 期每日股票回报率的标准差
盈余波动性	VOLE	公司 i 在第 t-1 期，第 t-2 期及第 t-3 期净利润的离散系数
股权集中度	CR1	公司 i 在第 t-1 期期末的第一大股东持股比例
盈余水平与市场回报的相关性	CORR	公司 i 在第 t-1 期，第 t-2 期及第 t-3 期的季度回报率与季度净利润的相关系数
融资行为	ISSUE	公司 i 在第 t-1 期，第 t-2 期以及第 t-3 期有银行债务或股票增发行为，则取值为 1，否则为 0
预测期长度	DAYS	第 t 期所有跟踪公司 i 的分析师，其盈利预测发布日距当期期末的天数的均值
产品市场竞争程度	HHI	以年度的行业竞争指数中位数为临界值，行业竞争指数低于临界值取值为 1，表示该行业市场竞争激烈，否则为 0。行业竞争指数 = $\sum S_i^2$，其中 S_i 为第 i 家公司销售额在所属行业中所占的份额
行业控制变量	IND	采用证监会 2012 行业分类，制造业按二级代码分类，属于该行业时取值为 1，否则取 0
年度控制变量	YEAR	属于该年度时取值为 1，否则为 0

注：$DISPER_{i,t} = STD(Feps_{i,t})/Prices_{i,t-1}$

$$ACCURACY_{i,t} = -\frac{ABS(MFeps_{i,t} - Aeps_{i,t})}{Prices_{i,t-1}}$$

解释变量 $COMP_{i,t-1}$ 为公司 i 在第 t-1 期的财务信息可比性，分别用公司 i 与行业内其他公司可比性最高的四对组合的平均值 COMP4

以及可比性最高的十对组合的平均值 COMP10 来度量公司 i 的可比性，其值越大表示该公司的财务信息可比性越高。本章为了控制可能存在的内生性问题，对解释变量以及除了预测期长度变量外的其他控制变量都采取滞后一期的处理方法。

HHI 反映产品市场竞争程度，本章采用赫芬达尔指数构建了哑变量，在模型（4-3）和模型（4-4）中加入 HHI 与 COMP 的交互项，以考察市场竞争程度对可比性与分析师跟踪数量和预测质量各自关系的调节作用。

其他控制变量的选取参考了 De Franco 等（2011）、王玉涛和王彦超（2012）等的研究。具体地，SIZE 表示公司规模，Bhushan（1989）发现公司规模越大的公司，越容易吸引分析师的关注；ROA 反映公司的盈利能力，盈利能力越强的公司，分析师对其跟踪时面临的风险越低，跟踪的人数越多，预测质量可能越高；LEV 为资产负债率，衡量公司的财务风险，Zmiiewski（1994）发现财务风险较大的公司其盈余预测更不准确；BM 为账面市值比，表示公司成长性，该值越小表示成长性越好，投资者对该公司的关注度越高，对分析师预测的需求就会越大，从而吸引更多的分析师跟踪，也会对预测质量产生影响；BIG4 为是否国际四大会计师事务所审计的虚拟变量，反映公司的审计质量，Hope（2003）发现四大会计师事务所可以为公司财务报告的可信度提供更好的保证，进而吸引更多的分析师跟踪，为此在对分析师跟踪数量进行回归的模型（4-1）中加入了 BIG4 变量；VOLR 和 VOLE 分别反映公司的股票回报波动性和盈余波动性，波动性越大，说明公司面临的不确定性越大，分析师做出正确判断的概率越低，进而不利于分析师跟踪，预测质量也会越差；CR1 为公司的第一大股东持股比例，用以衡量公司的股权集中度，公司股权越集中，越容易侵害中小股东利益，公司面临的风险越大，越不利于分析师跟踪；CORR 为公司盈余与股票回报的相关系数，King 等（1990）研究表明，上市公司股票回报与会计盈余之间的相关系数越大，表示公司盈余信息的可靠性越强,分析师发布正确预测的可能性就越大,故会吸引更多的分析师跟踪,相应的预测的准确度越高、分歧度越低;ISSUE 反映公司的融资需求,借鉴 De Franco 等(2011)的做法,我们也控制了公司的融资行为对分析师预测的影响,公司处于融资需求的考虑,可能会找更多的分析师对其进行关注,分析师出于个人私利往往也会迎合公司的这种需求;DAYS 为预测期长度,指的是分析师盈利预测发布日与公司年末资产负债表日的间隔天数,既有文献表明,预测期长度会影响分析师预测的准确度(Sinha et al.,1997;Clement,1999;Brown and Mohd,2003;De Franco et al.,2011),为此在对分析师预测质量的回归模型(4-2)中,我们加入了衡量预测期长度的 DAYS 变量。除此之外,我们还控制了行业和年度固定效应。

第四节 实证结果与分析

一、描述性统计分析

表 4-3 列示了本章主要变量的描述性统计结果,从中可以看出,分析师跟踪数量 COVERAGE 的均值为 1.2802,说明样本中每家公司平均约有 2.597($e^{1.2802}-1$)个分析师发布了盈余预测,最多有 38($e^{3.6636}-1$)个分析师跟踪了上市公司并发布了盈余预测。分析师预测分歧度 DISPER 的均值为 0.0116,样本公司中分析师预测分歧度的差异较大,分歧度最大值为 0.0843,最小值接近于 0。分析师预测准确度 ACCURACY 的均值为 -0.0203,预测准确度最高的为 0,也即分析师一致性预测值与公司实际业绩相同,中位数 -0.0089 大于均值,说明大部分公司预测的准确度相对较高。财务信息可比性 COMP4 和 COMP10 的均值分别为 -0.26% 和 -0.38%,最大值分别为 -0.02% 和 -0.04%,最小值分别为 -2.53% 和 -3.18%,说明可比性在公司间差异较大。控制变量方面,样本公司净资产收益率

ROA 均值为 2.51%，且 ROA 的最大值与最小值以及上下 25% 分位的差异较大，说明我国上市公司整体盈利能力不高，公司间盈利能力差异较大。样本公司的资产负债率 LEV 的中位数为 53.66%，表明我国上市公司有一半以上的资产负债率已超过 50% 的合理水平，最大值为 163%，说明已处于资不抵债状态。BIG4 的均值为 6.85%，说明我国上市公司由国际四大会计师事务所审计的比例仅有 7% 左右，这一比例与发达资本市场相比还是偏低的。预测期长度 DAYS 的最大值为 318.5，说明最早的分析师预测在 2 月就开始对公司全年的盈利状况做预测，平均值和中位数分别为 136.7 和 135，说明整体而言，分析师对公司发布的最早年度预测是从 8 月开始的。样本公司盈余波动率 VOLE 的最大值、最小值分别为 27.0339、0.0398，相差 679 倍，说明公司间盈余波动率的差异非常大。市场竞争程度 HHI 的均值为 54.3%，表明我国有一半以上的行业竞争程度较高。

表 4-3 变量描述性统计

变量名称	样本量	平均值	标准差	最小值	25%分位	中位数	75%分位	最大值
COVERAGE	8953	1.2802	1.1573	0.0000	0.0000	1.0986	2.3026	3.6636
DISPER	4872	0.0116	0.0131	0.0000	0.0039	0.0076	0.0143	0.0843
ACCURACY	6049	-0.0203	0.0304	-0.1762	-0.0226	-0.0089	-0.0034	0.0000
COMP4	8953	-0.0026	0.0038	-0.0253	-0.0027	-0.0014	-0.0007	-0.0002
COMP10	8953	-0.0038	0.0049	-0.0318	-0.0043	-0.0021	-0.0011	-0.0004
SIZE	8953	21.7578	1.2219	18.8710	20.9313	21.6510	22.4627	25.3383
CORR	8953	0.0590	0.1994	-0.4343	-0.0736	0.0577	0.1885	0.5610
ROA	8953	0.0251	0.0751	-0.3663	0.0087	0.0282	0.0553	0.2053
LEV	8953	0.5367	0.2296	0.0826	0.3917	0.5366	0.6628	1.6293
BM	8953	0.4491	0.3102	-0.2272	0.2246	0.3833	0.6213	1.4015
BIG4	8953	0.0685	0.2526	0.0000	0.0000	0.0000	0.0000	1.0000
DAYS	6049	136.7479	75.1620	-63.0000	89.8000	135.0000	179.6000	318.5000
ISSUE	8953	0.5690	0.4952	0.0000	0.0000	1.0000	1.0000	1.0000
VOLE	8953	1.4720	3.4994	0.0398	0.2483	0.4934	1.1378	27.0339

续表

变量名称	样本量	平均值	标准差	最小值	25%分位	中位数	75%分位	最大值
VOLR	8953	0.0316	0.0086	0.0155	0.0251	0.0303	0.0373	0.0532
CR1	8953	35.7908	15.3746	8.5750	23.4626	33.5648	47.2973	74.9648
HHI	8953	0.5429	0.4982	0.0000	0.0000	1.0000	1.0000	1.0000

二、相关性分析

表4-4为各变量之间的Pearson相关系数结果。表中结果显示，回归模型中的解释变量和因变量之间确实存在相关关系，表征财务信息可比性的两个变量COMP4和COMP10与三个解释变量的相关系数符号都符合预期且显著：可比性越高，跟踪预测的分析师数量越多；可比性越高，分析师预测的分歧度越低；可比性越高，分析师预测的准确度越高。考察控制变量与因变量的关系，除了股权集中度与分析师跟踪数量的相关系数外，其余控制变量与因变量的相关系数符号都与预期相符，这部分的具体情况将在多元线性回归部分详加阐述。考察三个因变量之间的相关性，分析师跟踪数量与预测分歧度的相关系数为负，与白晓宇（2009）的发现一致，这可能是由于"羊群效应"的存在（Scharfstein et al., 1990）。对某一公司进行预测的分析师越多，按常理来讲，产生分歧的可能性应该越大；然而，由于"羊群效应"，即分析师们可能会追随某一公认的与该公司关系比较密切的分析师或者明星分析师，发布与之相仿的盈余预测数据，这样一来，即使跟踪的分析师数量增加，也不一定导致分歧度的提高。另外，分析师跟踪数量与预测准确度的相关系数显著为正，表明参与预测的分析师人数越多，预测准确度越高；分析师预测分歧度与预测准确度的相关系数显著为负，表明预测分歧度越小，分析师预测的准确度越高。最后，各控制变量之间的相关系数远低于0.5，表明回归模型不存在严重的多重共线性问题。以上只是单变量之间的相关性分析，进一步较严谨的经验证据还有待以下的多元线性回归分析。

表 4 – 4　主要变量的相关系数

	COVE-RAGE	DISP-ER	ACCU-RACY	COMP4	COMP10	SIZE	CORR	ROA	LEV	BM	BIG4	DAYS	ISSUE	VOLE	VOLR	CR1
COVERAGE	1.0000															
DISPER	-0.0420	1.0000														
	0.0034															
ACCURACY	0.2039	-0.4833	1.0000													
	<0.0001	<0.0001														
COMP4	0.0927	-0.0731	0.0724	1.0000												
	<0.0001	<0.0001	<0.0001													
COMP10	0.0385	-0.0680	0.0733	0.9821	1.0000											
	<0.0001	<0.0001	<0.0001	<0.0001												
SIZE	0.5407	0.1487	-0.0073	-0.0070	-0.0162	1.0000										
	<0.0001	<0.0001	0.5726	0.5062	0.1248											
CORR	0.0389	-0.0245	0.0344	-0.0709	-0.0739	0.0023	1.0000									
	0.0002	0.0868	0.0075	<0.0001	<0.0001	0.8279										
ROA	0.4256	-0.1756	0.1521	0.3143	0.3158	0.2400	0.0142	1.0000								
	<0.0001	<0.0001	<0.0001	<0.0001	<0.0001	<0.0001	0.1791									

续表

	COVE-RAGE	DISP-ER	ACCU-RACY	COMP4	COMP10	SIZE	CORR	ROA	LEV	BM	BIG4	DAYS	ISSUE	VOLE	VOLR	CR1
LEV	-0.1230	0.1849	-0.1117	-0.3655	-0.3739	0.0753	0.0212	-0.4595	1.0000							
	<0.0001	<0.0001	<0.0001	<0.0001	<0.0001	<0.0001	0.0453	<0.0001								
BM	-0.0368	0.2678	-0.2807	0.1107	0.1142	0.3772	-0.0813	0.0355	-0.1812	1.0000						
	0.0005	<0.0001	<0.0001	<0.0001	<0.0001	<0.0001	<0.0001	0.0008	<0.0001							
BIG4	0.2282	0.0210	-0.0013	-0.0789	-0.0914	0.3574	0.0110	0.0902	-0.0197	0.0890	1.0000					
	<0.0001	0.1431	0.9182	<0.0001	<0.0001	<0.0001	0.2981	<0.0001	0.0625	<0.0001						
DAYS	-0.0839	0.0638	-0.1497	0.0409	0.0424	0.0203	-0.0506	-0.0031	-0.0187	-0.0310	-0.0476	1.0000				
	<0.0001	<0.0001	<0.0001	<0.0001	<0.0001	0.1137	<0.0001	0.8121	0.1452	0.0158	0.0002					
ISSUE	0.2172	0.0312	0.0667	0.0558	0.0595	0.2480	-0.0477	0.0920	0.0637	0.0004	0.0056	0.0374	1.0000			
	<0.0001	0.0295	<0.0001	<0.0001	<0.0001	<0.0001	0.0001	<0.0001	<0.0001	0.9718	0.5992	0.0036				
VOLE	-0.1618	0.0903	-0.0683	-0.0687	-0.0660	-0.1054	0.0551	-0.1463	0.0826	-0.0514	-0.0277	0.0053	-0.0306	1.0000		
	<0.0001	<0.0001	<0.0001	<0.0001	<0.0001	<0.0001	<0.0001	<0.0001	<0.0001	<0.0001	0.0087	0.6785	0.0038			
VOLR	-0.0519	0.0463	0.0751	-0.0373	-0.0396	-0.2131	0.1281	-0.0969	0.0304	-0.2423	-0.1061	-0.0843	0.0087	0.0671	1.0000	
	<0.0001	0.0001	<0.0001	0.0001	0.0002	<0.0001	<0.0001	<0.0001	0.0040	<0.0001	<0.0001	<0.0001	0.4081	<0.0001		
CR1	0.1782	0.0084	-0.0232	0.0424	0.0357	0.2878	0.0011	0.1152	-0.0387	0.1315	0.1421	-0.0163	-0.0309	-0.0504	-0.0588	1.0000
	<0.0001	0.5582	0.0715	<0.0001	0.0007	<0.0001	0.9139	<0.0001	0.0002	<0.0001	<0.0001	0.2037	0.0034	<0.0001	<0.0001	

注：该表左下方为 Pearson 相关系数矩阵，相关系数下面为对应的 P 值。

三、多元回归分析

(一) 财务信息可比性对分析师预测行为的影响

表 4-5 列示了财务信息可比性对分析师跟踪数量和预测质量的回归结果。其中前两列为两种可比性对分析师跟踪数量的回归结果，从中可以看出，财务信息可比性 COMP4 和 COMP10 与分析师跟踪数量 COVERAGE 均在 1% 水平下显著正相关，表明上市公司财务信息可比性越高，对其进行跟踪的分析师人数越多，这一结果支持了本章的假设 H4-1，这说明公司可比性越高，则分析师预测公司未来业绩的成本越低，从而更容易吸引分析师的关注。在控制变量方面，公司规模越大，盈余水平和股票回报越相关，盈利能力越大，公司成长性越好，融资需求越大，则跟踪的分析师数量越多；公司的资产负债率越高，盈余波动性越大，股票回报波动性越大，则跟踪的分析师数量越少，与理论预期一致，其他控制变量的影响不显著。表 4-5 的第 3 列和第 4 列为两种可比性对分析师预测分歧度 DISPER 影响的回归结果，由结果可知，财务信息可比性 COMP4 和 COMP10 与分析师预测分歧度均在 1% 水平下显著负相关，表明上市公司财务信息可比性越高，分析师预测的分歧度越低，与假设 H4-2 中对财务信息可比性与分析师预测分歧度之间关系的预期符号相符。

表 4-5 财务信息可比性对分析师预测的影响

	COVERAGE		DISPER		ACCURACY	
	COMP4	COMP10	COMP4	COMP10	COMP4	COMP10
常数项	-10.3384***	-10.3387***	-0.0091**	-0.0090*	-0.0684***	-0.0692***
	(-49.8638)	(-49.8678)	(-1.9798)	(-1.941)	(-8.2001)	(-8.2981)
COMP	6.8031***	5.5704***	-0.2479***	-0.1953***	0.7551***	0.6369***
	(2.5887)	(2.6791)	(-3.781)	(-3.8081)	(6.4319)	(6.8837)

续表

	COVERAGE		DISPER		ACCURACY	
	COMP4	COMP10	COMP4	COMP10	COMP4	COMP10
SIZE	0.5766*** (56.6001)	0.5768*** (56.6018)	0.0004* (1.7963)	0.0004* (1.7375)	0.0011*** (2.8817)	0.0012*** (3.038)
CORR	0.1343*** (3.0616)	0.1353*** (3.0825)	-0.0009 (-0.9784)	-0.0009 (-0.9845)	0.0017 (0.9861)	0.0018 (1.0347)
ROA	3.4180*** (24.2065)	3.4115*** (24.1107)	-0.0100** (-2.3305)	-0.0101** (-2.3617)	0.0196*** (2.6857)	0.0191*** (2.6258)
LEV	-0.4885*** (-10.2438)	-0.4859*** (-10.16)	0.0094*** (7.28)	0.0094*** (7.2902)	-0.0159*** (-7.0197)	-0.0158*** (-6.9854)
BM	-1.2692*** (-32.0337)	-1.2707*** (-32.0383)	0.0100*** (11.3221)	0.0100*** (11.3193)	-0.0167*** (-10.5362)	-0.0168*** (-10.5989)
BIG4	0.0229 (0.626)	0.0241 (0.6564)				
DAYS			0.0000*** (6.3093)	0.0000*** (6.3143)	-0.0001*** (-14.7711)	-0.0001*** (-14.7642)
ISSUE	0.1522*** (8.145)	0.1520*** (8.1351)	-0.0004 (-1.0875)	-0.0004 (-1.0965)	0.0001 (0.0896)	0.0001 (0.0936)
VOLE	-0.0232*** (-9.4557)	-0.0232*** (-9.4546)	0.0003*** (4.6407)	0.0003*** (4.6319)	-0.0005*** (-4.87)	-0.0005*** (-4.8447)
VOLR	-21.3266*** (-11.5278)	-21.3536*** (-11.5413)	0.1026** (2.5085)	0.1027** (2.5111)	0.0786 (1.0519)	0.0769 (1.0296)
CR1	-0.0002 (-0.3131)	-0.0002 (-0.3285)	0.0000 (-0.7462)	0.0000 (-0.7147)	0.0000** (2.1709)	0.0000** (2.1061)
YEAR	控制	控制	控制	控制	控制	控制
IND	控制	控制	控制	控制	控制	控制
N	8953	8953	4872	4872	6049	6049
ADJ-R^2	52.91%	52.91%	14.92%	14.92%	30.77%	30.84%
F-value	288.388***	288.417***	25.405***	25.412***	77.819***	78.067***

注：括号里的数字为T统计量值，*、**、*** 分别表示在10%、5%和1%的统计水平上显著。

表 4-5 的最后两列列示了两种可比性对分析师预测准确度 AC-CURACY 的回归结果，从中可知，财务信息可比性 COMP4 和 COMP10 与分析师预测准确度 ACCURACY 均在 1% 水平下显著正相关，表明上市公司财务信息可比性越高，分析师预测的准确度越低，与假设 4-2 中对可比性与预测准确度关系的预期符号一致。由于预测分歧度越低，准确度越高，代表预测质量越高，为此我们可以概括为，财务信息可比性越高，则分析师预测质量越高，支持了本章的假设 4-2，这说明公司的财务信息可比性越高，则为分析师提供了更有价值的信息，降低了不同分析师对公司未来盈余判断的异质性，从而有利于分析师形成一致性信念，进而提高其预测的质量。控制变量方面，公司盈利能力 ROA 与预测分歧度显著负相关，与预测准确度显著正相关，表明盈利能力越强的公司，分析师预测的质量越高；公司资产负债率 LEV 与预测分歧度显著正相关，与预测准确度显著负相关，表明公司的财务杠杆越高，分析师预测的质量越低；公司的账面市值比 BM 与预测分歧度显著正相关，与预测准确度显著负相关，表明公司的成长性越好，分析师预测的质量越高；分析师预测期长度 DAYS 与预测分歧度显著正相关，与预测准确度显著负相关，表明预测期越长，预测质量越低；盈余波动性 VOLE 与预测分歧度显著正相关，与预测准确度显著负相关，表明公司的盈余波动性越大，分析师预测质量越低。

（二）产品市场竞争程度对可比性与分析师预测行为之间关系的影响

1. 产品市场竞争程度对可比性与分析师跟踪数量之间关系的影响

表 4-6 列示了在不同的产品市场竞争程度下，财务信息可比性对分析师跟踪数量的回归结果，我们根据产品市场竞争程度变量 HHI 指数将样本划分为高竞争组和低竞争组，具体地，当样本所在行业的 HHI 指数小于所有行业的中位数时，为高竞争行业，其余的为低竞争

行业。我们根据产品市场竞争状况进行分组回归的结果表明,在高竞争行业组,可比性对分析师跟踪数量的正向作用更显著,而在低竞争行业组,可比性的作用不显著,说明财务信息可比性对分析师跟踪数量的促进作用主要体现在高竞争行业的公司。进一步地,从全样本的回归结果来看,可比性与产品市场竞争程度的交互项 COMP×HHI 的系数在 1% 的水平下显著为正,表明在不同产品市场竞争环境下,财务信息可比性对分析师跟踪数量的影响存在显著差异,产品市场竞争会加强可比性与分析师跟踪数量之间的关系,即公司所在产品市场竞争程度越高,财务信息可比性与分析师跟踪数量的关系更为显著,与假设 H4-3a 相吻合。

表4-6　　　　产品市场竞争对可比性与分析师跟踪数量关系的影响

	高竞争组		低竞争组		全样本	
	COMP4	COMP10	COMP4	COMP10	COMP4	COMP10
常数项	-10.0423 *** (-36.1448)	-10.0468 *** (-36.1612)	-10.0042 *** (-32.7638)	-10.0041 *** (-32.7636)	-10.3167 *** (-49.8935)	-10.3219 *** (-49.9095)
COMP	16.6871 *** (4.0292)	13.3152 *** (4.155)	0.3863 (0.113)	-0.0615 (-0.0224)	1.1451 (0.3556)	0.7657 (0.298)
HHI					0.3935 *** (11.1636)	0.3987 *** (11.1912)
COMP× HHI					17.4980 *** (3.6723)	14.0279 *** (3.8017)
SIZE	0.5824 *** (41.862)	0.5828 *** (41.8775)	0.5727 *** (38.2362)	0.5726 *** (38.2315)	0.5794 *** (56.7307)	0.5797 *** (56.7447)
CORR	0.1265 ** (2.0755)	0.1296 ** (2.1248)	0.1360 ** (2.1505)	0.1351 ** (2.1367)	0.1299 *** (2.9544)	0.1315 *** (2.9891)
ROA	3.6118 *** (20.0389)	3.5949 *** (19.8752)	2.9767 *** (12.931)	2.9828 *** (12.9521)	3.3724 *** (23.7545)	3.3616 *** (23.6233)
LEV	-0.4312 *** (-6.8191)	-0.4263 *** (-6.7239)	-0.5821 *** (-8.0175)	-0.5847 *** (-8.0223)	-0.4843 *** (-10.1271)	-0.4819 *** (-10.0484)

续表

	高竞争组		低竞争组		全样本	
	COMP4	COMP10	COMP4	COMP10	COMP4	COMP10
BM	-1.2537*** (-23.6778)	-1.2565*** (-23.7053)	-1.3249*** (-21.9397)	-1.3244*** (-21.9199)	-1.2793*** (-32.1586)	-1.2810*** (-32.1728)
BIG4	0.0559 (1.0934)	0.0592 (1.1565)	-0.0357 (-0.6795)	-0.0363 (-0.6904)	0.0333 (0.9073)	0.0350 (0.9536)
ISSUE	0.1240*** (4.8188)	0.1235*** (4.8001)	0.1840*** (6.7835)	0.1841*** (6.7879)	0.1550*** (8.2687)	0.1547*** (8.2544)
VOLE	-0.0288*** (-8.8787)	-0.0288*** (-8.8877)	-0.0147*** (-3.9189)	-0.0147*** (-3.9234)	-0.0230*** (-9.3521)	-0.0230*** (-9.3628)
VOLR	-14.7979*** (-6.0027)	-14.8438*** (-6.0212)	-30.7841*** (-10.8948)	-30.7770*** (-10.891)	-21.2328*** (-11.4661)	-21.2600*** (-11.4805)
CR1	-0.0013 (-1.5545)	-0.0013 (-1.5677)	0.0012 (1.3543)	0.0012 (1.3611)	0.0002 (0.3204)	0.0002 (0.3141)
YEAR	控制	控制	控制	控制	控制	控制
IND	控制	控制	控制	控制	控制	控制
N	4861	4861	4092	4092	8953	8953
ADJ-R^2	52.16%	52.17%	54.21%	54.21%	52.64%	52.65%
F-value	265.957***	266.065***	147.755***	147.754***	285.320***	285.413***

注：括号里的数字为T统计量值，*、**、*** 分别表示在10%、5%和1%的统计水平上显著。

2. 产品市场竞争程度对可比性与分析师预测分歧度之间关系的影响

表4-7列示了在不同的产品市场竞争程度下，财务信息可比性对分析师预测分歧度的回归结果。我们根据产品市场竞争状况进行分组回归的结果表明，在高竞争行业组，两种财务信息可比性对分析师预测分歧度的回归系数均在1%的水平上显著负相关，而在低竞争行业组，只有COMP4的系数是在10%水平上显著为负，COMP10的系数虽为负但不显著，这一对比结果说明财务信息可比性对分析师预测分歧度的抑制作用在高竞争行业公司发挥得更加明显。

进一步地，在全样本回归中，财务信息可比性与产品市场竞争程度的交互项 COMP×HHI 的系数在 1% 的统计水平上显著为负，表明在不同产品市场竞争环境下，财务信息可比性对分析师预测分歧度的影响存在显著差异，产品市场竞争会加强可比性与分析师预测分歧度之间的负向关系，即公司所在产品市场竞争程度越高，财务信息可比性与分析师预测分歧度的负向关系越显著，从而支持了假设 H4-3b 关于产品市场竞争使可比性与分析师预测质量的正向关系更显著的理论预期。

表 4-7　产品市场竞争对可比性与分析师预测分歧度关系的影响

	高竞争组		低竞争组		全样本	
	COMP4	COMP10	COMP4	COMP10	COMP4	COMP10
常数项	-0.0224*** (-3.4589)	-0.0214*** (-3.3023)	0.0070 (1.1105)	0.0067 (1.0642)	-0.0087* (-1.9133)	-0.0081* (-1.7806)
COMP	-0.4699*** (-4.0192)	-0.3931*** (-4.3478)	-0.1309* (-1.7255)	-0.0837 (-1.4018)	-0.0905 (-1.1442)	-0.0569 (-0.9175)
HHI					-0.0023** (-2.5373)	-0.0025*** (-2.7287)
COMP×HHI					-0.4659*** (-3.5561)	-0.4008*** (-3.9568)
SIZE	0.0009*** (2.9365)	0.0008*** (2.755)	-0.0004 (-1.2945)	-0.0004 (-1.2551)	0.0003 (1.6413)	0.0003 (1.5122)
CORR	-0.0006 (-0.4702)	-0.0007 (-0.5174)	-0.0014 (-1.1085)	-0.0013 (-1.0739)	-0.0010 (-1.0539)	-0.0010 (-1.0748)
ROA	-0.0088 (-1.4909)	-0.0086 (-1.4499)	-0.0091 (-1.4844)	-0.0093 (-1.5138)	-0.0096** (-2.2431)	-0.0095** (-2.2209)
LEV	0.0101*** (5.4431)	0.0101*** (5.4738)	0.0089*** (4.9905)	0.0090*** (5.0292)	0.0097*** (7.4896)	0.0098*** (7.5332)
BM	0.0112*** (9.1058)	0.0113*** (9.1383)	0.0077*** (6.1704)	0.0077*** (6.1615)	0.0100*** (11.3238)	0.0100*** (11.341)

续表

	高竞争组		低竞争组		全样本	
	COMP4	COMP10	COMP4	COMP10	COMP4	COMP10
DAYS	0.0000 ***	0.0000 ***	0.0000 ***	0.0000 ***	0.0000 ***	0.0000 ***
	(5.69)	(5.7225)	(2.9382)	(2.942)	(6.2963)	(6.3208)
ISSUE	-0.0011 **	-0.0012 **	0.0005	0.0005	-0.0005	-0.0005
	(-2.0323)	(-2.0393)	(0.917)	(0.9034)	(-1.1713)	(-1.177)
VOLE	0.0004 ***	0.0004 ***	0.0002 *	0.0002 *	0.0003 ***	0.0003 ***
	(4.0495)	(4.0158)	(1.892)	(1.9081)	(4.4303)	(4.4172)
VOLR	0.0220	0.0202	0.1924 ***	0.1943 ***	0.1109 ***	0.1103 ***
	(0.387)	(0.3556)	(3.3017)	(3.3351)	(2.7373)	(2.7225)
CR1	0.0000	0.0000	0.0000	0.0000	0.0000	0.0000
	(0.224)	(0.259)	(-1.5815)	(-1.5832)	(-0.7356)	(-0.7148)
YEAR	控制	控制	控制	控制	控制	控制
IND	控制	控制	控制	控制	控制	控制
N	2620	2620	2252	2252	4872	4872
ADJ-R^2	18.68%	18.76%	11.44%	11.40%	15.10%	15.16%
F-value	31.0776 ***	31.2469 ***	9.8153 ***	9.7802 ***	25.7503 ***	25.8590 ***

注：括号里的数字为 T 统计量值，*、**、*** 分别表示在 10%、5% 和 1% 的统计水平上显著。

3. 产品市场竞争程度对可比性与分析师预测准确度之间关系的影响

表 4-8 列示了在不同的产品市场竞争程度下，财务信息可比性对分析师预测准确度的回归结果。从分组样本的回归结果看，财务信息可比性 COMP4 和 COMP10 的回归系数在两组中都在 1% 水平上显著为正，但在高竞争行业组 COMP4 和 COMP10 的回归系数分别为 1.4124 和 1.1283，在低竞争行业组则为 0.3439 和 0.3074，从回归系数来看，可比性的影响在高竞争行业组中要强于低竞争行业组。至于两组样本中可比性的系数差异是否显著，需要做进一步检验。为此，我们加入可比性与产品市场竞争程度的交互项 COMP×HHI，对全样

本进行回归,从表中后两列的结果可知,无论是 COMP4 还是 COMP10 与 HHI 的交互项的回归系数都显著为正,且都在 1% 的水平上显著,说明两组样本中可比性的回归系数差异在 1% 水平上显著,表明在不同产品市场竞争环境下,财务信息可比性对分析师预测准确度的影响存在显著差异,产品市场竞争会加强可比性与分析师预测准确度之间的正向关系,即公司所在的产品市场竞争程度越高,财务信息可比性对分析师预测准确度的提升作用越显著,进而也支持了假设 H4-3b 关于产品市场竞争使可比性与分析师预测质量的正向关系更显著的理论预期。总之,表 4-7 和表 4-8 的结果表明,公司的产品市场竞争程度越高,其财务信息可比性与分析师预测质量之间的正向关系越强,与假设 H4-3b 的预期符号相符。

表 4-8 产品市场竞争对可比性与分析师预测准确度关系的影响

	高竞争组		低竞争组		全样本	
	COMP4	COMP10	COMP4	COMP10	COMP4	COMP10
常数项	-0.0611*** (-4.9087)	-0.0625*** (-5.0143)	-0.0831*** (-8.1157)	-0.0836*** (-8.1593)	-0.0732*** (-8.9033)	-0.0742*** (-9.0179)
COMP	1.4124*** (6.5995)	1.1283*** (6.8387)	0.3439*** (2.7659)	0.3074*** (3.0922)	0.3263** (2.2524)	0.2934** (2.54)
HHI					0.0034** (2.1156)	0.0035** (2.1625)
COMP×HHI					1.1309*** (4.9307)	0.8637*** (4.8429)
SIZE	0.0008 (1.3039)	0.0009 (1.4534)	0.0019*** (3.9039)	0.0019*** (3.9638)	0.0013*** (3.2455)	0.0013*** (3.4025)
CORR	0.0036 (1.34)	0.0038 (1.4088)	-0.0004 (-0.1765)	-0.0003 (-0.1502)	0.0016 (0.9146)	0.0017 (0.9838)
ROA	0.0198* (1.8884)	0.0186* (1.7741)	0.0106 (1.0813)	0.0107 (1.1004)	0.0165** (2.2652)	0.0159** (2.1753)

续表

	高竞争组		低竞争组		全样本	
	COMP4	COMP10	COMP4	COMP10	COMP4	COMP10
LEV	-0.0163***	-0.0164***	-0.0162***	-0.0160***	-0.0163***	-0.0163***
	(-4.7494)	(-4.7559)	(-5.7545)	(-5.6836)	(-7.216)	(-7.1918)
BM	-0.0196***	-0.0198***	-0.0132***	-0.0132***	-0.0170***	-0.0171***
	(-8.262)	(-8.3407)	(-6.5606)	(-6.5577)	(-10.744)	(-10.8134)
DAYS	-0.0001***	-0.0001***	-0.0001***	-0.0001***	-0.0001***	-0.0001***
	(-11.8771)	(-11.9121)	(-8.8459)	(-8.834)	(-14.7109)	(-14.7293)
ISSUE	0.0004	0.0004	-0.0002	-0.0002	0.0002	0.0001
	(0.3518)	(0.3416)	(-0.193)	(-0.1923)	(0.2074)	(0.1955)
VOLE	-0.0007***	-0.0007***	-0.0004***	-0.0004**	-0.0005***	-0.0005***
	(-3.9413)	(-3.9339)	(-2.586)	(-2.5713)	(-4.8087)	(-4.7947)
VOLR	0.2071*	0.2060*	-0.1266	-0.1269	0.0632	0.0628
	(1.8722)	(1.8633)	(-1.3228)	(-1.3269)	(0.8529)	(0.8468)
CR1	0.0001**	0.0001**	0.0000	0.0000	0.0000**	0.0000**
	(2.0313)	(2.0063)	(1.2451)	(1.2)	(2.1217)	(2.0739)
YEAR	控制	控制	控制	控制	控制	控制
IND	控制	控制	控制	控制	控制	控制
N	3248	3248	2801	2801	6049	6049
ADJ-R^2	30.61%	30.68%	31.62%	31.66%	31.06%	31.11%
F-value	72.609***	72.839***	40.231***	40.316***	78.836***	79.044***

注：括号里的数字为T统计量值，*、**、*** 分别表示在10%、5%和1%的统计水平上显著。

四、稳健性检验

（1）为了检验研究结论的稳健性，本章改变解释变量财务信息可比性的取值方法。把所有与公司 i 在 t 年配对的组合的可比性值按从大到小进行排序，$COMPM_{it}$ 为所有组合的均值，$COMPI_{it}$ 为所有组合的中位数。采用均值可比性 COMPM 和中位数可比性 COMPI 重复本章的所有研究。表 4-9 列示了可比性 COMPM 和 COMPI 分别对分析师跟踪数量、预测分歧度及预测准确度的回归结果，从中可以看出，可比性与分析师跟踪数量仍在 1% 水平上显著正相关，与分析师预测分歧度仍在 1% 水平上显著负相关，与分析师预测分歧度也仍在 1% 水平上显著正相关，与前面的研究结果保持高度一致，支持了假设 H4-1 和假设 H4-2。

表 4-9　　改变可比性指标：可比性与分析师预测

	COVERAGE		DISPER		ACCURACY	
	COMPM	COMPI	COMPM	COMPI	COMPM	COMPI
常数项	-10.3313*** (-49.8576)	-10.3508*** (-49.9175)	-0.0079* (-1.705)	-0.0069 (-1.4812)	-0.0708*** (-8.5105)	-0.0749*** (-8.9565)
COMP	3.5954*** (2.943)	3.8070*** (3.3707)	-0.1379*** (-4.713)	-0.1296*** (-4.7598)	0.4427*** (8.4056)	0.4596*** (9.4108)
SIZE	0.5781*** (56.5487)	0.5784*** (56.6149)	0.0003 (1.19)	0.0002 (1.1508)	0.0015*** (3.7562)	0.0016*** (4.0004)
CORR	0.1353*** (3.0848)	0.1366*** (3.116)	-0.0009 (-1.0125)	-0.0009 (-0.9868)	0.0019 (1.0995)	0.0019 (1.1372)
ROA	3.4013*** (24.0087)	3.3810*** (23.7879)	-0.0112*** (-2.6237)	-0.0112*** (-2.6063)	0.0202*** (2.7939)	0.0191*** (2.6332)
LEV	-0.4843*** (-10.1554)	-0.4786*** (-10.0214)	0.0094*** (7.2998)	0.0094*** (7.3007)	-0.0157*** (-6.9332)	-0.0154*** (-6.8429)
BM	-1.2742*** (-32.0548)	-1.2773*** (-32.1066)	0.0099*** (11.2424)	0.0100*** (11.2965)	-0.0169*** (-10.6774)	-0.0171*** (-10.8084)
BIG4	0.0284 (0.7736)	0.0303 (0.8251)				
DAYS			0.0000*** (6.4401)	0.0000*** (6.4052)	-0.0001*** (-14.9168)	-0.0001*** (-14.8961)
ISSUE	0.1513*** (8.0919)	0.1508*** (8.0684)	-0.0004 (-1.0993)	-0.0004 (-1.1047)	0.0000 (-0.0036)	0.0000 (-0.0148)

续表

	COVERAGE		DISPER		ACCURACY	
	COMPM	COMPI	COMPM	COMPI	COMPM	COMPI
VOLE	-0.0233***	-0.0233***	0.0003***	0.0003***	-0.0006***	-0.0005***
	(-9.5129)	(-9.4805)	(4.744)	(4.6734)	(-5.0356)	(-4.8852)
VOLR	-21.5448***	-21.6175***	0.1046**	0.1053**	0.0585	0.0542
	(-11.6287)	(-11.6669)	(2.5607)	(2.5799)	(0.7853)	(0.7274)
CR1	-0.0002	-0.0002	0.0000	0.0000	0.0000**	0.0000**
	(-0.308)	(-0.3365)	(-0.6876)	(-0.6746)	(2.0804)	(2.0189)
YEAR	控制	控制	控制	控制	控制	控制
IND	控制	控制	控制	控制	控制	控制
N	8953	8953	4872	4872	6049	6049
ADJ-R^2	52.92%	52.93%	15.06%	15.07%	31.11%	31.31%
F-value	288.507***	288.671***	25.672***	25.687***	79.026***	79.764***

注：括号里的数字为 T 统计量值，*、**、*** 分别表示在 10%、5% 和 1% 的统计水平上显著。

表 4-10~表 4-12 分别列示了不同的产品市场竞争程度下，可比性 COMPM 和 COMPI 对分析师跟踪数量、预测分歧度及预测准确度影响的回归结果，以检验产品市场竞争程度对可比性与分析师预测行为之间关系的调节效应的稳健性。从这三张表的结果可以看出，相关回归结果与前面没有明显差异，同样支持了前面的相关研究结论。

表 4-10　改变可比性指标：产品市场竞争、可比性与分析师跟踪数量

	高竞争组		低竞争组		全样本	
	COMPM	COMPI	COMPM	COMPI	COMPM	COMPI
常数项	-9.9873***	-10.0281***	-10.0077***	-10.0052***	-10.3113***	-10.3311***
	(-36.0822)	(-36.1851)	(-32.7561)	(-32.7611)	(-49.6405)	(-49.8161)
COMP	7.0643***	6.9494***	-0.6391	-0.3336	-0.1117	-0.5383
	(4.326)	(4.6862)	(-0.3418)	(-0.1883)	(-0.0644)	(-0.3289)

续表

	高竞争组		低竞争组		全样本	
	COMPM	COMPI	COMPM	COMPI	COMPM	COMPI
HHI					0.4419***	0.4397***
					(9.7706)	(10.9097)
COMP×HHI					5.3241**	6.3110***
					(2.5441)	(3.2078)
SIZE	0.5853***	0.5859***	0.5724***	0.5726***	0.5794***	0.5801***
	(41.8471)	(41.9229)	(38.1976)	(38.2208)	(56.4934)	(56.6073)
CORR	0.1324**	0.1345**	0.1337**	0.1344**	0.1280***	0.1289***
	(2.1707)	(2.2048)	(2.1179)	(2.1294)	(2.9105)	(2.9313)
ROA	3.5920***	3.5664***	2.9975***	2.9913***	3.4073***	3.3869***
	(19.8865)	(19.6924)	(13.0056)	(12.9274)	(23.9511)	(23.7388)
LEV	-0.4270***	-0.4220***	-0.5909***	-0.5881***	-0.4956***	-0.4932***
	(-6.7532)	(-6.6737)	(-8.1313)	(-8.0576)	(-10.3486)	(-10.2823)
BM	-1.2635***	-1.2675***	-1.3227***	-1.3234***	-1.2748***	-1.2786***
	(-23.7502)	(-23.8196)	(-21.8612)	(-21.8553)	(-31.955)	(-32.0265)
BIG4	0.0712	0.0744	-0.0380	-0.0371	0.0360	0.0381
	(1.3835)	(1.4465)	(-0.7219)	(-0.7062)	(0.9768)	(1.0337)
ISSUE	0.1224***	0.1219***	0.1845***	0.1844***	0.1553***	0.1550***
	(4.7558)	(4.7355)	(6.8005)	(6.7927)	(8.2802)	(8.2671)
VOLE	-0.0291***	-0.0290***	-0.0148***	-0.0148***	-0.0233***	-0.0233***
	(-8.985)	(-8.9619)	(-3.9312)	(-3.9292)	(-9.4595)	(-9.4508)
VOLR	-15.3426***	-15.4354***	-30.7404***	-30.7536***	-21.3162***	-21.3932***
	(-6.2071)	(-6.2459)	(-10.8727)	(-10.8738)	(-11.4891)	(-11.5313)
CR1	-0.0012	-0.0013	0.0012	0.0012	0.0003	0.0003
	(-1.5278)	(-1.5396)	(1.3808)	(1.3715)	(0.4431)	(0.4384)
YEAR	控制	控制	控制	控制	控制	控制
IND	控制	控制	控制	控制	控制	控制
N	4861	4861	4092	4092	8953	8953
ADJ-R^2	52.19%	52.22%	54.21%	54.21%	52.59%	52.62%
F-value	266.217***	266.556***	147.762***	147.756***	284.711***	285.073***

注：括号里的数字为T统计量值，*、**、***分别表示在10%、5%和1%的统计水平上显著。

表 4-11 改变可比性指标：产品市场竞争、可比性与分析师预测分歧度

	高竞争组		低竞争组		全样本	
	COMPM	COMPI	COMPM	COMPI	COMPM	COMPI
常数项	-0.0214*** (-3.2931)	-0.0204*** (-3.1033)	0.0067 (1.0738)	0.0070 (1.1038)	-0.0075 (-1.6196)	-0.0066 (-1.434)
COMP	-0.1731*** (-4.1356)	-0.1587*** (-4.1645)	-0.0778* (-1.8942)	-0.0664* (-1.6852)	-0.0747* (-1.7745)	-0.0538 (-1.3176)
HHI					-0.0033*** (-2.8762)	-0.0032*** (-3.1133)
COMP×HHI					-0.1109** (-2.1242)	-0.1259** (-2.487)
SIZE	0.0007** (2.3253)	0.0007** (2.2962)	-0.0004 (-1.367)	-0.0004 (-1.3338)	0.0002 (1.1206)	0.0002 (1.0634)
CORR	-0.0006 (-0.4867)	-0.0006 (-0.4829)	-0.0013 (-1.0825)	-0.0013 (-1.0509)	-0.0009 (-1.0245)	-0.0009 (-0.9991)
ROA	-0.0112* (-1.8952)	-0.0112* (-1.8961)	-0.0095 (-1.5583)	-0.0094 (-1.5351)	-0.0114*** (-2.6591)	-0.0113*** (-2.6403)
LEV	0.0102*** (5.5101)	0.0102*** (5.4956)	0.0089*** (4.9704)	0.0089*** (5.0009)	0.0096*** (7.4136)	0.0097*** (7.4569)
BM	0.0113*** (9.1191)	0.0113*** (9.1396)	0.0077*** (6.1369)	0.0077*** (6.1786)	0.0099*** (11.2191)	0.0099*** (11.2751)
DAYS	0.0000*** (5.8194)	0.0000*** (5.8151)	0.0000*** (2.9759)	0.0000*** (2.9454)	0.0000*** (6.4798)	0.0000*** (6.4616)
ISSUE	-0.0011** (-2.0021)	-0.0011** (-2.0002)	0.0005 (0.9209)	0.0005 (0.9165)	-0.0005 (-1.1404)	-0.0005 (-1.1495)
VOLE	0.0004*** (4.2451)	0.0004*** (4.2107)	0.0002* (1.9497)	0.0002* (1.9172)	0.0003*** (4.6956)	0.0003*** (4.6333)
VOLR	0.0254 (0.4476)	0.0260 (0.458)	0.1938*** (3.3298)	0.1951*** (3.3526)	0.1098*** (2.7105)	0.1106*** (2.7317)

续表

	高竞争组		低竞争组		全样本	
	COMPM	COMPI	COMPM	COMPI	COMPM	COMPI
CR1	0.0000	0.0000	0.0000	0.0000	0.0000	0.0000
	(0.2439)	(0.243)	(-1.5517)	(-1.555)	(-0.7505)	(-0.7602)
YEAR	控制	控制	控制	控制	控制	控制
IND	控制	控制	控制	控制	控制	控制
N	2620	2620	2252	2252	4872	4872
ADJ-R^2	18.71%	18.72%	11.47%	11.44%	15.11%	15.14%
F-value	31.1360***	31.1508***	9.8365***	9.8105***	25.7629***	25.8202***

注：括号里的数字为T统计量值，*、**、***分别表示在10%、5%和1%的统计水平上显著。

表4-12　改变可比性指标：产品市场竞争、可比性与分析师预测准确度

	高竞争组		低竞争组		全样本	
	COMPM	COMPI	COMPM	COMPI	COMPM	COMPI
常数项	-0.0640***	-0.0681***	-0.0819***	-0.0840***	-0.0770***	-0.0796***
	(-5.1543)	(-5.4562)	(-8.0202)	(-8.2103)	(-9.3178)	(-9.6222)
COMP	0.6239***	0.5901***	0.1732**	0.2436***	0.2139***	0.2587***
	(8.0228)	(8.3541)	(2.5225)	(3.7085)	(2.7171)	(3.4044)
HHI					0.0075***	0.0061***
					(3.666)	(3.3731)
COMP×HHI					0.3720***	0.3176***
					(3.8682)	(3.4261)
SIZE	0.0014**	0.0015**	0.0019***	0.0020***	0.0016***	0.0017***
	(2.2855)	(2.3926)	(3.9404)	(4.1076)	(4.0385)	(4.2713)
CORR	0.0041	0.0042	-0.0006	-0.0004	0.0017	0.0017
	(1.5473)	(1.5775)	(-0.2719)	(-0.2047)	(0.9648)	(1.0173)
ROA	0.0225**	0.0217**	0.0114	0.0106	0.0189***	0.0179**
	(2.1698)	(2.0942)	(1.1652)	(1.0851)	(2.6132)	(2.4791)

续表

	高竞争组		低竞争组		全样本	
	COMPM	COMPI	COMPM	COMPI	COMPM	COMPI
LEV	-0.0165*** (-4.815)	-0.0164*** (-4.7963)	-0.0163*** (-5.7995)	-0.0157*** (-5.5913)	-0.0160*** (-7.0999)	-0.0159*** (-7.0244)
BM	-0.0201*** (-8.4907)	-0.0202*** (-8.5452)	-0.0133*** (-6.5729)	-0.0134*** (-6.6258)	-0.0170*** (-10.7311)	-0.0172*** (-10.8685)
DAYS	-0.0001*** (-12.089)	-0.0001*** (-12.1149)	-0.0001*** (-8.8532)	-0.0001*** (-8.8415)	-0.0001*** (-14.9619)	-0.0001*** (-14.9741)
ISSUE	0.0003 (0.2641)	0.0003 (0.254)	-0.0002 (-0.2096)	-0.0002 (-0.2544)	0.0001 (0.1035)	0.0001 (0.0894)
VOLE	-0.0007*** (-4.1066)	-0.0007*** (-4.0283)	-0.0004*** (-2.6897)	-0.0004*** (-2.5815)	-0.0006*** (-5.1041)	-0.0006*** (-4.9534)
VOLR	0.1784 (1.6166)	0.1740 (1.5775)	-0.1343 (-1.4042)	-0.1331 (-1.3933)	0.0549 (0.7422)	0.0520 (0.7038)
CR1	0.0001** (1.989)	0.0001** (1.9768)	0.0000 (1.2192)	0.0000 (1.1359)	0.0000** (2.1738)	0.0000** (2.1084)
YEAR	控制	控制	控制	控制	控制	控制
IND	控制	控制	控制	控制	控制	控制
N	3248	3248	2801	2801	6049	6049
ADJ-R^2	31.05%	31.16%	31.59%	31.77%	31.29%	31.46%
F-value	74.098***	74.486***	40.173***	40.504***	79.703***	80.324***

注：括号里的数字为T统计量值，*、**、***分别表示在10%、5%和1%的统计水平上显著。

（2）改变产品市场竞争程度的度量方法，与姜付秀等（2009）一致，采用行业公司数目来表示公司所在行业的市场竞争程度，并以行业公司数目的年度中位数将样本分为两组，当样本所在行业的公司数目大于样本中位数，为高竞争行业，HHI取值为1；反之则为低竞争行业，HHI为0。据此我们重新进行了相关的回归分析，结果如表4-13～表4-15所示，分别为不同的产品市场竞争程度下，财务信息可比性对分析师跟踪数量、预测分歧度及预测准确度影响的回归结果。从表中结果可知，产品市场竞争程度的调节效应依然存在，与前面研究结果基本一致，无明显变化。

表 4 – 13　　改变 HHI 指标：产品市场竞争、可比性与分析师跟踪数量

	高竞争组		低竞争组		全样本	
	COMP4	COMP10	COMP4	COMP10	COMP4	COMP10
常数项	-10.5727*** (-33.321)	-10.5805*** (-33.3378)	-9.5063*** (-35.2777)	-9.5045*** (-35.2709)	-9.5897*** (-47.0328)	-9.5918*** (-47.0331)
COMP	15.0070*** (2.9806)	12.1744*** (3.112)	4.2965 (1.3822)	3.1780 (1.2811)	-1.2941 (-0.4482)	-1.1909 (-0.5266)
HHI					0.1874*** (8.6871)	0.1910*** (8.5458)
COMP × HHI					10.1293* (1.919)	8.2773** (2.039)
SIZE	0.5835*** (36.6757)	0.5841*** (36.6829)	0.5667*** (42.3986)	0.5667*** (42.3944)	0.5633*** (55.0986)	0.5633*** (55.0511)
CORR	0.1018 (1.437)	0.1045 (1.4744)	0.1649*** (2.9405)	0.1647*** (2.9361)	0.1166*** (2.6334)	0.1171*** (2.6428)
ROA	3.6650*** (16.5593)	3.6454*** (16.3971)	3.1665*** (17.1268)	3.1684*** (17.1183)	3.3971*** (23.5041)	3.3942*** (23.4383)
LEV	-0.2625*** (-3.3841)	-0.2594*** (-3.3402)	-0.6382*** (-10.5038)	-0.6385*** (-10.4591)	-0.6233*** (-13.1133)	-0.6236*** (-13.1012)
BM	-1.1350*** (-18.1516)	-1.1377*** (-18.1761)	-1.3686*** (-26.3271)	-1.3690*** (-26.3117)	-1.3571*** (-33.8167)	-1.3573*** (-33.7753)
DAYS	0.0577 (1.0116)	0.0612 (1.0718)	-0.0102 (-0.2126)	-0.0102 (-0.2115)	0.0472 (1.2642)	0.0477 (1.2766)
ISSUE	0.1028*** (3.3916)	0.1029*** (3.3958)	0.1867*** (7.8203)	0.1867*** (7.8171)	0.1411*** (7.4208)	0.1412*** (7.4259)
VOLE	-0.0258*** (-6.4403)	-0.0257*** (-6.4401)	-0.0197*** (-6.3065)	-0.0197*** (-6.3097)	-0.0228*** (-9.1062)	-0.0229*** (-9.1083)

续表

	高竞争组		低竞争组		全样本	
	COMP4	COMP10	COMP4	COMP10	COMP4	COMP10
VOLR	-5.5882* (-1.8823)	-5.6524* (-1.9039)	-31.7038*** (-13.2475)	-31.7117*** (-13.2483)	-22.6445*** (-12.1435)	-22.6522*** (-12.1459)
CR1	-0.0009 (-0.9443)	-0.0009 (-0.9499)	0.0009 (1.1194)	0.0009 (1.121)	0.0006 (1.0437)	0.0006 (1.0439)
YEAR	控制	控制	控制	控制	控制	控制
IND	控制	控制	控制	控制	控制	控制
N	3432	3432	5521	5521	8953	8953
ADJ-R^2	53.72%	53.73%	52.25%	52.24%	50.53%	50.53%
F-value	210.572***	210.663***	184.011***	183.994***	458.114***	458.159***

注：括号里的数字为T统计量值，*、**、*** 分别表示在10%、5%和1%的统计水平上显著。

表4-14 改变HHI指标：产品市场竞争、可比性与分析师预测分歧度

	高竞争组		低竞争组		全样本	
	COMP4	COMP10	COMP4	COMP10	COMP4	COMP10
常数项	-0.0138* (-1.8547)	-0.0129* (-1.7203)	-0.0059 (-1.0456)	-0.0061 (-1.0745)	-0.0140*** (-3.2812)	-0.0136*** (-3.1794)
COMP	-0.5755*** (-4.3863)	-0.4694*** (-4.6469)	-0.1189 (-1.6124)	-0.0802 (-1.3798)	-0.0408 (-0.5703)	-0.0223 (-0.4061)
HHI					0.0010** (2.1528)	0.0008* (1.7203)
COMP×HHI					-0.6176*** (-4.5523)	-0.5045*** (-4.8652)
SIZE	0.0005 (1.3676)	0.0004 (1.1973)	0.0002 (0.6144)	0.0002 (0.6364)	0.0004** (2.1224)	0.0004** (2.0126)
CORR	0.0011 (0.6897)	0.0010 (0.6444)	-0.0021* (-1.895)	-0.0021* (-1.8714)	-0.0006 (-0.7161)	-0.0007 (-0.7372)
ROA	-0.0087 (-1.2425)	-0.0082 (-1.1701)	-0.0113** (-2.1084)	-0.0114** (-2.1299)	-0.0076* (-1.7793)	-0.0074* (-1.7423)

续表

	高竞争组		低竞争组		全样本	
	COMP4	COMP10	COMP4	COMP10	COMP4	COMP10
LEV	0.0105*** (4.7954)	0.0106*** (4.8332)	0.0090*** (5.6379)	0.0090*** (5.6619)	0.0084*** (6.7214)	0.0084*** (6.7679)
BM	0.0130*** (8.8517)	0.0131*** (8.8984)	0.0073*** (6.6229)	0.0073*** (6.6147)	0.0097*** (11.1134)	0.0097*** (11.1473)
DAYS	0.0000*** (4.7891)	0.0000*** (4.8189)	0.0000*** (4.2165)	0.0000*** (4.2181)	0.0000*** (6.4623)	0.0000*** (6.4826)
ISSUE	−0.0013* (−1.9303)	−0.0013* (−1.9335)	0.0003 (0.532)	0.0003 (0.5264)	−0.0004 (−1.0358)	−0.0004 (−1.0378)
VOLE	0.0004*** (3.6377)	0.0004*** (3.6257)	0.0002** (2.4741)	0.0002** (2.4811)	0.0003*** (4.979)	0.0003*** (4.9855)
VOLR	−0.0351 (−0.5029)	−0.0355 (−0.5089)	0.2021*** (4.0545)	0.2029*** (4.0706)	0.1253*** (3.1559)	0.1256*** (3.1646)
CR1	0.0000 (0.7984)	0.0000 (0.8329)	0.0000** (−2.1262)	0.0000** (−2.1288)	0.0000 (−0.9718)	0.0000 (−0.9515)
YEAR	控制	控制	控制	控制	控制	控制
IND	控制	控制	控制	控制	控制	控制
N	1872	1872	3000	3000	4872	4872
ADJ−R^2	20.64%	20.74%	12.24%	12.22%	14.27%	14.32%
F−value	26.612***	26.768***	13.671***	13.646***	41.545***	41.698***

注：括号里的数字为 T 统计量值，*、**、*** 分别表示在 10%、5% 和 1% 的统计水平上显著。

表 4−15　改变 HHI 指标：产品市场竞争、可比性与分析师预测准确度

	高竞争组		低竞争组		全样本	
	COMP4	COMP10	COMP4	COMP10	COMP4	COMP10
常数项	−0.0650*** (−4.5018)	−0.0657*** (−4.544)	−0.0758*** (−7.8225)	−0.0765*** (−7.8889)	−0.0639*** (−8.1653)	−0.0647*** (−8.2538)
COMP	1.2323*** (4.8392)	0.9525*** (4.8765)	0.5106*** (4.1049)	0.4555*** (4.5914)	0.2836** (2.2081)	0.2459** (2.4606)

续表

	高竞争组		低竞争组		全样本	
	COMP4	COMP10	COMP4	COMP10	COMP4	COMP10
HHI					-0.0020 ** (-2.4358)	-0.0021 ** (-2.3627)
COMP × HHI					1.0673 *** (4.3809)	0.7991 *** (4.2876)
SIZE	0.0004 (0.5546)	0.0004 (0.6314)	0.0018 *** (3.8028)	0.0018 *** (3.8984)	0.0011 *** (2.9637)	0.0012 *** (3.0972)
CORR	0.0034 (1.071)	0.0035 (1.1133)	0.0004 (0.1925)	0.0005 (0.2404)	0.0009 (0.5359)	0.0010 (0.5652)
ROA	0.0259 ** (2.0124)	0.0252 * (1.9528)	0.0149 * (1.7309)	0.0148 * (1.7228)	0.0178 ** (2.4428)	0.0174 ** (2.384)
LEV	-0.0102 ** (-2.4707)	-0.0102 ** (-2.4788)	-0.0193 *** (-7.3149)	-0.0191 *** (-7.234)	-0.0150 *** (-6.8499)	-0.0150 *** (-6.8662)
BM	-0.0179 *** (-6.2126)	-0.0180 *** (-6.2479)	-0.0153 *** (-8.2301)	-0.0154 *** (-8.2519)	-0.0168 *** (-10.6848)	-0.0169 *** (-10.7395)
DAYS	-0.0001 *** (-7.7016)	-0.0001 *** (-7.7264)	-0.0001 *** (-13.208)	-0.0001 *** (-13.1954)	-0.0001 *** (-14.839)	-0.0001 *** (-14.8499)
ISSUE	0.0003 (0.2475)	0.0003 (0.241)	-0.0002 (-0.2061)	-0.0002 (-0.2072)	-0.0002 (-0.2953)	-0.0002 (-0.2945)
VOLE	-0.0008 *** (-3.82)	-0.0009 *** (-3.8298)	-0.0004 *** (-2.8921)	-0.0004 *** (-2.8721)	-0.0006 *** (-5.3185)	-0.0006 *** (-5.3223)
VOLR	0.3230 ** (2.3675)	0.3205 ** (2.349)	-0.0925 (-1.0679)	-0.0937 (-1.0824)	0.0183 (0.2497)	0.0177 (0.2416)
CR1	0.0001 (1.3568)	0.0001 (1.3425)	0.0000 * (1.6672)	0.0000 (1.5962)	0.0001 ** (2.5116)	0.0001 ** (2.5123)
YEAR	控制	控制	控制	控制	控制	控制
IND	控制	控制	控制	控制	控制	控制
N	2330	2330	3719	3719	6049	6049
ADJ-R^2	32.23%	32.24%	29.13%	29.21%	30.13%	30.15%
F-value	59.306 ***	59.335 ***	47.303 ***	47.484 ***	131.420 ***	131.549 ***

注：括号里的数字为 T 统计量值，*、**、*** 分别表示在 10%、5% 和 1% 的统计水平上显著。

(3) 此外，我们还改变了一些控制变量的度量方法。公司规模 SIZE 采用了公司营业收入的自然对数；公司业绩由 ROA 改用公司的净资产收益率 ROE；账面市值比 BM 采用了市净率的倒数；审计师规模由 BIG4 改为 BIG10，即国内前十大会计师事务所，前十大会计师事务所的判断采用了手工整理的中国注册会计师协会年度公布的百家事务所排名数据；股权集中度由 CR1 改用前五大股东的持股比例之和 CR5。采用改变后的这些变量，重复前面的回归，结果基本保持不变，限于数据较多，不再列示。

第五节 本章小结

本章考察了财务信息可比性对分析师预测行为的影响，我们分别从分析师跟踪数量和分析师预测质量两个方面来对分析师预测行为进行考察，其中预测质量又包括预测的分歧度与准确度。研究结果发现：上市公司的财务信息可比性越高，则对其进行跟踪预测的分析师数量越多，预测质量越高，表现为预测分歧度越小，预测准确度越高。同时，财务信息可比性与分析师预测行为之间的关系还受公司所在产品市场竞争程度的影响，实证结果发现：产品市场竞争程度越高，一方面，财务信息可比性与分析师跟踪数量之间的正向关系更为显著；另一方面，财务信息可比性与分析师预测质量之间的正向关系也更显著。由此可知，上市公司的财务信息可比性是影响分析师预测行为的一个重要因素，并且公司的产品市场竞争程度会增强两者之间的正向关系。这些结果与我们的理论预期相一致，财务信息可比性降低了分析师获取信息和解读分析信息的成本，并且为分析师提供了更多高质量的有用信息，改善了分析师的信息环境，提高了分析师预测的一致性信念，进而有利于分析师的跟踪和预测质量的提升。此外，由于产品市场竞争程度能够影响公司财务信息可比性的大小，进而影响了可比性与分析师预测行为之间的关系。

　　本研究的结果表明，可比性作为一个重要的财务信息质量特征，对分析师预测具有重要的作用，可比性较高的公司可以吸引到更多分析师对其进行跟踪预测，并且预测的质量也更高。这无疑丰富了公司的信息环境，对改进我国资本市场普遍存在的信息不对称问题大有裨益。可比性的提高给上市公司自身也带来了潜在利益，更多的分析师关注，不仅有利于公司形象的优化，而且也有利于降低资本成本。综上所述，上市公司具有较高的可比性，无论对资本市场还是公司自身都有正面作用。因此，基于证券分析师对资本市场效率的影响，为了提高我国资本市场的运作效率，监管部门要督促上市公司严格按照会计准则和有关信息披露政策的要求生成高质量的财务信息并真实完整地披露。同时，上市公司也要注重提高与行业内其他公司的财务信息可比性，以此提升自身的财务信息质量。另外，对于政府部门而言，尽量给各行各业提供公平自由的竞争环境，通过降低进入壁垒等方式加强产品市场竞争不仅是提升财务信息质量的重要途径，而且也能够提高财务信息的有用性。

财务信息可比性
及其业绩预测
效应研究
Chapter 5

第五章　财务信息可比性与管理层业绩预告精确度

第五章 财务信息可比性与管理层业绩预告精确度

本章主要考察了财务信息可比性对管理层业绩预告精确度的影响。研究发现，财务信息可比性越高的公司，其管理层披露的业绩预告精确度越高，说明财务信息可比性能够提高管理层业绩预告的质量。进一步分析，我们发现财务信息可比性与业绩预告精确度的关系主要体现在较高的财务报告信息质量或较好的外部市场化环境下，说明财务信息可比性的作用发挥依赖于高质量的公司内部信息和较好的外部市场化环境的支撑。以2006年企业会计准则实施作为政策冲击，研究发现，准则趋同能够提高管理层业绩预告精确度，并且部分是通过提高财务信息可比性而实现的。本章研究表明，增进财务信息可比性是提高上市公司信息披露质量的重要传导机制。

第一节 引　　言

资本市场越发展，财务信息披露越重要，财务信息在资本市场中起着非常重要的作用，尤其在保障信息公平、保护投资者利益及实现资源优化配置等方面发挥着不可替代的作用。财务信息包括面向过去的历史信息和针对未来的预测信息。历史信息虽具有可靠性，但历史财务数据只代表公司过去的业绩，当今社会，商场如战场，公司间竞争日益激烈，公司未来的发展面临着诸多不确定性，在评估公司价值时仅靠历史信息已显然不能满足信息使用者的需求，历史信息对于不确定的未来缺乏足够的相关性。依据投资理论，股价是反映人们对公司未来的预期，投资者在买卖股票时关注的是公司未来的盈利情况，因此能够反映公司未来经营情况的预测信息对投资者和债权人更具吸引力（夏冬林，2004），它不仅弥补了历史信息的局限性，还增加了财务信息的决策有用性。信息使用者只有了解上市公司未来的财务状况、经营成果及现金流量等相关的信息，才能做出合理有效的投资决策，进而减轻投资风险，而这类信息恰恰需要通过财务预测来提供。

国外已有研究发现管理层业绩预告能够给资本市场提供重要的信息（e.g., Baginski and Hassell, 1990; Pownall et al., 1993; Coller and Yohn, 1997; Rogers and Stocken, 2005; Rogers, 2008）。管理层通过业绩预告这一重要的信息披露形式能够为市场提供关于公司预期盈余的信息，建立或调整投资者对公司的预期（Hirst et al., 2008），有效缓解了上市公司和外部投资者间的信息不对称，提高财务信息的有用性和整个证券市场的效率，并且通过提供透明、准确的信息进而提升自身的披露声誉，从而影响股价（King et al., 1990; Coller and Yohn, 1997; 高敬中等, 2011）。

在我国资本市场发展的早期，由于多方面原因，上市公司的信息披露通常只发布历史财务信息，缺乏对未来的、前瞻性财务信息的披露，中小投资者往往因无法及时获知上市公司信息而蒙受不必要的损失。为了维护投资者特别是中小投资者的合法权益，促进资本市场规范健康发展，中国证监会于1998年出台了业绩预告制度，随着制度的不断完善和执行，业绩预告所传递的信息给证券市场参与者带来的影响越加深入和广泛（王玉涛和王彦超, 2012），在引导投资者投资行为中起到了信号作用，已成为投资者投资决策的重要影响因素（徐经长等, 2003; 童驯, 2003）。业绩预告制度的实施有利于投资者及时了解到上市公司未来的经营情况和业绩变动趋势，提高了中小投资者获取信息的公平性，以便做出更为理性的投资决策（张维迎, 2002），提高了上市公司信息披露的透明度，缓解了上市公司与投资者之间的信息不对称程度，保障了投资者的根本利益，优化了资本市场上的资源配置（杨书怀, 2010）。

预测性信息的发布固然重要，但其质量更为重要，高质量的信息应该具备精确、准确及稳健等特征，根据决策有用观，对于投资者而言，只有具备高质量特征的预测信息才能有助于其合理决策（Hirst et al., 1999、2008），否则将会极大降低预测信息的有用性，甚至给投资者造成损失，失去其应有的作用。本章主要聚焦于公司业绩预告的精确度、准确度以及预测的乐观倾向这三个主要特征来研究财务信息可比性对业绩预告的影响。

在众多业绩预告的质量特征中，精确度是管理层具有最大自由裁量权的质量特征之一（Cheng et al., 2013）。基于管理层的受托责任和证券市场的信息披露管制，管理层不一定能一直隐藏业绩预测类信息的发布，但管理层却可以决定业绩预告的精确度。如管理层可以在业绩预告中对未来业绩通过开区间预测、闭区间预测和点预测的形式进行披露，其中，闭区间的上限和下限的差异反映了业绩预告的精确度，点预测的精确度最高。已有研究认为管理层在业绩预告精确度上的决策权可能比业绩预告发布本身具有更大的自由度（Hirst et al., 2008）。如在本章的观测值中，闭区间预测样本占比81.41%，管理层在闭区间的上限和下限决定上有很大的自由度。预测性信息的精确度能够直接影响信息使用者对信息含量的判断，精确度越高表明管理层对盈余预测信息的不确定程度越低，信息使用者对该信息的认可程度就会越高（Kim and Verrecchia, 1991; Hirst et al., 1999），当投资者接收了不同精确度的信息时，其面临的投资风险是不同的，进而会影响到他们的投资决策，所以不同精确度的业绩预测信息对投资者行为产生了重要的影响（Maines and McDaniel, 2000），精确的信息比模糊的信息更容易让人做出准确的判断，在其他条件相同的情况下，公司提供更精确的信息对投资者更具决策价值（Karamanou and Vafeas, 2005）。此外，既有文献发现业绩预告精确度有显著的市场反应（Kim and Verrecchia, 1991），能够影响公司股票的市场回报和分析师的预测行为（Baginski et al., 1993; Baginski et al., 2007）。基于管理层在业绩预告精确度上的自由裁量权和业绩预告精确度的市场效应，本章将业绩预告的精确度作为研究对象，考察财务信息可比性对业绩预告精确度的影响，进而为提高我国上市公司业绩预告的披露质量提供经验证据。

以2006~2016年管理层披露的业绩预告数据为样本，我们发现，财务信息可比性越高的公司，其管理层披露的业绩预告精确度越高。进一步分析发现，财务信息可比性与业绩预告精确度的关系主要体现在较高的财务报告信息质量或较好的外部市场化环境下。以2006年企业会计准则实施作为政策冲击，研究发现，准则趋同能够提高管理层业绩预告精确度，并且部分是通过提高财务信息可比性而实现的。

第二节 制度背景、文献回顾与研究假设

一、制度背景

目前，我国业绩预告按照消息类型划分四种："预亏""预增""预减"和"扭亏"，这四项制度并不是同时出台的，而是经历了一个逐步发展完善的过程。

最先推出的是业绩预亏制度，1998年12月，中国证监会发布的《关于做好上市公司1998年年度报告有关问题的通知》中规定："如果上市公司发生可能导致连续三年亏损或当年重大亏损的情况，应当根据《股票发行与交易管理暂行条例》第六十条的规定，及时履行信息披露义务，应当在年报公布前刊登预亏公告"。这是在我国资本市场历史上首次实施的业绩预告制度，当时的预告对象仅限于业绩亏损公司。

到了2001年，监管机构增加了新的业绩预告标准，沪深证券交易所在《关于做好上市公司2001年年度报告工作的通知》中要求："在2001年会计年度结束后，如果上市公司预计可能发生亏损或者盈利水平较上年出现大幅变动的（利润总额增减50%以上），上市公司应当在年度结束后30个工作日内及时刊登预亏公告或业绩预警公告。"至此，业绩预告由单纯的预亏扩展为三类："预亏""预增"和"预减"。

第五章 财务信息可比性与管理层业绩预告精确度

2002年证券交易所对业绩预告的时间做出了明确规定，根据《公开发行证券的公司信息披露编报规则第13号内容与格式特别规定》的有关规定，交易所要求若预测全年经营业绩可能为亏损或者与上年相比上升或下降50%及以上，上市公司应当在当年第三季度报告中预告全年业绩，而第三季度报告的披露必须在10月31日前完成。除了要求上市公司在第三季度中对于年报业绩预计亏损或大幅度变动的情况进行预告外，还要求对半年度和季度的业绩进行预告，确立了"前一季度预告后一季度业绩"的新规则。这大大提高了业绩预告的及时性，使得业绩预告的预测性特征逐渐得到强化（王玉涛和王彦超，2012）。

2003年年初，沪深证券交易所又对2002年度报告给出了业绩预告的修正原则：公司应在而未在2002年第三季度报告或临时报告中预计2002年全年亏损或者盈利大幅度变动的，或者实际情况与预计情况不符的，公司应当立即做出补充公告，最迟不得晚于次年1月31日。从此，业绩预告的修正公告制度得以确立，并明确了衡量公司业绩变动的唯一指标为净利润。

自此之后，业绩预告的规定更加详尽，但实质内容没有太大变动。到2006年5月，沪深证券交易所在其发布实施的新《股票上市规则》中对业绩预告制度做了一些调整，将"扭亏为盈"加入了业绩预告的范围，再次强调了建立业绩预告制度的重要性，并开始重视上市公司业绩预告的准确性问题，至此业绩预告基本覆盖了投资者所关心的主要业绩变化类型。此外，业绩预告既可以在定期报告中发布，还可以以临时公告的形式发布，极大地提高了业绩预告的及时性。至此，我国的业绩预告制度基本确定下来。除此之外，对于不符合强制披露条件的公司，可以根据自身的情况自愿披露业绩预告，受市场动力机制的影响，越来越多的上市公司自愿披露业绩预测信息，以建立与外部投资者更友好的关系，树立公司自愿披露未来业绩的良好形象，引导投资者的理性投资行为，减小公司股价波动性（张翼和林小驰，2005；戴德明等，2005）。由此，我国形成了业绩预告强制披露和自愿披露并存的局面。

目前，我国上市公司业绩预告的信息质量总体上并不高，主要表现在业绩预告的精确度较低，定性描述和较大范围区间预测比较常见，而精确的点值预测所占比例较低（袁振超等，2014），这种模糊的业绩预测给信息使用者带来比较大的困扰，投资者对上市公司的业绩仍是没有形成明确的预期。此外，业绩预告的准确度也不容乐观，业绩预告变更等情况时常出现，其中又以高估业绩的情况居多（罗玫和宋云玲，2012）。那么究竟是什么原因导致了我国上市公司业绩预告质量整体不高的状况？在结合前人研究的基础上，本章主要从管理层业绩预测所依赖的信息基础视角来探讨业绩预告信息质量的影响因素。

已有文献主要考虑了业绩预告的消息类型、预告期长度、公司财务特征、治理机制、分析师跟踪等因素对管理层预测信息质量的影响。但这些影响管理层预测信息质量的因素主要从管理层动机角度来考虑，认为管理层拥有对盈余预测特征的自由裁量权，即管理层可以操控预测信息的披露特征。与以往研究所不同的是，本章从管理层盈余预测所依赖的信息基础视角来研究预测精确度、准确度及乐观偏差的成因。盈余预测的生产需要管理层综合多方信息，如宏观经济、行业信息以及公司自身信息等。如果这些公司内外部信息不具备应有的质量，从而也就无法提供决策有用的信息，那么管理层可能因无法获得充分有效的信息导致其不能发布精确的预测信息，并且由于信息的缺乏可能形成盲目乐观预期，进而使预测结果不准确，这也许并非管理层本意而为之，而很可能是因为没有充分有效的信息，导致其预测能力下降。而财务信息可比性能够为管理层预测提供更多数量和更高质量的信息，改善预测的信息环境。基于此，我们有必要研究财务信息可比性对管理层业绩预告质量的影响。

二、文献回顾

业绩预告形式分为定量预告和定性预告,定量预告又包括点值预告、闭区间预告及开区间预告。不同预告形式对应于不同的精确度,精确度高低依次为点值预告、闭区间预告、开区间预告、定性预告。业绩预告形式的选择传递了管理层对未来业绩的判断(King et al.,1990),而不同形式和精度的业绩预告代表公司管理层对未来业绩的不确定性程度是不同的。在控制其他公共信息的情况下,管理层对业绩预告采取定量方式比定性方式为投资者提供的信息不确定性要低,而定量方式中闭区间预告比开区间预告,点值预告又比闭区间预告为投资者提供的信息不确定性要低(王玉涛和王彦超,2012)。Pownall 和 Waymire(1989)也认为,公司管理当局对未来盈利状况是否有信心,决定了其业绩预告用语的精确度。那些对未来有信心有把握的管理层往往更倾向于精确预告未来业绩(Hughes and Pae,2004)。

已有文献主要从业绩预告的消息类型、预告期长度、公司财务特征、公司治理机制、分析师跟踪、管理者薪酬、代理成本和所有权性质等角度来分析它们对业绩预告精确度的影响。

因为精确的信息能够使市场做出较大的反应,为了提高股票价格,管理层对于好消息采用了较为精确的点预测和区间预测(Penman,1980)。Skinner(1994)研究发现管理层对好消息更倾向于使用点预告或区间预告的方式,而对坏消息更倾向于采用定性描述的方式预告,避免精确的坏消息使股价急剧下跌局面的出现。而 Baginski 和 Hassell(1997)则发现坏消息预测的精确度并不显著低于好消息的精确度,可能是因为投资者已经把不精确的预测等同于坏消息并相应地做出了市场反应。

Pownall 等(1993)的研究发现上市公司业绩预告日与财务报告实际公告日之间的时间间隔越短,预告的精确度越高,预测信息的质量也越高，充分说明了预测的精确程度与管理层对未来盈余信念的不确定程度是相关的。Baginski 和 Hassell（1997）证实了业绩预告期的长短能够影响预告的精确度，研究发现预告期越短，预告的精确度越高。同样的，后续不少学者也发现管理层发布预测日离相应的资产负债表日越近，预测的精确度越高（e.g., Rogers and Stocken, 2005; Karamanou and Vafeas, 2005；袁振超等，2014）。

既有研究认为公司规模是公众投资者能够获取信息数量的替代变量（Dempsey, 1989; Atiase, 1985）。Baginski 和 Hassell（1997）认为对于大公司来说，由于公众投资者可获得信息的渠道较多，因此管理层披露高精确度的预测信息其所能获得的收益可能并不高，相反小公司会倾向于披露精确度高的信息。进而他们又实证检验了公司规模对预测精确度的影响，结果支持了公司规模和预测精确度负相关的论断。Baginski 和 Hassell（1997）指出盈余波动幅度较大的公司，其业绩预告用语往往较模糊，盈余波动幅度越大意味着公司面临的不确定性因素越多，预测难度随之增大，管理层对盈余信念越不确定，所发布预测信息的精确度相应越低。Kasznik 和 Lev（1995）的研究也发现，公司规模越大或盈利水平波动性越大，其管理层发布盈余预测的精确度越差。

Ajinkya 等（2005）和 Karamanou 和 Vafaes（2005）均发现随着机构投资者持股比例的增加，管理层预测的精确度在上升。但外部董事比例的提高，并没有使预测精确度得到提高，这可能是因为出于被起诉的风险，限制了外部董事督促管理层做出更精确预测的意愿。高敬忠等（2011）研究发现随着机构投资者持股比例的增加，管理层业绩预告的精确性得到了提高。

Baginski 和 Hassell（1997）发现分析师跟踪人数越多，管理层业绩预告越精确，主要是由于分析师跟踪使得市场早在管理层预告前就已获得了一部分信息，因此管理层只有通过较为精确的预告才能增加预告的信息含量。Bamber 和 Cheon（1998）进一步指出，上市公司在业绩预告之前如果与跟踪分析师进行会谈，双方就有可能对未来盈余状况达成共识，盈余预测精确度自然相对更高。

Cheng 等（2013）研究了管理层激励是如何影响盈余预测的精确度，实证结果发现，管理层会策略性地选择盈余预测的精确度水平以达到自利的目的。即当公司管理层准备销售其持有的内部股份时，为了提高股价，其发布的正盈余预测的精确性较高，而发布负盈余预测的精确性较低；相反，当管理层拟购买公司内部股份时，为了降低股价，其发布的正业绩预测更加模糊，而对负业绩预测采用更加精确的形式。

袁振超等（2014）研究了代理成本对管理层业绩预告精确度的影响，进一步地基于中国的制度背景，考察上市公司国有和非国有的所有权性质对代理成本和管理层业绩预告精确度两者关系的影响。结果发现，代理成本越高的公司，管理层业绩预告精确度越低；与非国有企业相比，第一类代理成本（即管理者与股东间的代理成本）高的国有企业更加倾向于披露精确度较低的业绩预测信息。

基于预测性信息质量的重要性，我们有必要研究影响业绩预告信息质量的因素。已有文献主要考虑了业绩预告的消息类型、预告期长度、公司财务特征、治理机制、分析师跟踪等因素对管理层预测信息质量的影响。但这些影响管理层预测信息质量的因素主要从管理层动机角度来考虑，认为管理层拥有对盈余预测特征的自由裁量权，即管理层可以操控预测信息的披露特征。与以往研究所不同的是，本章从管理层盈余预测所依赖的信息基础视角来研究预测精确度、准确度及乐观偏差的成因。盈余预测的生产需要管理层综合多方信息，如宏观经济、行业信息以及公司自身信息等。如果这些公司内外部信息不具备应有的质量，从而也就无法提供决策有用的信息，那么管理层可能因无法获得充分有效的信息导致其不能发布精确的预测信息，并且由于信息的缺乏可能形成盲目乐观预期，进而使预测结果不准确，这也许并非管理层本意而为之，而很可能是因为没有充分有效的信息，导致其预测能力下降。而财务信息可比性能够为管理层预测提供更多数量和更高质量的信息，改善预测的信息环境。基于此，我们有必要研究财务信息可比性对管理层业绩预告质量的影响，本章主要聚焦于财务信息可比性对业绩预告准确度的影响，并进一步考察了在不同的公司内外部信息环境和不同的预测难度下，财务信息可比性对管理层业绩预告准确度所起的作用是否有差异，该研究具有较强的理论意义和实践意义，也为研究管理层盈余预测问题提供了新的视角。

三、研究假设

业绩预告是管理层对公司未来盈余的预测，首要的是对公司未来期间营业收入的预测，预测的核心是对未来收入增长率的预测（姜国华，2008）。在判断公司收入的未来发展趋势时，管理层首先要做的就是分析整个行业的发展状况，定位本公司在行业中所处的地位，这需要把本公司与行业内其他公司的财务信息加以比较分析，只有当本公司的信息与其他公司的信息具有较高的可比性时，这种通过比较分析获得的信息对管理层预测才具有决策使用价值，即管理层才能从中捕获到更多地对其做预测有参考价值的信息。可比性高的公司意味着其与行业内公司的信息可比性较强，较强可比性的公司之间构成了彼此更好的比较基础，他们之间的信息传递也更顺畅（De Franco et al., 2011）。已有研究也发现一家公司的财务报表信息会对其他相关公司的财务报表和经营决策产生影响（Gleason et al., 2008）。此外，公司收入的预测离不开对行业整体发展趋势和公司市场份额的准确判断，可比性越高的公司，其在行业内与其他公司更可比，越有利于管理层合理判断公司未来收入与行业整体发展趋势之间的关系，则能够降低管理层分析行业内其他公司信息的成本，进而管理层能够更容易地判断本公司业绩相对于行业内其他主要公司的市场业绩状况的变动情况，易于达到"知己知彼，百战不殆"的商业目标。综上所述，从管理层预测所需的信息基础这一角度来看，对于可比性较高的公司来说，管理层能够获取更多更有效的对做预测有用的信息，提升了其预测公司未来业绩的能力，并降低了公司的预测成本，因此管理层有能力并能以较低的成本来提供更加精确的业绩预告信息。

此外，既有研究发现管理层基于个人私利，代理成本越高的公司其业绩预告精确度越低（袁振超等，2014），管理层会策略性地选择业绩预告的精确度以达到获取个人买卖公司股票进而获利的目的（Cheng et al.，2013）。例如，Cheng 等（2013）发现管理层准备出售其持有的内部股份时，为了稳定公司股价，其发布的业绩预告如果是坏消息，则精确性较低；相反，当管理层拟购入公司股份时，为了降低公司股价，其发布的业绩预告如果是好消息，则精确度较低。因此，基于代理理论的观点，管理层为了个人私利有动机去操纵业绩预告的精确度。但是，对于财务信息可比性越高的公司，其同行企业的财务信息供投资者参考使用进而对该公司真实业绩的知晓程度也越高，投资者对该公司业绩预告具有较多可比外部信息的辅证，这一外部信息竞争机制的存在有利于抑制管理层的自利动机，进而约束管理层人为操纵业绩预告精确度的行为。

基于以上分析，提出本章的研究假设：

H5-1：其他条件相同的情况下，财务信息可比性越高的公司，管理层披露的业绩预告精确度越高。

第三节 研究设计

一、样本选取和数据来源

本章选取沪深两市 A 股上市公司 2006~2016 年的业绩预告为初

始样本,并剔除了以下样本:(1)金融保险类公司样本;(2)无法度量精确度的定性预测样本和开区间预测样本;(3)多次预测样本;(4)计算财务信息可比性缺失的样本;(5)其他变量数据缺失的样本。最终得到财务信息可比性对业绩预告精确度的回归样本量为14866个。同时,为了消除异常值对样本稳健性的影响,对所有连续变量进行了1%和99%分位的Winsorize缩尾处理。

本章研究数据来源于锐思(RESSET)数据库和国泰安(CSMAR)数据库,管理层业绩预告的相关数据主要来源于锐思(RESSET)数据库,其他公司财务数据和公司治理数据来源于国泰安(CSMAR)数据库。

二、模型设计和变量定义

为了检验本章提出的假设,我们构建模型(5-1)考察财务信息可比性对业绩预告精确度的影响,主要关注系数β_1是否显著为正。

$$\begin{aligned}
PRECISE = &\beta_0 + \beta_1 COMP + \beta_2 SIZE + \beta_3 BM + \beta_4 ROA + \beta_5 LOSS \\
&+ \beta_6 RET + \beta_7 STDRET + \beta_8 COVER + \beta_9 AOPT + \beta_{10} NEWS \\
&+ \beta_{11} DAYS + \beta_{12} ANNUAL + \beta_{13} BIAS + \beta_{14} SOE \\
&+ \beta_{15} DUAL + \beta_{16} INDR + \varepsilon
\end{aligned} \quad (5-1)$$

其中,被解释变量PRECISE为业绩预告精确度,参考Johnson等(2001)、Cheng等(2013)以及Li和Zhang(2015)的方法,本章用管理层业绩预告的宽度的负值来度量业绩预告的精确度。对于闭区间预测而言,预测宽度就是预测值的区间上限值与区间下线值的差额再除以公司期初股价。对于点预测,我们将其预测宽度视为0。因此,PRECISE的值越大,意味着预测精确度越高。对于解释变量财务信息可比性的度量方法,本章参考De Franco等(2011)的财务信息可比性测度方法,分别用公司i与行业内其他所有公司的可比性组合的平均值COMPM(简称为均值可比性)以及公司与行业内其他所

第五章 财务信息可比性与管理层业绩预告精确度

有公司可比性组合的中位数COMPI（简称为中位数可比性）来度量公司i的财务信息可比性，其值越大表示该公司的财务信息可比性越高。

参考既有研究（Baginski and Hassell, 1997; Ajinkya et al., 2005; Cheng et al., 2013; 袁振超等, 2014），本章还控制了如下变量：（1）公司规模（SIZE），按照惯例用公司上一年度末总资产的自然对数来衡量。（2）账面市值比（BM），用以衡量公司的成长性。（3）是否亏损虚拟变量（LOSS），如果预测年度的真实业绩为亏损，则取值为1，否则取值为0。（4）公司业绩（ROA），可以用来衡量公司的盈利能力以及管理者能力（张然和张鹏, 2011; 袁振超等, 2014）。（5）股票收益率（RET），用业绩预告发布日前一年的股票收益率来表示。（6）股票收益波动率（STDRET），用业绩预告发布日前200个交易日的股票收益率的标准差来衡量。（7）分析师跟踪数量（COVER），表示公司被分析师关注的程度，衡量了外部信息环境。（8）分析师预测乐观偏差（AOPT），用当年度分析师对公司业绩进行预测时乐观预测占所有预测的比例来表示，乐观预测的判断标准是分析师对公司每股收益的预测值大于当年的实际值。（9）消息类型（NEWS），当本期预告盈余大于上期盈余实际值，则为好消息，取值为1；反之则为坏消息，取值为0。（10）预告期长度（DAYS），用业绩预告中的年度或者季度截止日与发布预告日之间所相差的天数表示，用以衡量业绩预告时间的早晚，数值越大表示对业绩预告的越早。（11）年度预告虚拟变量（ANNUAL），若公司发布的是年度业绩预告则取值为1，否则为0。（12）业绩预告乐观倾向（BIAS），当每股盈余的预告值大于每股盈余的实际值时取值为1，否则为0。（13）所有权性质（SOE），区分了公司为国有企业或非国有企业，若上市公司的最终控制人为国有单位则取值为1，否则为0。（14）两职合一（DUAL），为董事会领导权结构的虚拟变量，如果董事长和总经理两职合一，则取值为1，否则为0。（15）独立董事比例（INDR），表征独立董事的监督能力，用上一年度末公司独立董事在董事会人数中所占的比例来表示。在上述控制变量中，对业绩预告特征变量 NEWS、DAYS 和 ANNUAL 取当期即第 t 期数值，出于控制可能出现的内生性问题的考虑，对包括财务信息可比性在内的公司财务特征和治理特征等变量均滞后一期，取第 t-1 期数值。最后，我们还控制了行业（IND）和年度（YEAR）对管理层业绩预告特征的影响。具体各变量定义见表 5-1。

表 5-1　　　　　　　　　变量定义

变量名称	变量符号	变量定义
业绩预告精确度	PRECISE	管理层对公司盈余预测的宽度，再取负值
财务信息可比性	COMP	用公司 i 与行业内其他所有公司的可比性组合的平均值 COMPM 以及公司与行业内其他所有公司的可比性组合的中位数 COMPI 来表示
公司规模	SIZE	上一年度期末公司总资产的自然对数
账面市值比	BM	上一年度公司总资产除以公司总市值
公司业绩	ROA	上一年度公司的总资产收益率
是否亏损	LOSS	预测年度的真实业绩是否为亏损，亏损则取值为 1，否则为 0
股票收益率	RET	业绩预告发布日前一年的股票收益率
股票收益波动率	STDRET	业绩预告发布日前 200 个交易日的股票收益率的标准差
分析师跟踪数量	COVER	对公司发布了业绩预测的分析师数量
分析师预测乐观偏差	AOPT	指当年度分析师乐观预测的比例，分析师预测乐观的判断标准是分析师对公司每股收益的预测值大于当年的实际值
消息类型	NEWS	本期预告盈余大于上期实际值，则为好消息，取值为 1，反之则为坏消息，取值为 0
预告期长度	DAYS	业绩预告中的年度或者季度截止日与管理层业绩预告发布日之间的天数

续表

变量名称	变量符号	变量定义
年度预告变量	ANNUAL	当业绩预告的预测期为整个年度时取值为1，否则取值为0
业绩预告乐观倾向	BIAS	每股盈余的预告值大于每股盈余的实际值时，取值为1，否则取0
所有权性质	SOE	若公司的最终控制人为国有单位取值为1，否则为0
两职合一	DUAL	上一年度末董事长和总经理为同一人取值为1，否则为0
独立董事比例	INDR	上一年度末公司独立董事在董事会人数中所占的比例
行业控制变量	IND	采用证监会2012年行业分类，制造业按二级代码分类，属于该行业时取值为1，否则取0
年度控制变量	YEAR	属于该年度时取值为1，否则为0

第四节 实证结果与分析

一、描述性统计分析

我们分年度对样本公司业绩预告的预测形式进行了分类统计，结果如表5-2所示。从总数上来看，随着上市公司数量的增加和信息披露监管的日趋严格，业绩预告的数量也出现较大幅度的增长。从业绩预告预测形式来看，精确度最高的点预测占比为18.59%，闭区间预测占了81.41%。总体来看，我国上市公司业绩预告中点预测所占的比例越来越低，更多的是区间预测，业绩预告形式上的精确度呈逐年下降趋势。

表 5-2　　　　　　　　业绩预告精确度年度分类

PRECISE	2006年	2007年	2008年	2009年	2010年	2011年	2012年	2013年	2014年	2015年	2016年	合计
闭区间	212	396	515	510	725	1030	1447	1468	1837	1839	2124	12103
点预测	202	247	374	538	362	244	226	172	146	120	132	2763
合计	414	643	889	1048	1087	1274	1673	1640	1983	1959	2256	14866

表 5-3 列示了本章主要因变量与自变量的描述性统计结果，从中可以看出，业绩预告精确度 PRECISE 的均值为 -9.4%，说明业绩预告中每股收益预测的精确度平均而言约为公司股价的 1/10。PRECISE 最大值为 0，这是因为样本中点预测的预告占比 18.59%，总体上样本公司的业绩预告精确度不高。财务信息可比性 COMPM 和 COMPI 的均值分别为 -1.2% 和 -1%，这与 De Franco 等（2011）中 COMPI 的均值 -2.5% 有些差异，相比之下，我国上市公司的财务信息可比性平均而言则更高，COMPM 和 COMPI 的标准差分别为 0.7% 和 0.8%，与既有研究差异不大。控制变量方面，是否亏损变量 LOSS 的均值为 0.147，说明样本公司在预测年度真实业绩发生亏损的比例达到了 14.7%。业绩预告的消息类型 NEWS 的平均值为 0.618，表明样本公司中好消息的业绩预告要多于坏消息的业绩预告。预告期长度 DAYS 的均值为 20.617，表明业绩预告发布日平均比业绩预告对应期间的截止日提前了约 21 天，最早的业绩预告发生在业绩预告对应期间截止日的前 75 天，事实上在未处理极端值之前的样本中，最长的预测期达到了 331 天，为哈药股份在 2007 年 2 月 3 日预测全年的业绩，充分说明业绩预告具有较强的预测性质。公司独立董事占比 INDR 的均值为 0.37，说明样本公司平均而言独立董事占比超过了 1/3，这符合证监会对独立董事比例不低于 1/3 的要求，25% 分位和中位数的值均为 1/3，说明不少样本公司仅仅是为了满足监管要求而将独立董事比例调整为 1/3。业绩预告乐观倾向 BIAS 的均值为 0.51，说明样本公司中管理层乐观预测的比例达到了 51%。年度

预告变量 ANNUAL 的均值为 0.32，说明大约 2/3 的观测值都是季度业绩预告。

表 5-3 变量描述性统计

变量名称	样本量	平均值	标准差	1%分位	25%分位	中位数	75%分位	99%分位
PRECISE	14866	-0.094	0.270	-1.622	-0.008	-0.003	-0.001	0.000
COMPM	14866	-0.012	0.007	-0.046	-0.015	-0.011	-0.008	-0.004
COMPI	14866	-0.010	0.008	-0.046	-0.012	-0.008	-0.006	-0.003
SIZE	14866	22.343	0.975	20.250	21.665	22.312	22.927	24.895
BM	14866	0.376	0.256	-0.031	0.199	0.314	0.487	1.313
ROA	14866	0.034	0.067	-0.226	0.008	0.030	0.064	0.232
LOSS	14866	0.147	0.354	0.000	0.000	0.000	0.000	1.000
RET	14866	0.345	0.814	-0.738	-0.190	0.114	0.635	3.697
STDRET	14866	0.025	0.008	0.011	0.019	0.024	0.029	0.047
COVER	14866	1.505	1.107	0.000	0.693	1.609	2.398	3.584
AOPT	14866	0.538	0.434	0.000	0.000	0.667	1.000	1.000
NEWS	14866	0.618	0.486	0.000	0.000	1.000	1.000	1.000
DAYS	14866	20.617	37.672	-31.000	-14.000	7.000	63.000	75.000
ANNUAL	14866	0.320	0.466	0.000	0.000	0.000	1.000	1.000
BIAS	14866	0.510	0.500	0.000	0.000	1.000	1.000	1.000
SOE	14866	0.439	0.496	0.000	0.000	0.000	1.000	1.000
DUAL	14866	0.221	0.415	0.000	0.000	0.000	0.000	1.000
INDR	14866	0.370	0.052	0.286	0.333	0.333	0.400	0.571

二、多元回归分析

表 5-4 报告了财务信息可比性对业绩预告精确度的回归结果。结果显示，均值可比性 COMPM 的回归系数在 1% 的水平上显著为正，中位数可比性 COMPI 的回归系数在 5% 的水平上显著为正。两种可比性的回归结果充分表明，公司财务信息可比性越高，管理层业绩预告的精确度也越高，这一实证结果支持了本章的研究假设。实证结果

表明可比性这一财务信息质量特征在管理层盈余预测中发挥了重要作用,拥有较高可比性的公司,其管理层可以充分有效地利用行业信息对本公司业绩做出合理的预测,使得业绩预告的精确度更高,从而提高了业绩预告信息对投资者的决策有用性。这也说明了上市公司可比性的财务信息不仅对于投资者有用,而且对于公司管理层的相关决策也是非常重要的。因此,财务信息决策有用性的发挥离不开财务信息的可比性这一重要质量特征。

表 5-4 财务信息可比性与业绩预告精确度回归结果

变量	COMPM	COMPI
常数项	-0.090 (-1.207)	-0.098 (-1.318)
COMP	0.993*** (2.814)	0.741** (2.279)
SIZE	-0.007** (-2.114)	-0.007** (-2.129)
BM	-0.086*** (-8.227)	-0.086*** (-8.210)
ROA	-0.589*** (-12.292)	-0.586*** (-12.232)
LOSS	0.03*** (3.717)	0.029*** (3.654)
RET	0.001 (0.260)	0.001 (0.250)
STDRET	2.450*** (7.315)	2.454*** (7.325)
COVER	-0.014*** (-4.701)	-0.014*** (-4.695)
AOPT	-0.016*** (-2.697)	-0.016*** (-2.641)
NEWS	0.033*** (6.853)	0.033*** (6.815)

续表

变量	COMPM	COMPI
DAYS	-0.001*** (-10.197)	-0.001*** (-10.164)
ANNUAL	-0.049*** (-11.396)	-0.049*** (-11.405)
BIAS	-0.028*** (-6.766)	-0.028*** (-6.755)
SOE	0.008 (1.608)	0.008 (1.569)
DUAL	0.011** (2.044)	0.011** (2.043)
INDR	0.036 (0.907)	0.036 (0.926)
YEAR	控制	控制
IND	控制	控制
N	14866	14866
ADJ-R^2	19%	18.99%
F-value	52.281***	52.231***

注：括号里的数字为T统计量值，*、**、***分别表示在10%、5%和1%的统计水平上显著。

此外，模型中其他控制变量的回归结果也基本符合预期。公司规模 SIZE 越大，则精确预测公司业绩更困难，造成业绩预告精确度越低。公司账面市值比 BM 越高，说明企业的成长性越低，其业绩预告精确度越低，这与 Cheng 等（2013）的发现基本一致。是否亏损变量 LOSS 的回归系数显著为正，表明管理层对公司经营亏损状态有比较清楚的预估。股票收益波动率 STDRET 的回归系数显著为正，表明公司的股票收益率波动性越大，管理层发布的盈余预测越精确，这可能是因为管理层出于稳定股价的考虑，发布比较精确的业绩预告信息，以避免股价的更大波动。消息类型 NEWS 的回归系数在1%的水平上显著为正，表明好消息类型的业绩预告的精确度更高，这是因为当业绩预告为好消息时，管理层自身就乐意发布精确度较高的预测信息，以取得较大的市场反应并提升公司形象。预告期长度 DAYS 的系数显著为负，这一结果也符合预期，说明预告时间越接近预测期间的截止日，管理层对盈利预测的不确定程度越低，从而预告的精确度越高；相反，发布业绩预告的时间越早，管理层对公司未来盈利状况的不确定性越大，就会导致预告精确度越低。年度业绩预告变量 AN-NUAL 的回归系数显著为负，表明管理层年度预测的精确度低于季度和半年度预测。业绩预告乐观倾向 BIAS 的系数显著为负，表明当管理层对业绩预测持乐观态度时，管理层倾向于发布比较模糊的业绩预告信息，这可能是出于对声誉问题的考虑。所有权性质变量 SOE 的系数不显著，表明国有企业业绩预告的精确度程度与非国有企业并没有明显区别。董事长和总经理两职合一 DUAL 的回归系数显著为正，说明管理层权利较大的公司，可能有着较高程度的管理层过度自信，其管理层愿意披露较为精确的业绩预告。

三、稳健性检验

（一）改变可比性度量方法

前面实证检验中的财务信息可比性使用了公司与行业内其他所有公司可比性组合的平均值 COMPM 以及中位数可比性 COMPI。该方法基于同样的经济事件，来计算两个公司对应盈余的差异，即反映了会计系统的可比性。但是，投资者也可能避开会计系统，而是通过公司盈余的可比性来直接预测其他公司的盈余，为此，借鉴 De Franco 等（2011）的盈余可比性度量方法，我们分年度和行业计算了公司前十六期与行业内其他所有公司组合的盈余可比性的平均数（RCOMPM）和中位数（RCOMPI）。回归结果如表 5-5 所示，两种盈余可比性 RCOMPM 和 RCOMPI 分别在 1% 和 5% 的统计水平上显著地影响业绩预告精确度，说明改变可比性的度量方法，实证结果依然稳健。

表 5-5　　　　改变财务信息可比性度量方法

变量	RCOMPM	RCOMPI
常数项	-0.108 (-1.447)	-0.095 (-1.272)
COMP	0.051*** (4.138)	0.068** (2.515)
SIZE	-0.008** (-2.438)	-0.008** (-2.377)
BM	-0.087*** (-8.266)	-0.086*** (-8.193)
ROA	-0.561*** (-11.754)	-0.567*** (-11.89)
LOSS	0.025*** (3.190)	0.026*** (3.318)
RET	0.002 (0.372)	0.001 (0.287)
STDRET	2.451*** (7.319)	2.46*** (7.344)
COVER	-0.015*** (-4.876)	-0.014*** (-4.812)
AOPT	-0.013** (-2.306)	-0.014** (-2.403)
NEWS	0.032*** (6.750)	0.032*** (6.746)
DAYS	-0.001*** (-10.137)	-0.001*** (-10.148)
ANNUAL	-0.049*** (-11.432)	-0.049*** (-11.410)
BIAS	-0.029*** (-6.868)	-0.028*** (-6.805)
SOE	0.007 (1.348)	0.007 (1.342)

续表

变量	RCOMPM	RCOMPI
DUAL	0.010** (1.982)	0.010** (2.008)
INDR	0.039 (0.986)	0.038 (0.969)
YEAR	控制	控制
IND	控制	控制
N	14866	14866
ADJ－R^2	19.05%	18.99%
F－value	52.449***	52.252***

注：括号里的数字为 T 统计量值，*、**、*** 分别表示在10%、5%和1%的统计水平上显著。

（二）用2006年企业会计准则变迁这一自然事件缓解内生性

参考既有研究，我们在回归模型中控制了一系列可能影响业绩预告精确度的企业层面因素，以及时间和行业固定效应。模型中，财务信息可比性的度量采用了前十六季度数据，这有效缓解了可比性与业绩预告精确度两者之间的反向因果关系。但是，考虑到公司的财务信息可比性水平还可能会受到某些未观测到的遗漏变量的影响，而这些遗漏变量也可能同时影响管理层业绩预告精确度。为此，我们引入2006年企业会计准则的国际趋同这一自然事件来缓解内生性问题的疑惑。

已有研究发现会计准则的国际趋同，能够提高财务信息可比性（Yip and Young，2012；Wang，2014）。我国2006年企业会计准则的实施实现了我国会计准则与国际财务报告准则的实质性趋同（楼继伟，2006），新准则在整体框架、内涵和实质上实现了与国际财务报告准则的国际趋同，并得到了有效实施（刘玉廷，2007）。因此，基于既有经验证据和我国会计准则改革实践，我国2006年企业会计准则的变迁应该能提高可比性这一财务信息质量特征。鉴于此，我们设置 2006 会计准则变迁指标 IFRS 来替换前面模型（5-1）中的财务信息可比性 COMP，如果年份为 2006 年企业会计准则开始实施的 2007 年及以后年度，则 IFRS 取值为 1，其他年度取值为 0。回归结果如表 5-6 的 Step1 列所示，会计准则变迁 IFRS 在 1% 的统计水平上显著地提高了业绩预告精确度，这符合我们的预期，即会计准则国际趋同这一自然事件，提高了财务信息可比性，进而影响了业绩预告精确度。为了验证这一影响机制的存在，我们做了中介效应分析。根据温忠麟等（2005）的中介效应检测程序，我们先检验 2006 年企业会计准则变迁 IFRS 是否会影响财务信息可比性，回归结果如表 5-6 的 Step2 列所示，准则变迁对两种财务信息可比性 COMPM 和 COMPI 均有显著的影响。随后，我们在前面模型（5-1）中加入 IFRS 变量，相当于加入了财务信息可比性 COMP 这一中介变量，回归结果如表 5-6 的 Step3 列所示，加入中介变量财务信息可比性 COMP 后，IFRS 的回归系数显著但变小，根据 Baron 和 Kenny（1986）的部分中介效应检验规则，可以认为存在部分中介效应，即 2006 年企业会计准则变迁 IFRS 对管理层业绩预告精确度的影响部分是通过提高财务信息可比性来实现的，这增强了我们对财务信息可比性与管理层业绩预告精确度之间关系的信心。

表 5-6　　　　　　　2006 年企业会计准则变迁的影响

变量	Step1	Step2		Step3	
		COMPM	COMPI	COMPM	COMPI
常数项	-0.098 (-1.310)	-0.008*** (-4.418)	0.001 (0.448)	-0.090 (-1.207)	-0.098 (-1.318)
IFRS	0.324*** (21.643)	0.008*** (21.711)	0.007*** (17.257)	0.317*** (20.816)	0.319*** (21.111)
COMP				0.993*** (2.814)	0.741** (2.279)
SIZE	-0.008** (-2.298)	-0.001*** (-7.811)	-0.001*** (-8.76)	-0.007** (-2.114)	-0.007** (-2.129)

续表

变量	Step1	Step2		Step3	
		COMPM	COMPI	COMPM	COMPI
BM	-0.085*** (-8.131)	0.001*** (4.255)	0.001*** (4.417)	-0.086*** (-8.227)	-0.086*** (-8.210)
ROA	-0.574*** (-12.050)	0.015*** (13.763)	0.017*** (13.906)	-0.589*** (-12.292)	-0.586*** (-12.232)
LOSS	0.026*** (3.342)	-0.003*** (-17.887)	-0.004*** (-19.004)	0.030*** (3.717)	0.029*** (3.654)
RET	0.001 (0.225)	0.000 (-1.501)	0.000 (-1.331)	0.001 (0.260)	0.001 (0.250)
STDRET	2.47*** (7.374)	0.02** (2.554)	0.022*** (2.578)	2.45*** (7.315)	2.454*** (7.325)
COVER	-0.014*** (-4.654)	0.000** (2.008)	0.000** (2.178)	-0.014*** (-4.701)	-0.014*** (-4.695)
AOPT	-0.014** (-2.404)	0.002*** (13.345)	0.002*** (13.503)	-0.016*** (-2.697)	-0.016*** (-2.641)
NEWS	0.032*** (6.661)	-0.001*** (-9.049)	-0.001*** (-9.253)	0.033*** (6.853)	0.033*** (6.815)
DAYS	-0.001*** (-10.125)	0.000*** (3.139)	0.000** (2.072)	-0.001*** (-10.197)	-0.001*** (-10.164)
ANNUAL	-0.049*** (-11.418)	0.000 (-1.048)	0.000 (-0.776)	-0.049*** (-11.396)	-0.049*** (-11.405)
BIAS	-0.028*** (-6.702)	0.000*** (2.764)	0.000*** (2.899)	-0.028*** (-6.766)	-0.028*** (-6.755)
SOE	0.007 (1.38)	-0.001*** (-10.043)	-0.001*** (-10.354)	0.008 (1.608)	0.008 (1.569)
DUAL	0.010** (2.012)	0.000 (-1.395)	0.000* (-1.659)	0.011** (2.044)	0.011** (2.043)
INDR	0.038 (0.957)	0.002** (2.150)	0.002 (1.638)	0.036 (0.907)	0.036 (0.926)
YEAR	控制	控制	控制	控制	控制

续表

变量	Step1	Step2		Step3	
		COMPM	COMPI	COMPM	COMPI
IND	控制	控制	控制	控制	控制
N	14866	14866	14866	14866	14866
ADJ – R^2	18.96%	40.31%	32.84%	19%	18.99%
F – value	52.919***	150.84***	109.465***	52.281***	52.231***

注：括号里的数字为 T 统计量值，*、**、*** 分别表示在 10%、5% 和 1% 的统计水平上显著。

四、进一步分析

（一）审计师规模的影响

在国际会计准则理事会（IASB）的准则概念框架中，可比性是增进的财务信息质量特征之一，能增进与提高财务信息的决策有用性。但 IASB 在概念框架中明确提出，可比性的作用发挥依赖于财务信息的基本质量特征，也就是说，只有当财务信息满足如实反映和相关性这两个基本质量特征的情况下，可比性这一增进的财务信息质量特征方可发挥其作用。为此，我们考虑在不同的基本财务信息质量下，可比性对业绩预告精确度的作用是否存在差异。

审计师作为一种外部治理机制，是公司财务报告的把关者，监督上市公司对企业会计准则的遵循，因而，审计师在很大程度上保证了公司财务信息及部分非财务信息的如实反映和相关性。但是，在审计市场上，大型事务所和中小型事务所分化比较明显，市场份额也有较大差异，规模较大的会计师事务所的审计师们凭借着较高的专业技能和丰富的经验以及相对更强的独立性，能够为客户提供较高的审计质量，为上市公司财务报告的可信度提供更高的保证程度（Defond et al.，2000；Teoh and Wong，1993；Hope，2003）。基于我国数据，刘文军等（2010）发现拥有行业专长的"十大"会计事务所，其审计质量更高。高质量的外部审计可以通过梳理规范公司财务流程，整体提升公司财务信息质量（梁上坤等，2015）。综上所述，市场份额较大的大型会计师事务所为了维护其品牌和声誉，会继续保持行业专长和提升独立性，从而会产生更高的审计质量，并通过梳理规范公司内部控制，进而保障了被审计单位的财务信息质量。

参考刘文军等（2010）和陈小林等（2013），我们按照中国注册会计师协会公布的年度百家排名，将审计师划分为"十大"和"非十大"两类，来表征上市公司财务信息基本质量的高低。"十大"审计师代表高质量审计，对应着较高质量的财务信息相关性和如实反映程度。基于可比性在财务信息质量中的定位和审计师对财务信息质量的保证作用，我们预期，可比性对业绩预告精确度的作用发挥需要较高的财务信息基本质量的支持，也即可比性与业绩预告之间的正相关关系主要存在于"十大"审计师审计的公司中。表5-7列示了"十大"审计师和"非十大"审计师环境下，财务信息可比性与业绩预告精确度两者关系的回归结果。从表5-7可见，在"十大"审计师的公司样本中，财务信息可比性在1%的显著性水平上影响业绩预告精确度，而在"非十大"审计师组则不显著，这一结果符合我们的预期，说明IASB的会计准则概念框架中对可比性的定位比较科学，可比性这一增进的财务信息质量特征要发挥作用需要有较好的基本财务信息质量的支持。

表5-7 审计师规模的影响

变量	"十大"审计师		"非十大"审计师	
	COMPM	COMPI	COMPM	COMPI
常数项	-0.188* (-1.794)	-0.201* (-1.914)	-0.047 (-0.407)	-0.051 (-0.440)
COMP	1.941*** (3.822)	1.432*** (3.076)	0.513 (1.003)	0.377 (0.798)
SIZE	-0.008* (-1.721)	-0.008* (-1.736)	-0.009* (-1.661)	-0.009* (-1.676)

续表

变量	"十大"审计师		"非十大"审计师	
	COMPM	COMPI	COMPM	COMPI
BM	-0.095***	-0.096***	-0.064***	-0.064***
	(-6.819)	(-6.825)	(-4.020)	(-4.001)
ROA	-0.497***	-0.493***	-0.600***	-0.599***
	(-7.416)	(-7.351)	(-8.674)	(-8.651)
LOSS	0.024**	0.023**	0.042***	0.042***
	(2.170)	(2.080)	(3.580)	(3.555)
RET	0.005	0.005	0.003	0.003
	(0.795)	(0.754)	(0.584)	(0.586)
STDRET	2.148***	2.136***	2.951***	2.958***
	(4.852)	(4.823)	(5.862)	(5.877)
COVER	-0.006	-0.006	-0.022***	-0.022***
	(-1.447)	(-1.443)	(-4.970)	(-4.965)
AOPT	-0.02**	-0.019**	-0.009	-0.009
	(-2.488)	(-2.436)	(-1.011)	(-0.984)
NEWS	0.023***	0.023***	0.043***	0.043***
	(3.619)	(3.579)	(6.157)	(6.142)
DAYS	0.000***	0.000***	-0.001***	-0.001***
	(-5.712)	(-5.657)	(-8.749)	(-8.742)
ANNUAL	-0.035***	-0.035***	-0.062***	-0.062***
	(-5.988)	(-6.008)	(-9.892)	(-9.894)
BIAS	-0.024***	-0.024***	-0.032***	-0.032***
	(-4.174)	(-4.182)	(-5.232)	(-5.223)
SOE	0.017**	0.016**	0.004	0.004
	(2.416)	(2.309)	(0.539)	(0.535)
DUAL	0.000	0.000	0.024***	0.024***
	(-0.050)	(-0.064)	(3.024)	(3.025)
INDR	0.109**	0.110**	-0.025	-0.025
	(2.075)	(2.093)	(-0.431)	(-0.421)
YEAR	控制	控制	控制	控制

续表

变量	"十大"审计师		"非十大"审计师	
	COMPM	COMPI	COMPM	COMPI
IND	控制	控制	控制	控制
N	7262	7262	7604	7604
ADJ – R^2	17.84%	17.78%	20.64%	20.63%
F – value	24.188***	24.095***	30.073***	30.066***

注：括号里的数字为 T 统计量值，*、**、*** 分别表示在 10%、5% 和 1% 的统计水平上显著。

（二）市场化环境的影响

基于 Williamson（2000）指出的"制度—治理—企业"三维度的新制度经济学分析框架，企业的财务信息质量内生于企业所处的制度环境。依据这一框架，公司所在地的外部制度环境越好，该地区的法律保护程度越高，投资者保护意识越好，资本市场的资金配置效率越高，股东与管理层将更加重视财务会计系统在降低代理成本中所发挥的信息作用，公司管理层提供高质量财务信息的动机越强。既有文献发现一个地区的制度环境越好，如市场化水平越高、法律保护越好、政府干预越少、社会资本水平越高，则该地区上市公司的财务信息质量越高（姜英兵和严婷，2012）。因此，在较好的外部制度环境下，公司财务信息的可靠性和价值相关性较高，这为财务信息可比性的作用发挥提供了良好的支撑。为此，我们检验在较好的外部制度环境下，财务信息可比性对业绩预告精确度的提升作用是否有所优化。在衡量一个地区所处的外部制度环境时，我们选取市场化进程这一常见的地区制度环境变量。市场化进程是衡量公司外部环境的一个综合指标，是一系列经济、社会、法律制度的变革，或者说是一系列的大规模制度的变化（樊纲和王小鲁，2011）。

我们按照年度和行业取市场化进程指数的中位数，将样本分为较高的市场化进程和较低的市场化进程两组。分组回归结果如表 5 – 8

所示，在较高的市场化进程组，两种可比性 COMPM 和 COMPI 均在 5% 的统计水平上显著地影响了业绩预告的精确度，而在较低的市场化进程组，可比性对业绩预告精确度的影响则是不显著的。这符合我们的预期，说明可比性这一增进的财务信息质量特征要发挥作用需要有较好的市场化环境的支撑。

表 5-8　　　　　　　　市场化环境的影响

变量	较高的市场化进程		较低的市场化进程	
	COMPM	COMPI	COMPM	COMPI
常数项	-0.159 (-1.416)	-0.169 (-1.512)	0.002 (0.025)	-0.004 (-0.044)
COMP	1.317** (2.433)	1.096** (2.193)	0.746 (1.642)	0.441 (1.057)
SIZE	-0.005 (-0.958)	-0.005 (-0.954)	-0.010** (-2.139)	-0.010** (-2.162)
BM	-0.142*** (-8.458)	-0.141*** (-8.442)	-0.040*** (-3.041)	-0.039*** (-3.023)
ROA	-0.620*** (-8.933)	-0.618*** (-8.905)	-0.588*** (-8.921)	-0.584*** (-8.853)
LOSS	0.042*** (3.432)	0.042*** (3.407)	0.015 (1.453)	0.014 (1.379)
RET	0.002 (0.319)	0.002 (0.336)	-0.003 (-0.506)	-0.003 (-0.534)
STDRET	2.195*** (4.464)	2.197*** (4.466)	2.507*** (5.636)	2.510*** (5.643)
COVER	-0.013*** (-2.800)	-0.013*** (-2.804)	-0.016*** (-3.995)	-0.016*** (-3.972)
AOPT	-0.019** (-2.174)	-0.019** (-2.147)	-0.011 (-1.395)	-0.010 (-1.341)
NEWS	0.035*** (4.954)	0.035*** (4.932)	0.030*** (4.864)	0.030*** (4.820)

续表

变量	较高的市场化进程		较低的市场化进程	
	COMPM	COMPI	COMPM	COMPI
DAYS	-0.001*** (-8.877)	-0.001*** (-8.849)	0.000*** (-5.013)	0.000*** (-4.992)
ANNUAL	-0.050*** (-7.851)	-0.050*** (-7.852)	-0.044*** (-7.915)	-0.045*** (-7.924)
BIAS	-0.039*** (-6.316)	-0.039*** (-6.314)	-0.012** (-2.241)	-0.012** (-2.229)
SOE	0.013* (1.669)	0.013 (1.643)	0.000 (-0.015)	0.000 (-0.051)
DUAL	0.008 (1.102)	0.008 (1.090)	0.013* (1.893)	0.013* (1.896)
INDR	0.050 (0.822)	0.051 (0.825)	0.004 (0.077)	0.005 (0.096)
YEAR	控制	控制	控制	控制
IND	控制	控制	控制	控制
N	7795	7795	7071	7071
ADJ-R^2	21.19%	21.18%	17.4%	17.38%
F-value	31.817***	31.797***	22.903***	22.875***

注：括号里的数字为T统计量值，*、**、***分别表示在10%、5%和1%的统计水平上显著。

第五节 本章小结

上市公司业绩预告在引导投资者的投资行为中起到了信号作用，已成为投资者投资决策的重要影响因素。信息的有用性取决于信息质量，对于前瞻性的预测性信息而言，信息披露的精确度极大地影响了信息质量，进而影响了该类信息的作用。基于此，本章选取我国A股上市公司业绩预告的相关数据，实证研究了公司的财务信息可比性

第五章 财务信息可比性与管理层业绩预告精确度

对提升管理层业绩预告精确度的积极作用,进一步分析发现,这一关系主要存在于拥有较高审计质量的国内"十大"会计师事务所审计的客户中和拥有较好的市场化环境中的公司中,说明财务信息可比性的作用发挥依赖于高质量的信息基础和良好的外部环境。此外,新会计准则的实施能够提高管理层业绩预告精确度,并且部分是通过提高财务信息可比性而实现的。

本章的实证研究结果表明,可比性这一重要的财务信息质量特征不仅有助于外部信息使用者做出更加合理的投资或信贷决策,而且还有助于公司管理层预测未来业绩,提高预测的精确度,从而提高业绩预告的披露质量。这说明可比的信息是管理层盈余预测所依赖的信息基础,增强公司间的财务信息可比性是提高上市公司预测性信息披露质量的重要途径,从而为广大投资者创建一种透明公开的投资环境,使其能够做出合理决策。可比性之所以能够服务于业绩预测,发挥其对财务报告目标实现的增进作用,主要原因在于具有较高可比性的公司,不仅有利于预测者更好地评估公司过去和现在的业绩,而且还有利于预测者更好地利用行业乃至宏观经济信息,进而有助于预测者做出更加合理的业绩预测。因此,财务信息的作用在很大程度上是帮助决策者做预测的,无论是投资者对公司价值的预测还是管理层对公司业绩的预测都需要可比的财务信息提供决策支持。此外,本章也从管理层盈余预测视角,验证了高质量的外部审计和良好的市场化环境,能够提高上市公司的财务信息质量,这不仅有利于外部投资者和债权人使用更加真实完整的财务信息做出合理决策,而且也使得管理层在对公司未来业绩做出预测时能够建立在真实有效信息基础之上,进而降低业绩预测成本,提高业绩预告的精确度。

通过本章的研究,我们提出如下政策建议:

(1)提高财务信息可比性。上市公司具有较高的财务信息可比性,无论对资本市场还是对公司自身都有正面作用。可比性作为一个重要的财务信息质量特征,不仅有助于投资者和债权人做出合理的资本配置决策，提高资本配置效率，而且还能够帮助管理层更好地预测未来业绩，提高预测的精确度，从而提高预测性信息披露质量。因此，对于管理层来说，要注重提高公司的财务信息质量，提供更为相关、如实反映的财务信息，以增强本公司与行业内其他公司的财务信息可比性，进而发挥财务信息可比性在业绩预测中的积极作用。

（2）增强高质量外部审计的供给。高质量的外部审计对公司行为和决策有着积极的影响，进而影响了公司的财务信息质量。资本市场监管部门应当鼓励会计师事务所进一步做大做强，促进审计市场适度竞争，合理提高审计市场的集中度，不断提高注册会计师的专业胜任能力和独立性，培育行业专长，为客户和投资者提供更好的鉴证服务，进而提高上市公司的财务信息质量。

（3）提高业绩预告披露的质量。基于业绩预告信息对资本市场资源配置的影响，本着保护投资者利益的宗旨，证券监管部门要加强对上市公司信息披露的全过程监督，督促管理层及时披露业绩预告信息，重视披露信息的质量，提高业绩预告的精确度和准确度，使业绩预告信息更好地发挥资本配置的作用。此外，各地政府要致力于不断推进当地的市场化进程，为本区域的上市公司提供良好的外部市场化环境，以提高上市公司财务信息的决策有用性。

财务信息可比性
及其业绩预测
效应研究

Chapter 6

第六章 财务信息可比性与管理层业绩预告准确度

第六章 财务信息可比性与管理层业绩预告准确度

本章研究了财务信息可比性对管理层业绩预告准确度的影响，进一步研究公司的内外部信息环境对这两者关系的影响。研究发现，财务信息可比性越高的公司，其管理层业绩预告的准确度越高；财务信息可比性对业绩预告准确度的促进作用还受公司内外部信息环境的影响，良好的公司外部信息环境和内部信息环境均能够增强财务信息可比性与业绩预告准确度之间的正向关系。此外，本章还发现在预测难度较大的情况下，财务信息可比性对业绩预告准确度的提升作用能够得到更大程度的发挥。本章的研究结果表明，财务信息可比性是业绩预告准确性的基础，保障会计信息质量是提高上市公司预测性信息披露质量的重要途径。

第一节 引　　言

上市公司业绩预告是一种重要的管理层盈余预测信息来源，为市场参与者传递了公司未来业绩信息，旨在保障投资者公平和及时地获悉公司未来盈利状况的权利，有利于降低公司的信息不对称程度，促进了证券市场的稳定和健康发展。然而，对于前瞻性的盈余预测信息而言，其有用性在很大程度上取决于盈余预测的准确性（William，1996；Hirst et al.，1999）。业绩预告准确度是指管理层对未来一定期间的盈余预测值与真实值之间的偏离程度，偏离越小则准确度越高。任何对未来的预期估计都会产生一定的偏差，而财务预测信息是一种事前信息，其本身具有不确定性，会影响到投资者对信息的使用，投资者也会更加关心财务预测信息的合理准确性，因此管理层业绩预告的准确度受到了学术界和实务界的重视。当业绩预测越符合实际，预测信息的质量越高，信息使用者就越有可能利用预测信息来做出合理决策（徐宗宇，1997），此外，只有预测较准确的信息才会对公司产生积极影响（韩传模和杨世鉴，2012）。既有研究发现业绩预测信息的准确性是该类信息披露的生命线,如果准确性得不到合理保证,投资者就会对预测信息失去信心,从而不再利用这类信息,准确度低的业绩预测信息不仅会使其有用性大打折扣,甚至还会误导市场参与者(Daily,1971;Hassell and Jennings,1986;张维迎,2002;白晓宇,2009),而且还可能损害公司准确披露的声誉(罗玫和宋云玲,2011),甚至为公司带来诉讼威胁和监管处罚(Skinner,1997)。既有研究认为管理层前期业绩预告的准确度可以反映管理层的预测声誉(Williams,1996),管理层预测声誉越高,则投资者对于业绩预告的反应越明显,进而有利于降低资本成本(Miller and Bahnson,2002;Hutton and Stocken,2007)。基于管理层业绩预告准确度的多重经济后果,管理层业绩预告准确度的影响因素有哪些?已有研究主要考虑了业绩预告的消息类型、预告期长短、盈余波动性、财务风险、公司治理机制、分析师跟踪、管理者能力等因素。但从目前可以检索到的文献来看,尚未发现有研究从财务信息可比性的视角考察其对业绩预告准确度的影响。然而,管理当局在对未来业绩做预测时,需要对公司和行业的发展趋势以及公司在行业中的地位有充分的认识,那么就要考虑整个行业的状况,并分析同行业其他公司的财务信息,以便更好地做预测(姜国华,2008)。此时,只有其他公司的财务信息与本公司具有可比性时,管理者才能从可比信息中捕获到更多更有用的信息,帮助其对未来业绩做出合理的预测,从而提高预测的准确度。

为此,本章研究了财务信息可比性对业绩预告准确度的影响,并进一步研究在不同的预测信息环境下和不同的预测难度情况下,财务信息可比性对业绩预告准确度所起的作用是否也有所不同,具有较强的理论意义和现实意义,为盈余预测质量的影响机制提供一个新的切入点,加深了我们对财务信息可比性的作用以及管理层盈余预测特征形成机制的理解。

第二节 文献回顾与研究假设

一、文献回顾

任何对未来的预期估计都不可避免地产生一定的误差，财务预测信息也不例外，如果其准确性得不到保障，则会对投资者的决策产生重要影响，因而投资者也会更加关心财务预测信息的合理准确性（徐宗宇，1997）。有鉴于此，管理层业绩预告的准确度受到了学术界和实务界的重视。业绩预告的准确度（accuracy），一般用预测误差即预测值与真实值之间的偏离程度来衡量，偏离越小则准确度越高，其是业绩预告信息能够发挥有效作用的一个重要前提。

已有研究管理层业绩预告准确度影响因素的文献，主要考虑了业绩预告的消息类型、预告期长度、公司财务特征、公司治理机制、分析师跟踪、管理者能力等因素。

Karamanou 和 Vafeas（2005）研究发现管理层发布坏消息时，盈余预测更准确；相反，高敬中和周晓苏（2009a）发现管理层对好消息的预告更准确。Rogers 和 Stocken（2005）以及 Karamanou 和 Vafeas（2005）的研究均发现预告期间越长，则预告准确度越低。Koch（2002）的研究结果表明，处于财务困境的公司管理层业绩预告表现出更大的向上偏差，并比不处于财务困境的公司同样预告更不可信。周晓苏和高敬中（2009）研究发现，随着公司面临财务风险的增大，管理层业绩预告的准确度降低。Waymire（1985）研究表明，高盈余波动性会使盈余预测准确性下降。Ajinkya 等（2005）发现，由于公司外部董事对管理层的监督作用，使得管理层盈余预测的误差降低。Karamanou 和 Vafeas（2005）研究发现，具有更有效的董事会和审计委员会结构的公司，管理层业绩预测的准确度更高。高敬中和周晓苏（2009b）认为独立董事比例越高，管理层盈余预告值表达方式越精确，盈余预告值与实际值的偏差也越小。Ajinkya 等（2005）和高敬忠等（2011）的研究表明，随着机构投资者持股比例的增加，管理层业绩预告的准确度更高。King 等（1990）认为分析师跟踪越多的公司，其管理层越有可能提供更加客观无偏的业绩预告信息。Lee 等（2012）研究发现上市公司 CEO 的变更与业绩预告准确度之间显著正相关，说明董事会将业绩预测准确度视作显示 CEO 能力的重要标准；Baik 等（2011）研究发现 CEO 能力高的公司比能力低的公司发布更为准确的业绩预告。

纵观国内外相关文献，尚未有研究从财务信息可比性的角度考察其对管理层业绩预告准确度的影响，本章研究发现，公司可比性的提高使得管理层能够获得更多有用的信息，有助于对未来业绩进行预测，进而使预测结果更准确，本章弥补了这一研究缺陷。

二、研究假设

（一）财务信息可比性对管理层业绩预告准确度的影响

业绩预告作为公司管理层的一种盈余预测，首要的是对企业未来收入的预测。预测销售收入的基础是企业过去年度或季度的收入，预测的核心是对未来销售收入增长率的预测（姜国华，2008）。所以管理层在做预测时，既需要参考企业历史财务信息，又要考虑企业目前的经营状况，还要对未来做出合理估计，这就需要管理层掌握充分有效的信息，包括企业内部信息和外部信息，历史信息和现时信息（徐宗宇，1998）。一方面，只有当企业的现时信息与历史信息具有可比性时，预测基础才有意义。De Franco 等（2011）认为可比性高的公司其财务信息质量也较高，较高的信息质量有利于管理层更好地评估企业过去和现在的经营业绩，进而有利于提升管理层预测未来业绩的能力，使预测的准确度得以提高。另一方面，在判断收入未来发展趋势的过程中，管理层需要首先把握整个行业状况，定位本企业在行业中的地位，这需要对本企业与同行业中其他企业的财务信息进行比较分析，只有当该公司与行业内其他公司的信息具有较强的可比性时，这种比较信息对公司管理层的业绩预测才会具有较大参考价值，管理层才能捕获到更多的对自身做预测有用的信息，这体现了可比性的信息捕获功能。公司收入的预测离不开对行业整体发展趋势和公司市场份额的准确判断，可比性越高的公司，其在行业内与其他公司更可比，越有利于管理层合理判断公司未来收入与行业整体发展趋势之间的关系。此外，如果公司与行业内其他公司的可比性较高，则能够降低公司管理层分析行业内其他公司信息的成本，进而管理层能够更容易地判断本公司业绩相对于行业内其他主要公司的市场业绩状况的变动情况。总之，对于可比性较高的公司来说，管理层所掌握的对未来业绩进行预测所依据的信息较多，并且获取信息的成本也较低，尤其是行业信息对于管理层进行业绩预测时的参考价值较大，因此管理层对未来业绩的预测相对容易，付出的预测成本也相对较低，那么管理层就会愿意并且有能力提供更准确的业绩预测。基于以上分析，提出本章的研究假设 H6-1：

假设 H6-1：其他条件相同的情况下，财务信息可比性越高的公司，其管理层业绩预告的准确度越高。

（二）外部信息环境对可比性与业绩预告准确度之间关系的影响

作为一种信息中介，更多的分析师在一定程度上丰富了企业的外部信息环境，既有研究也表明，分析师跟踪人数越多，上市公司的外部信息越丰富（Lang and Lundholm，1996；Beyer et al.，2010）。分析师对公司未来业绩的预测，为公司管理层提供了较多的行业分析信息，进而管理层在做预测时面临的外部信息环境较好，管理层业绩预测所依据的信息较为丰富，此时财务信息可比性的作用就更加凸显。也即，当公司的可比性越高时，意味着该公司的业绩变动与行业信息的关联度越大，行业预测信息对单个公司业绩预测的参考价值更大，在管理层面临较好的外部信息环境时，丰富的行业信息能够使可比性的信息捕获功能得以更好地发挥，进而能够提高管理层盈余预测的准确度。因此，我们预期面临不同程度的外部信息环境，公司财务信息可比性对管理层业绩预告准确度所起的作用也是有差异的，越丰富的外部信息环境，越能凸显财务信息可比性的作用。据此提出本章的研究假设 H6-2：

假设 H6-2：其他条件相同的情况下，外部信息环境越好的公司，财务信息可比性与管理层业绩预告准确度之间的正相关关系越强。

（三）内部信息环境对可比性与业绩预告准确度之间关系的影响

业绩预告是管理层的一项内部决策，内生决定于特定的公司内部信息环境，基于 Dechow 等（2010）发现，具有较高盈余质量的公司能为决策者提供更多关于某项决策所需要的财务业绩特征信息，这说明盈余质量越高的公司其内部信息环境越好。管理层在对公司未来业绩进行预测时，需要以公司前期盈余为基础来对以后期间盈余进行预测，那么只有当公司前期盈余质量较高时，其对预测未来盈余才有较大的参考价值，即管理层盈余预测的数据基础更有效，预测结果也应更准确。此外，基于有用财务信息可靠性和可比性的关系，可靠性是可比性的基础（IASB，2010），因此盈余质量较高也即内部信息环境较好的公司，其会计信息的可靠性较高，有利于增强会计信息的可比性，可比性的提高又进而能够促进业绩预告准确度的提高。基于以上分析，我们预期，公司良好的内部信息环境能够增强财务信息可比性与业绩预告准确度之间的正向关系。据此提出本章的研究假设 H6-3：

假设 H6-3：其他条件相同的情况下，内部信息环境越好的公司，财务信息可比性与管理层业绩预告准确度之间的正相关关系越强。

第三节 研究设计

一、样本选取和数据来源

本章基于管理层业绩预告特征影响因素的实证研究,选取沪深两市上市公司 2006 年第一季度到 2014 年第一季度之间所有的上市公司业绩预告为研究的初始样本。本章研究数据来源于锐思(RESSET)数据库和国泰安(CSMAR)数据库,其中管理层业绩预告的相关数据主要来源于锐思(RESSET)数据库,其他公司财务数据和公司治理数据来源于国泰安(CSMAR)数据库。

样本筛选过程如表 6-1 所示,最终得到财务信息可比性对业绩预告准确度的回归样本量为 10449 个,为了消除异常值对样本稳健性的影响,对所有连续变量进行了 1% 和 99% 分位的 Winsorize 缩尾处理。

表 6-1　　　　研究样本的筛选过程

样本筛选过程	数量
Pannel A：业绩预告样本	
2006 年第 1 季度至 2014 年第 1 季度的业绩预告样本	35344
减：非 A 股上市公司样本	339
金融业上市公司样本	2239
重复预测样本观测	4267
业绩预告形式为定性描述的样本	2353
最终的业绩预告样本观测	26146
Pannel B：回归分析样本量	
减：财务信息可比性缺失的样本	14179
业绩预告消息类型计算缺失样本	1390

续表

样本筛选过程	数量
其他相关变量缺失的样本	128
可比性对预告准确度的回归样本量	10449

二、模型设计和变量定义

为了检验上述的三个假设，本章构建模型（6-1）~模型（6-3）来分别考察财务信息可比性对管理层业绩预告准确度的影响，外部信息环境对可比性与业绩预告准确度之间关系的影响及内部信息环境对可比性与业绩预告准确度之间关系的影响。

$$\begin{aligned}
ACCURACY_{i,t} = & \beta_0 + \beta_1 COMP_{i,t-1} + \beta_2 SIZE_{i,t-1} + \beta_3 BM_{i,t-1} \\
& + \beta_4 ROE_{i,t-1} + \beta_5 NEWS_{it} + \beta_6 VOLE_{i,t-1} + \beta_7 DAYS_{i,t} \\
& + \beta_8 COVER_{i,t-1} + \beta_9 DIRNUM_{i,t-1} + \beta_{10} INDR_{i,t-1} \\
& + \beta_{11} DUAL_{i,t-1} + \beta_{12} INST_{i,t-1} + \beta_{13} SOE_{i,t-1} \\
& + \beta_{14} ANNUAL_{i,t} + \sum IND + \sum YEAR + \varepsilon_{i,t}
\end{aligned}$$

$$(6-1)$$

$$\begin{aligned}
ACCURACY_{i,t} = & \beta_0 + \beta_1 COMP_{i,t-1} + \beta_2 EX\_EN_{i,t-1} + \beta_3 COMP_{i,t-1} \\
& \times EX\_EN_{i,t-1} + \beta_4 SIZE_{i,t-1} + \beta_5 BM_{i,t-1} + \beta_6 ROE_{i,t-1} \\
& + \beta_7 NEWS_{it} + \beta_8 VOLE_{i,t-1} + \beta_9 DAYS_{i,t} + \beta_{10} COVER_{i,t-1} \\
& + \beta_{11} DIRNUM_{i,t-1} + \beta_{12} INDR_{i,t-1} + \beta_{13} DUAL_{i,t-1} \\
& + \beta_{14} INST_{i,t-1} + \beta_{15} SOE_{i,t-1} + \beta_{14} ANNUAL_{i,t} \\
& + \sum IND + \sum YEAR + \varepsilon_{i,t} \quad (6-2)
\end{aligned}$$

$$\begin{aligned}
ACCURACY_{i,t} = & \beta_0 + \beta_1 COMP_{i,t-1} + \beta_2 IN\_EN_{i,t-1} + \beta_3 COMP_{i,t-1} \\
& \times IN\_EN_{i,t-1} + \beta_4 SIZE_{i,t-1} + \beta_5 BM_{i,t-1} + \beta_6 ROE_{i,t-1} \\
& + \beta_7 NEWS_{it} + \beta_8 VOLE_{i,t-1} + \beta_9 DAYS_{i,t} + \beta_{10} COVER_{i,t-1} \\
& + \beta_{11} DIRNUM_{i,t-1} + \beta_{12} INDR_{i,t-1} + \beta_{13} DUAL_{i,t-1}
\end{aligned}$$

$$+ \beta_{14}\text{INST}_{i,t-1} + \beta_{15}\text{SOE}_{i,t-1} + \beta_{14}\text{ANNUAL}_{i,t}$$
$$+ \sum \text{IND} + \sum \text{YEAR} + \varepsilon_{i,t} \qquad (6-3)$$

其中，因变量业绩预告的准确度（ACCURACY），用管理层盈余预告值与实际值的偏差的绝对值来衡量，为了研究的方便，我们对预测偏差的绝对值取负数，就得到了准确度（ACCURACY）的数值，该数值越大表示准确度越高。

解释变量财务信息可比性采用前面介绍的 De Franco 等（2011）的方法计算取得，分别采用均值可比性 COMPM 和中位数可比性 COMPI 来表示，其值越大表示公司的财务信息可比性越高。外部信息环境（EX_EN），借鉴相关文献（Chan and Hameed，2006；An and Zhang，2013；许年行等，2013）的方法，本章用跟踪上市公司的分析师数量的多寡来衡量公司外部信息环境的好与差。内部信息环境（IN_EN），以盈余质量衡量公司内部信息环境，盈余质量较高的公司其内部信息环境较好，反之则较差，具体地，参考已有文献的方法，本章分别采用分行业分年度的 JONES 模型、修正的 JONES 模型来计算操纵性应计利润（Jones，1991；Dechow，1995），并用其绝对值来衡量盈余质量，该值越小表示盈余质量越高，数值越大则盈余质量越低，然后又按照行业年度的均值将样本分组，如果某个公司的操纵性应计利润的绝对值低于行业年度均值，表示该公司的内部信息环境较好，则 IN_EN1 和 IN_EN2 取值为 1，否则为 0。

结合前人的研究，本章还控制了如下变量：（1）公司规模（SIZE）；（2）账面市值比（BM），用以衡量公司的成长性；（3）公司业绩（ROE），衡量公司的盈利能力以及管理层能力（袁振超等，2014）；（4）消息类型（NEWS）；（5）盈余波动性（VOLE），用来控制信息不确定性对业绩预告准确度的影响，盈余波动性越大，管理层对未来盈利情况的判断越不确定，其业绩预告的准确度也越可能受到影响；（6）预告期长度（DAYS），用业绩预告对应期间的资产负债表日与发布预告日之间所相差的天数表示，衡量业绩预告时间的早晚，数值越大表示业绩预告时间越早；（7）分析师跟踪数量（COVER），表示公司被分析师关注的程度，衡量了外部信息环境；（8）董事会规模（DIRNUM），用公司董事会中董事人数的多少来衡量；（9）独立董事比例（INDR），表征独立董事的监督能力；（10）两职合一（DUAL），为董事会领导权结构虚拟变量，如果董事长和总经理两职合一，则取值为1，否则为0；（11）机构投资者持股比例（INST）；（12）所有权性质（SOE），区分了公司为国有企业或非国有企业；（13）是否是年度业绩预告（ANNUAL）。在上述控制变量中，对业绩预告特征变量NEWS、DAYS和ANNUAL取当期即第t期数值，出于控制可能出现的内生性问题的考虑，对包括可比性在内的公司财务特征和治理特征等变量均滞后一期，取第t-1期数值。本章在模型中还加入了行业和年度虚拟变量。具体各变量定义见表6-2。

表6-2 变量定义

变量名称	变量标识	变量定义
因变量		
业绩预告准确度	ACCURACY	[每股盈余预告的点值（闭区间中值或开区间边界值）-每股盈余的实际宣告值]/上年末公司收盘价，取绝对值之后再取负数
解释变量		
财务信息可比性	COMP	把所有与公司i在t年配对的组合的可比性值按从大到小进行排序，$COMPM_{it}$为所有组合的均值，$COMPI_{it}$为所有组合的中位数。
外部信息环境	EX_EN	按各年度行业内各上市公司分析师跟踪人数的中位数划分为两组，当某个公司分析师跟踪人数大于等于行业中位数，表示该公司外部信息环境较好，EX_EN取值为1，否则取值为0

续表

变量名称	变量标识	变量定义
内部信息环境	IN_EN	求得公司前三个年度采用 JONES 模型和修正 JONES 模型估计的操纵性应计绝对值的平均数，然后对其按照行业年度的均值分组，如果某个公司前三年操纵应计绝对值的平均数低于小于等于行业年度均值，则表示该公司的内部信息环境较好，IN_EN 取值为 1，否则为 0
控制变量		
公司规模	SIZE	上一年度期末总资产的自然对数
账面市值比	BM	上一年度公司总资产除以公司总市值
公司业绩	ROE	上一年度公司的净资产收益率
消息类型	NEWS	本期预告盈余大于上期实际值，则为好消息，取值为 1，反之则为坏消息，取值为 0
盈余波动性	VOLE	公司前三个年度净利润的离散系数
预告期长度	DAYS	业绩预告对应期间的资产负债表日减去与预告发布日
分析师跟踪数量	COVER	上一年度末对公司发布了业绩预测的分析师数量
董事会规模	DIRNUM	上一年度末公司董事会中的董事人数
独立董事比例	INDR	上一年度末公司独立董事在董事会人数中的占比
两职合一	DUAL	上一年度末公司董事长和总经理为同一人则取值为 1，否则取值为 0
机构投资者持股比例	INST	上一年度末机构投资者持股占公司总股本的比例
所有权性质	SOE	若最终控制人为政府，则取值为 1，否则取值为 0
年度预告变量	ANNUAL	当业绩预告为年度预告取值为 1，否则取值为 0
行业变量	IND	采用证监会 2012 行业分类，制造业按二级代码分类，属于该行业时取 1，否则取 0
年度变量	YEAR	属于该年度时取 1，否则取 0

第四节 实证结果与分析

一、描述性统计分析

表6-3列示了本章主要因变量与自变量的描述性统计结果,从中可知,业绩预告准确度(ACCURACY)的均值为-0.0079,从整体水平来看业绩预告的准确度不是很低。财务信息可比性COMPM和COMPI的均值分别为-1.52%和-1.27%,最大值分别为-0.5%和-0.33%,最小值分别为-6.14%和-6.25%,说明可比性在公司间差异较大。消息类型(NEWS)的均值为0.4614,表明约有46%的业绩预告得到了市场较好的反应。预告期长度(DAYS)的均值为18.7021,表明业绩预告发布日平均比业绩预告对应期间的截止日提前了18天,最早的业绩预告发生在业绩预告对应期间截止日前75天。

表6-3 变量描述性统计

变量名称	样本量	平均值	标准差	最小值	25%分位	中位数	75%分位	最大值
ACCURACY	10449	-0.0079	0.0163	-0.1096	-0.0073	-0.0023	-0.0007	0.0000
COMPM	12802	-0.0152	0.0089	-0.0614	-0.0172	-0.0128	-0.0098	-0.0050
COMPI	12802	-0.0127	0.0095	-0.0625	-0.0142	-0.0097	-0.0073	-0.0033
EX_EN	12802	0.6610	0.4734	0.0000	0.0000	1.0000	1.0000	1.0000
IN_EN1	12802	0.5166	0.4997	0.0000	0.0000	1.0000	1.0000	1.0000
IN_EN2	12802	0.5162	0.4998	0.0000	0.0000	1.0000	1.0000	1.0000
SIZE	12802	21.6697	1.2226	18.7840	20.8650	21.5657	22.3472	25.2744
BM	12802	0.6540	0.2496	0.1075	0.4623	0.6664	0.8628	1.1290

续表

变量名称	样本量	平均值	标准差	最小值	25%分位	中位数	75%分位	最大值
ROE	12802	0.0369	0.2258	−1.1624	0.0102	0.0523	0.1174	0.7859
NEWS	12802	0.4614	0.4985	0.0000	0.0000	0.0000	1.0000	1.0000
VOLE	12802	1.7664	4.0546	0.0477	0.2979	0.6150	1.4470	30.7671
DAYS	12802	18.7021	38.0850	−37.0000	−15.0000	2.0000	63.0000	75.0000
COVER	12802	1.1414	1.0993	0.0000	0.0000	0.8959	2.0794	3.5553
DIRNUM	12802	9.1721	1.8468	5.0000	9.0000	9.0000	9.0000	15.0000
INDR	12802	0.3614	0.0487	0.2500	0.3333	0.3333	0.3750	0.5556
DUAL	12802	0.1535	0.3605	0.0000	0.0000	0.0000	0.0000	1.0000
INST	12802	6.3767	10.1012	0.0000	0.3280	2.5950	8.1900	56.2710
SOE	12802	0.6127	0.4871	0.0000	0.0000	1.0000	1.0000	1.0000
ANNUAL	12802	0.3392	0.4735	0.0000	0.0000	0.0000	1.0000	1.0000

二、相关性分析

表6-4为变量之间的Pearson相关系数结果，从中可知，回归模型中的解释变量和因变量之间确实存在相关关系，各个控制变量之间的相关系数较小，表明回归模型不存在严重的多重共线性问题。财务信息可比性COMPM和COMPI与业绩预告准确ACCURACY的相关系数在1%水平上显著为正，与预期的符号一致。其他控制变量间的相关关系如表6-4所示。以上仅是单变量之间的相关性分析，进一步较为严谨的经验证据有待后面的多元回归分析。

表6-4 变量相关系数

	ACCU-RACY	COMPM	COMPI	SIZE	BM	ROE	NEWS	VOLE	DAYS	COVER	DIRNUM	INDR	DUAL	INST	SOE	ANNUAL
ACCURACY	1.0000															
COMPM	0.1648 <0.0001	1.0000														
COMPI	0.1489 <0.0001	0.9797 <0.0001	1.0000													
SIZE	-0.0707 <0.0001	-0.0231 0.0091	-0.0245 0.0057	1.0000												
BM	-0.2393 <0.0001	-0.1307 <0.0001	-0.0951 <0.0001	0.4870 <0.0001	1.0000											
ROE	0.0471 <0.0001	0.1961 <0.0001	0.2072 <0.0001	0.1504 <0.0001	-0.1054 <0.0001	1.0000										
NEWS	0.0151 0.1233	-0.0089 0.3155	-0.0058 0.5144	0.0194 0.0283	-0.0144 0.1022	0.0253 0.0042	1.0000									
VOLE	-0.0076 0.4377	-0.0463 <0.0001	-0.0556 <0.0001	-0.0622 <0.0001	-0.0070 0.4262	-0.1045 <0.0001	-0.0173 0.0497	1.0000								

第六章 财务信息可比性与管理层业绩预告准确度

续表

	ACCU-RACY	COMPM	COMPI	SIZE	BM	ROE	NEWS	VOLE	DAYS	COVER	DIRNUM	INDR	DUAL	INST	SOE	ANNUAL
DAYS	-0.1255 <0.0001	0.0006 0.9477	-0.0095 0.2827	-0.1002 <0.0001	-0.0254 0.0041	-0.0210 0.0177	-0.0883 <0.0001	-0.0144 0.1029	1.0000							
COVER	0.0561 <0.0001	0.1762 <0.0001	0.1613 <0.0001	0.5539 <0.0001	-0.0171 0.0537	0.2997 <0.0001	0.0218 0.0137	-0.1543 <0.0001	0.0317 0.0003	1.0000						
DIRNUM	-0.0401 <0.0001	-0.0399 <0.0001	-0.0218 0.0137	0.3025 <0.0001	0.1879 <0.0001	0.0186 0.0351	0.0121 0.1713	-0.0140 0.1136	-0.0388 <0.0001	0.1714 <0.0001	1.0000					
INDR	0.0684 <0.0001	0.0281 0.0015	0.0132 0.1362	0.0129 0.1460	-0.0699 <0.0001	-0.0050 0.5732	0.0030 0.7387	0.0067 0.4489	-0.0178 0.0442	0.0076 0.3916	-0.3043 <0.0001	1.0000				
DUAL	0.0550 <0.0001	0.0586 <0.0001	0.0466 <0.0001	-0.0938 <0.0001	-0.1230 <0.0001	0.0029 0.7397	0.0001 0.9873	-0.0046 0.6051	0.0622 <0.0001	0.0251 0.0046	-0.1241 <0.0001	0.0676 <0.0001	1.0000			
INST	-0.0006 0.9511	0.0158 0.0744	0.0235 0.0078	0.1697 <0.0001	-0.0346 <0.0001	0.1140 <0.0001	0.0061 0.4918	-0.0631 <0.0001	-0.0123 0.1645	0.2970 <0.0001	0.0548 <0.0001	-0.0503 <0.0001	0.0170 0.0549	1.0000		
SOE	-0.0387 <0.0001	-0.0959 <0.0001	-0.0843 <0.0001	0.2634 <0.0001	0.2150 <0.0001	-0.0426 <0.0001	0.0070 0.4301	0.0192 0.0300	-0.1190 <0.0001	0.0338 0.0001	0.2175 <0.0001	-0.0736 <0.0001	-0.1966 <0.0001	0.0900 <0.0001	1.0000	
ANNUAL	-0.2114 <0.0001	-0.0170 0.0552	-0.0132 0.1346	-0.0161 0.0680	0.0076 0.3895	-0.0387 <0.0001	-0.0059 0.5024	0.0178 0.0442	-0.0215 0.0148	-0.0428 <0.0001	-0.0021 0.8134	0.0034 0.6984	-0.0113 0.2024	-0.0063 0.4769	0.0132 0.1353	1.0000

注：该表左下方为 Pearson 相关系数矩阵，相关系数下面为对应的 P 值。

三、多元回归分析

表 6-5 列示了模型的回归结果，分别是均值可比性 COMPM 和中位数可比性 COMPI 对业绩预告准确度的多元回归结果。从中可以看出，这两种可比性的回归系数均显著为正，分别为 0.2068 和 0.2024，且都在 1% 的水平上显著，表明财务信息可比性较高的公司，其管理层业绩预告更准确，预测值和真实值更接近，进一步说明可比性这一会计信息质量特征能够帮助管理层更好地做预测，提高了预测的准确性，进而提升了信息披露质量，主要原因在于可比性较高的公司，与行业内其他公司更可比，则管理层对整个行业的发展状况和本公司在行业中的定位有相对准确把握，其对未来业绩的预测也会更准确，这一结果支持了本章的假设 H6-1。控制变量方面，公司规模 SIZE 的系数显著为负，表明规模越大的公司由于业务的复杂和多元化可能导致盈余预测误差越大。公司账面市值比 BM 的系数显著为负，这说明公司的成长性越高，预测信息的准确度越高，管理层为了扩散成长性高这一好消息对公司价值的影响，其倾向于发布高质量准确的信息。预告期长度 DAYS 的系数显著为负，表明管理层预测时间比对应的资产负债表日越早，管理层对未来盈余的不确定性越高，从而业绩预告的准确度越低。分析师跟踪数量 COVER 的系数显著为正，说明受市场关注程度越高的公司，管理层越有压力做出准确度更高的预测。董事会人数 DIRNUM 和独立董事比例 INDR 的回归系数均显著为正，说明较好的公司治理监督机制能够促使管理层提高信息披露的质量。年度业绩预告变量 ANNUAL 的系数显著为负，表明管理层对年度业绩预测的准确度显著低于季度和半年度预测。其他控制变量对业绩预告准确度没有显著影响。

第六章　财务信息可比性与管理层业绩预告准确度

表 6-5　　　　财务信息可比性与业绩预告准确度

	COMPM		COMPI	
	系数	T值	系数	T值
常数项	0.0049	1.1252	0.0033	0.7648
COMP	0.2068***	9.9403	0.2024***	10.6557
SIZE	-0.0009***	-3.7844	-0.0008***	-3.6593
BM	-0.0096***	-9.3689	-0.0098***	-9.5113
ROE	0.0003	0.3906	0.0002	0.1904
NEWS	0.0003	0.9083	0.0003	0.8911
VOLE	0.0000	-0.7736	0.0000	-0.6667
DAYS	-0.0001***	-16.037	-0.0001***	-15.9656
COVER	0.0007***	3.3238	0.0007***	3.2269
DIRNUM	0.0003***	2.8814	0.0003***	2.8503
INDR	0.0162***	5.0264	0.0163***	5.0513
DUAL	0.0010**	2.4861	0.0010**	2.521
INST	0.0000	-1.4705	0.0000	-1.5096
SOE	0.0005	1.544	0.0005	1.5735
ANNUAL	-0.0068***	-21.7803	-0.0068***	-21.7937
YEAR	控制		控制	
IND	控制		控制	
N	10449		10449	
ADJ-R^2	15.72%		15.84%	
F-value	49.727***		50.161***	

注：*、**、***分别表示在10%、5%和1%的统计水平上显著。

表 6-6 列示了外部信息环境对财务信息可比性与业绩预告准确度之间关系影响的检验结果。由表中结果可知，无论是均值可比性还是中位数可比性与外部信息环境的交互项 COMP × EX_EN 的回归系数均在1%水平上显著为正，表明不同的外部信息环境下，财务信息可比性与管理层业绩预告准确度的关系有所不同，外部信息环境较好的上市公司，其财务信息可比性与业绩预告准确度的正相关关系更

强，即上市公司良好的外部信息环境能够增强财务信息可比性与业绩预告准确度之间的正向关系，从而支持了假设 H6-2。

表 6-6　　　　　外部信息环境影响的检验结果

	COMPM		COMPI	
	系数	T 值	系数	T 值
常数项	-0.0051	-1.3643	-0.0068	-1.827
COMP	0.1024***	3.2224	0.0962***	3.243
EX_EN	0.0029***	4.3856	0.0024***	4.2062
COMP×EX_EN	0.1787***	4.5427	0.1806***	4.8647
SIZE	-0.0004**	-2.069	-0.0004*	-1.8504
BM	-0.0106***	-10.8972	-0.0108***	-11.0361
ROE	0.0010	1.1672	0.0008	1.013
NEWS	0.0003	0.9663	0.0003	0.9487
VOLE	0.0000	-1.118	0.0000	-1.0278
DAYS	-0.0001***	-15.7028	-0.0001***	-15.5599
DIRNUM	0.0003***	2.9391	0.0003***	2.9012
INDR	0.0156***	4.8479	0.0157***	4.8721
DUAL	0.0011**	2.5397	0.0011***	2.5795
INST	0.0000	-1.0816	0.0000	-1.1085
SOE	0.0004	1.2457	0.0004	1.2426
ANNUAL	-0.0069***	-21.9133	-0.0069***	-21.945
YEAR	控制		控制	
IND	控制		控制	
N	10449		10449	
ADJ-R^2	15.80%		15.95%	
F-value	48.828***		49.342***	

注：*、**、*** 分别表示在 10%、5% 和 1% 的统计水平上显著。

表 6-7 列示了公司的内部信息环境对财务信息可比性与业绩预告准确度之间关系影响的检验结果。从表 6-7 的回归结果可知，在内部信息环境用两种度量方法 IN_EN1 和 IN_EN2 的情况下，其与均

值可比性和中位数可比性的交互项 COMP×IN_EN 的回归系数在均显著为正，表明公司的内部信息环境确实能够影响财务信息可比性与业绩预告准确度之间的关系，而且表现在内部信息环境较好的公司，其财务信息可比性与业绩预告准确度的正相关关系更强，也即上市公司良好的内部信息环境可以增强财务信息可比性与业绩预告准确度之间的正向关系，与假设 H6-3 相吻合。

表 6-7　　　　　　　内部信息环境影响的检验结果

	IN_EN1		IN_EN2	
	COMPM	COMPI	COMPM	COMPI
常数项	0.0049 (1.1029)	0.0031 (0.6946)	0.0053 (1.1958)	0.0035 (0.7911)
COMP	0.1158*** (3.8289)	0.1069*** (3.7893)	0.1262*** (4.2054)	0.1192*** (4.2675)
IN_EN	0.0022*** (3.2729)	0.0021*** (3.8297)	0.0017** (2.5453)	0.0016*** (2.947)
COMP×IN_EN	0.1056** (2.5563)	0.1294*** (3.277)	0.0922** (2.2226)	0.1125*** (2.8327)
SIZE	-0.0009*** (-4.0493)	-0.0009*** (-3.8456)	-0.0009*** (-4.1095)	-0.0009*** (-3.912)
BM	-0.0102*** (-9.8977)	-0.0103*** (-10.0082)	-0.0101*** (-9.8092)	-0.0102*** (-9.9205)
ROE	0.0018* (1.7814)	0.0016 (1.5903)	0.0018* (1.7448)	0.0016 (1.5475)
NEWS	0.0002 (0.8278)	0.0002 (0.8099)	0.0002 (0.8387)	0.0002 (0.82)
VOLE	0.0000 (-1.0544)	0.0000 (-0.9558)	0.0000 (-1.0668)	0.0000 (-0.9592)
DAYS	-0.0001*** (-15.6482)	-0.0001*** (-15.5513)	-0.0001*** (-15.6685)	-0.0001*** (-15.5745)

续表

	IN_EN1		IN_EN2	
	COMPM	COMPI	COMPM	COMPI
COVER	0.0006 *** (2.9334)	0.0006 *** (2.8624)	0.0006 *** (2.9631)	0.0006 *** (2.8916)
DIRNUM	0.0003 *** (3.0737)	0.0003 *** (3.0409)	0.0003 *** (3.1565)	0.0003 *** (3.1271)
INDR	0.0171 *** (5.3143)	0.0172 *** (5.3403)	0.0172 *** (5.3555)	0.0173 *** (5.3907)
DUAL	0.0011 *** (2.6016)	0.0011 *** (2.6337)	0.0011 *** (2.6183)	0.0011 *** (2.6462)
INST	0.0000 ** (-1.9713)	0.0000 ** (-2.0159)	0.0000 ** (-1.977)	0.0000 ** (-2.0229)
SOE	0.0005 (1.3728)	0.0005 (1.4034)	0.0005 (1.4346)	0.0005 (1.4693)
ANNUAL	-0.0067 *** (-21.2387)	-0.0067 *** (-21.2512)	-0.0067 *** (-21.2241)	-0.0067 *** (-21.2398)
YEAR	控制	控制	控制	控制
IND	控制	控制	控制	控制
N	10167	10167	10167	10167
ADJ-R^2	15.72%	15.83%	15.68%	15.79%
F-value	47.233 ***	47.650 ***	47.095 ***	47.489 ***

注：括号里的数字为 T 统计量值，*、**、*** 分别表示在 10%、5% 和 1% 的统计水平上显著。

四、考虑预测难度的影响

此外，我们还考察了业绩预测难度对财务信息可比性与业绩预告准确度之间关系的影响。既有研究发现，预测难度会影响预测的准确度，年度预测比季度和半年度预测的难度要大，因此年度业绩预测相对更不准确（Karamanou and Vafeas，2005；Hribar and Yang，2010）。

第六章 财务信息可比性与管理层业绩预告准确度

由本章模型（6-1）~模型（6-3）的检验结果，也可以得出同样的结论：年度预测比季度和半年度预测更不准确，并且预测期越长，预测结果越不准确，这也比较符合常理。为此，本章继续考察了业绩预测难度的大小是否会影响可比性对业绩预告准确度作用的发挥？我们从两个方面衡量业绩预测的难度，一是按照是否是年度业绩预告将行业年度样本划分为预测难度大和预测难度小这样两组，即年度预告样本认定为预测难度大的一组，DIFC1 取值为 1，其他预告样本则为预测难度小的一组，DIFC1 取值为 0；二是根据预告期长短将行业年度样本分为预测难度大和预测难度小这样两组，具体地，当公司的预告期大于年度行业预告期的平均值时，认定其预测难度较大，DIFC2 取值为 1，反之预测难度较小，DIFC2 取值为 0。之所以认为年度预测比季度和半年度预测的难度要大，主要是因为年度业绩预测关乎一整年的预测，涵盖的期限较长，预测的对象更多更复杂。对于预测期越长，预测难度越大的认定，主要是因为对业绩预测的时间越早，管理层对未来业绩的不确定程度越高，导致预测难度越大。检验预测难度对可比性与业绩预告准确度之间关系的影响的回归模型如式模型（6-4）所示，回归结果如表 6-8 所示。

$$\begin{aligned}
\text{ACCURACY}_{i,t} = & \beta_0 + \beta_1 \text{COMP}_{i,t-1} + \beta_2 \text{DIFC}_{i,t} + \beta_3 \text{COMP}_{i,t-1} \times \text{DIFC}_{i,t} \\
& + \beta_4 \text{SIZE}_{i,t-1} + \beta_5 \text{BM}_{i,t-1} + \beta_6 \text{ROE}_{i,t-1} + \beta_7 \text{NEWS}_{i,t} \\
& + \beta_8 \text{VOLE}_{i,t-1} + \beta_9 \text{DAYS}_{i,t} + \beta_{10} \text{COVER}_{i,t-1} \\
& + \beta_{11} \text{DIRNUM}_{i,t-1} + \beta_{12} \text{INDR}_{i,t-1} + \beta_{13} \text{DUAL}_{i,t-1} \\
& + \beta_{14} \text{INST}_{i,t-1} + \beta_{15} \text{SOE}_{i,t-1} + \beta_{16} \text{ANNUAL}_{i,t} \\
& + \sum \text{IND} + \sum \text{YEAR} + \varepsilon_{i,t} \quad (6-4)
\end{aligned}$$

由表 6-8 可知，在这两种表征业绩预测难度的方法下，财务信息可比性与业绩预测难度的交互项 COMP × DIFC 的回归系数均显著为正，且在 1% 的水平上显著，表明在业绩预测难度较大的公司中，可比性对预测准确度的提升作用能在更大程度上得到发挥，即在预测难度较大的环境下,财务信息可比性对业绩预告准确度的促进作用会更强。这可能是由于:当管理层面临较大难度的预测环境时,需要获取包括行业信息在内的更多有用信息,管理层对行业信息的有效利用又依赖于公司间可比性的高低,这就会更加凸显可比性对业绩预测的作用。

表 6-8 业绩预测难度影响的检验结果

	是否年度预告 DIFC1		预告期长短 DIFC2	
	COMPM	COMPI	COMPM	COMPI
常数项	0.0038 (0.874)	0.0026 (0.5866)	0.0034 (0.7764)	0.0026 (0.6042)
COMP	0.1131*** (4.5845)	0.116*** (5.0916)	0.1003*** (3.8773)	0.1113*** (4.6414)
DIFC	-0.0028*** (-4.4027)	-0.0038*** (-7.0792)	-0.0013** (-2.0926)	-0.0024*** (-4.5634)
COMP×DIFC	0.2742*** (7.0336)	0.2522*** (6.8252)	0.2580*** (6.8115)	0.2204*** (6.1415)
SIZE	-0.0009*** (-3.8346)	-0.0009*** (-3.712)	-0.0008*** (-3.3502)	-0.0008*** (-3.305)
BM	-0.0097*** (-9.4297)	-0.0098*** (-9.5768)	-0.0098*** (-9.6035)	-0.0099*** (-9.6967)
ROE	0.0002 (0.2079)	0.0000 (-0.0066)	0.0000 (0.0444)	-0.0001 (-0.1219)
NEWS	0.0003 (0.8694)	0.0003 (0.8551)	0.0002 (0.813)	0.0002 (0.823)
VOLE	0.0000 (-0.8411)	0.0000 (-0.7263)	0.0000 (-0.9148)	0.0000 (-0.8015)
DAYS	-0.0001*** (-16.0694)	-0.0001*** (-15.9943)		
COVER	0.0007*** (3.4231)	0.0007*** (3.3106)	0.0006*** (2.9274)	0.0006*** (2.9269)

续表

	是否年度预告 DIFC1		预告期长短 DIFC2	
	COMPM	COMPI	COMPM	COMPI
DIRNUM	0.0003*** (2.8043)	0.0003*** (2.7758)	0.0002*** (2.6623)	0.0002*** (2.6572)
INDR	0.0161*** (5.0167)	0.0161*** (5.0199)	0.0155*** (4.8338)	0.0155*** (4.8265)
DUAL	0.0011** (2.5504)	0.0011*** (2.5787)	0.0010** (2.3612)	0.0010** (2.4304)
INST	0.0000 (−1.5135)	0.0000 (−1.5517)	0.0000 (−1.5023)	0.0000 (−1.5152)
SOE	0.0006* (1.6603)	0.0006* (1.6859)	0.0006* (1.6929)	0.0006* (1.6394)
ANNUAL			−0.0067*** (−21.4793)	−0.0067*** (−21.4793)
YEAR	控制	控制	控制	控制
IND	控制	控制	控制	控制
N	10449	10449	10449	10449
ADJ−R^2	16.11%	16.21%	16.15%	16.20%
F−value	49.946***	50.288***	50.077***	50.257***

注：括号里的数字为T统计量值，*、**、***分别表示在10%、5%和1%的统计水平上显著。

五、稳健性检验

（1）本章在构建业绩预告准确度变量时，将业绩预告的净利润视为合并报表上的公司净利润项目，但在实践中也有可能存在着部分上市公司发布的业绩预告是合并利润表上归属于母公司的净利润。为此，本章又以归属于母公司净利润为基础来构建业绩预告准确度变量重新进行回归,结果如表6-9所示,表6-9的第1列、第2列分别为均值可比性和中位数可比性对业绩预告准确度的回归结果,两种可比性的回归系数均在1%的水平下显著为正,这与前述表6-6的结果一致。表6-9的第3列、第4列为外部信息环境对财务信息可比性与业绩预告准确度之间关系的影响的回归结果,从中可知,两种可比性与外部信息环境的交互项COMP×EX_EN的回归系数均在1%的水平下显著为正,这与前述表6-6的结果相符。表6-9的第5~8列分别为两种内部信息环境下,均值可比性和中位数可比性对业绩预告准确度的影响的回归结果,可比性与内部信息环境交互项COMP×IN_EN的回归系数在1%的水平上显著为正,这与前述表6-7的回归结果一致。

(2) 前面实证研究中的解释变量财务信息可比性主要使用了均值可比性和中位数可比性,在稳健性检验部分,我们分别采取公司与行业内其他所有公司可比性最高的四对组合的平均值COMP4以及可比性最高的十对组合的平均值COMP10来度量公司的财务信息可比性,以验证财务信息可比性指标的稳定性。对模型(6-1)~模型(6-3)重新进行回归的结果如表6-10所示,其中第1列、第2列分别为可比性COMP4和COMP10对业绩预告准确度的回归结果,两种可比性的回归系数均在1%的水平下显著为正,这与前述表6-6的结果一致。表6-10的第3列、第4列为外部信息环境对财务信息可比性与业绩预告准确度之间关系的影响的回归结果,从中可知,两种可比性与外部信息环境交互项COMP×EX_EN的回归系数均在1%的水平下显著为正,这与前述表6-6的结果相符。表6-10的第5~8列分别为两种内部信息环境下,可比性COMP4和COMP10对业绩预告准确度的影响的回归结果,可比性与内部信息环境的交互项COMP×IN_EN的回归系数显著为正,这与前述表6-7的回归结果基本一致。

表6-9 改变业绩预告对象的稳健性检验

	1	2	3	4	5	6	7	8
	COMPM	COMPI	COMPM	COMPI	COMPM	COMPI	COMPM	COMPI
常数项	0.0059** (2.2263)	0.0049* (1.8486)	0.0014 (0.6036)	0.0003 (0.1287)	0.0057** (2.1386)	0.0047* (1.7774)	0.0058** (2.1782)	0.0049* (1.8211)
COMP	0.1431*** (11.381)	0.1365*** (11.8864)	0.0851*** (4.4305)	0.079*** (4.4079)	0.0581*** (3.1836)	0.0526*** (3.0904)	0.0619*** (3.4201)	0.0571*** (3.3885)
EX_EN			0.0015*** (3.7789)	0.0012*** (3.4882)				
COMP×EX_EN			0.0982*** (4.1307)	0.0970*** (4.3211)				
IN_EN					0.0018*** (4.4289)	0.0015*** (4.4744)	0.0017*** (4.2195)	0.0014*** (4.2312)
COMP×IN_EN					0.1191*** (4.7779)	0.1239*** (5.1989)	0.1137*** (4.5429)	0.1174*** (4.9008)
SIZE	-0.0006*** (-4.6738)	-0.0006*** (-4.5828)	-0.0004*** (-3.6961)	-0.0004*** (-3.5143)	-0.0007*** (-4.9419)	-0.0007*** (-4.7963)	-0.0007*** (-4.995)	-0.0007*** (-4.852)
BM	-0.0025*** (-4.0833)	-0.0026*** (-4.22)	-0.0029*** (-5.0002)	-0.0030*** (-5.1406)	-0.0028*** (-4.4384)	-0.0028*** (-4.546)	-0.0027*** (-4.4048)	-0.0028*** (-4.5162)

续表

	1	2	3	4	5	6	7	8
	COMPM	COMPI	COMPM	COMPI	COMPM	COMPI	COMPM	COMPI
ROE	0.0018*** (3.5357)	0.0017*** (3.3462)	0.0021*** (4.1632)	0.0020*** (4.0124)	0.0030*** (4.9077)	0.0029*** (4.7287)	0.0030*** (4.9452)	0.0029*** (4.759)
NEWS	0.0003* (1.9197)	0.0003* (1.9023)	0.0003** (1.9617)	0.0003* (1.9435)	0.0004** (2.0381)	0.0004** (2.0301)	0.0004** (2.0427)	0.0004** (2.0319)
VOLE	0.0000 (−0.4944)	0.0000 (−0.3915)	0.0000 (−0.7426)	0.0000 (−0.657)	0.0000 (−0.6793)	0.0000 (−0.5931)	0.0000 (−0.6512)	0.0000 (−0.5565)
DAYS	−0.0001*** (−25.2458)	−0.0001*** (−25.1689)	−0.0001*** (−25.092)	−0.0001*** (−24.946)	−0.0001*** (−24.9909)	−0.0001*** (−24.8877)	−0.0001*** (−25.0025)	−0.0001*** (−24.8992)
COVER	0.0003** (2.222)	0.0003** (2.1436)			0.0002* (1.6882)	0.0002 (1.6379)	0.0002* (1.7082)	0.0002* (1.6557)
DIRNUM	0.0002*** (2.7511)	0.0001*** (2.7175)	0.0002*** (2.7726)	0.0001*** (2.7367)	0.0002*** (3.0528)	0.0002*** (3.0089)	0.0002*** (3.0843)	0.0002*** (3.0402)
INDR	0.0092*** (4.7232)	0.0092*** (4.7464)	0.0089*** (4.5853)	0.0090*** (4.6076)	0.0098*** (5.0268)	0.0098*** (5.0622)	0.0099*** (5.0919)	0.0100*** (5.1349)
DUAL	0.0002 (0.7787)	0.0002 (0.8233)	0.0002 (0.8108)	0.0002 (0.8601)	0.0003 (1.1954)	0.0003 (1.2318)	0.0003 (1.2097)	0.0003 (1.2393)

续表

第六章 财务信息可比性与管理层业绩预告准确度

	1	2	3	4	5	6	7	8
	COMPM	COMPI	COMPM	COMPI	COMPM	COMPI	COMPM	COMPI
INST	0.0000** (2.1133)	0.0000** (2.0669)	0.0000** (2.3942)	0.0000** (2.367)	0.0000* (1.8251)	0.0000* (1.7929)	0.0000* (1.8382)	0.0000* (1.8081)
SOE	0.0003* (1.6557)	0.0003* (1.6879)	0.0003 (1.4214)	0.0003 (1.4241)	0.0003* (1.6501)	0.0003* (1.6772)	0.0003* (1.6734)	0.0003* (1.7027)
ANNUAL	-0.0042*** (-21.8942)	-0.0041*** (-21.9017)	-0.0042*** (-22.0031)	-0.0042*** (-22.0261)	-0.0040*** (-21.3715)	-0.0040*** (-21.3746)	-0.0040*** (-21.3672)	-0.0040*** (-21.3765)
YEAR	控制	控制	控制	控制	控制	控制	控制	控制
IND	控制	控制	控制	控制	控制	控制	控制	控制
N	10449	10449	10449	10449	10167	10167	10167	10167
ADJ-R^2	18.20%	18.29%	18.29%	18.39%	18.14%	18.23%	18.12%	18.21%
F-value	59.098	59.454	58.029	58.426	55.955***	56.289***	55.890***	56.199***

注：括号里的数字为 T 统计量值，*、**、*** 分别表示在 10%、5% 和 1% 的统计水平上显著。

表 6-10　改变可比性度量指标的稳健性检验

	1	2	3	4	5	6	7	8
	COMP4	COMP10	COMP4	COMP10	COMP4	COMP10	COMP4	COMP10
常数项	0.0057 (1.316)	0.0053 (1.224)	-0.0023 (-0.6281)	-0.003 (-0.8078)	0.0060 (1.364)	0.0054 (1.2319)	0.0064 (1.4536)	0.0058 (1.3202)
COMP	0.4295*** (9.791)	0.3651*** (10.4195)	0.1685** (2.5369)	0.1462*** (2.7879)	0.2769*** (4.4268)	0.2404*** (4.7712)	0.3157*** (5.1121)	0.2706*** (5.4539)
EX_EN			0.0016*** (3.7681)	0.0018*** (4.0195)				
COMP×EX_EN			0.4533*** (5.4255)	0.3794*** (5.8018)				
IN_EN					0.0012*** (3.2468)	0.0013*** (3.1995)	0.0008** (2.0204)	0.0008** (1.999)
COMP×IN_EN					0.2385*** (2.6041)	0.1853*** (2.6044)	0.1667* (1.8047)	0.1338* (1.8656)
SIZE	-0.0010*** (-4.5279)	-0.0010*** (-4.3336)	-0.0006*** (-3.2774)	-0.0006*** (-2.9768)	-0.0011*** (-4.6741)	-0.0010*** (-4.4733)	-0.0011*** (-4.7312)	-0.0010*** (-4.529)
BM	-0.0090*** (-8.8054)	-0.0092*** (-8.9436)	-0.0099*** (-10.141)	-0.0100*** (-10.3291)	-0.0097*** (-9.4184)	-0.0098*** (-9.5197)	-0.0096*** (-9.3359)	-0.0097*** (-9.4345)

续表

	1	2	3	4	5	6	7	8
	COMP4	COMP10	COMP4	COMP10	COMP4	COMP10	COMP4	COMP10
ROE	0.0007 (0.8654)	0.0006 (0.657)	0.0012 (1.3839)	0.0010 (1.1672)	0.0020** (1.9616)	0.0018* (1.736)	0.0019* (1.9293)	0.0017* (1.7049)
NEWS	0.0002 (0.8459)	0.0002 (0.84)	0.0003 (0.8751)	0.0003 (0.8755)	0.0002 (0.8167)	0.0002 (0.8133)	0.0002 (0.8236)	0.0002 (0.8208)
VOLE	0.0000 (−0.6415)	0.0000 (−0.5783)	0.0000 (−0.9845)	0.0000 (−0.9168)	0.0000 (−0.9477)	0.0000 (−0.9033)	0.0000 (−0.9588)	0.0000 (−0.9093)
DAYS	−0.0001*** (−15.9707)	−0.0001*** (−15.9503)	−0.0001*** (−15.5731)	−0.0001*** (−15.5499)	−0.0001*** (−15.5635)	−0.0001*** (−15.5375)	−0.0001*** (−15.5863)	−0.0001*** (−15.567)
COVER	0.0007*** (3.3982)	0.0007*** (3.3295)			0.0006*** (2.961)	0.0006*** (2.9328)	0.0006*** (2.9736)	0.0006*** (2.945)
DIRNUM	0.0003*** (3.0122)	0.0003*** (2.9647)	0.0003*** (3.0724)	0.0003*** (3.0029)	0.0003*** (3.2328)	0.0003*** (3.1943)	0.0003*** (3.3134)	0.0003*** (3.2785)
INDR	0.0164*** (5.1056)	0.0164*** (5.0955)	0.0159*** (4.9353)	0.0157*** (4.8938)	0.0173*** (5.392)	0.0173*** (5.3765)	0.0174*** (5.407)	0.0173*** (5.3978)
DUAL	0.0011*** (2.6257)	0.0011*** (2.612)	0.0011*** (2.7294)	0.0011*** (2.7179)	0.0011*** (2.6747)	0.0011*** (2.6833)	0.0011*** (2.6858)	0.0011*** (2.6929)

续表

	1	2	3	4	5	6	7	8
	COMP4	COMP10	COMP4	COMP10	COMP4	COMP10	COMP4	COMP10
INST	0.0000 (−1.2453)	0.0000 (−1.2753)	0.0000 (−0.9039)	0.0000 (−0.9381)	0.0000* (−1.7475)	0.0000* (−1.7829)	0.0000* (−1.769)	0.0000* (−1.804)
SOE	0.0005 (1.4772)	0.0005 (1.4614)	0.0004 (1.2984)	0.0004 (1.2994)	0.0004 (1.3019)	0.0004 (1.2994)	0.0005 (1.3543)	0.0005 (1.3496)
ANNUAL	−0.0068*** (−21.7993)	−0.0068*** (−21.815)	−0.0069*** (−21.9441)	−0.0069*** (−21.9708)	−0.0067*** (−21.2451)	−0.0067*** (−21.2522)	−0.0067*** (−21.2394)	−0.0067*** (−21.2465)
YEAR	控制	控制	控制	控制	控制	控制	控制	控制
IND	控制	控制	控制	控制	控制	控制	控制	控制
N	10449	10449	10449	10449	10167	10167	10167	10167
ADJ−R^2	15.70%	15.80%	15.85%	15.99%	15.77%	15.82%	15.71%	15.77%
F−value	49.640***	50.014***	49.002***	49.492***	47.415***	47.613***	47.221***	47.432***

注：括号里的数字为T统计量值，*、**、*** 分别表示在10%、5%和1%的统计水平上显著。

（3）在改变业绩预告对象值和可比性度量指标的条件下，预测难度对可比性与管理层业绩预告准确度之间关系影响的稳健性检验结果如表 6-11 所示。表 6-11 的前四列为以归属于母公司净利润为基础构建业绩预告准确度变量，重新对模型（6-4）进行回归的结果，由结果可知，两种财务信息可比性与两种预测难度的交互项 COMP×DIFC 的回归系数均在 1% 的水平上显著为正，这前述表 6-8 的结果一致，支持了前面的结论。表 6-11 的后四列为采用可比性 COMP4 和 COMP10 重新对模型（6-4）进行回归的结果，两种可比性与两种预测难度的交互项 COMP×DIFC 的回归系数均在 1% 的水平上显著为正，这前述表 6-8 的结果一致，同样支持了前面的结论。

（4）本章又对衡量内部信息环境的变量——盈余管理程度采用业绩调整模型（Kothari et al.，2005）估计的操纵性应计项来重新度量，为 IN_EN3，对模型（6-3）重新进行回归，结果如表 6-12 所示，发现在各种情况下，财务信息可比性与内部信息环境的交互项 COMP×IN_EN 的回归系数均显著为正，这一结果与前面研究结果保持一致。

（5）我们还改变了公司规模、公司业绩及账面市值比的度量方法，重复本章的所有研究，主要结果依然保持不变，限于篇幅，未予以列示。

表6-11　　业绩预测难度影响的稳健性检验

		业绩预告对象改变				可比性度量指标改变			
		DIFC1	DIFC1	DIFC2	DIFC2	DIFC1	DIFC1	DIFC2	DIFC2
		COMPM	COMPI	COMPM	COMPI	COMP4	COMP10	COMP4	COMP10
常数项		0.0051*	0.0043	0.0045*	0.0042	0.0055	0.005	0.0056	0.0051
		(1.93)	(1.6353)	(1.7286)	(1.5954)	(1.2642)	(1.1591)	(1.293)	(1.1839)
COMP		0.0755***	0.073***	0.0557***	0.0596***	0.2809***	0.2456***	0.2825***	0.2456***
		(5.0713)	(5.3043)	(3.5676)	(4.1194)	(5.4004)	(5.9289)	(5.1975)	(5.6682)
DIFC		-0.0013***	-0.0019***	-0.0017***	-0.0025***	-0.0057***	-0.0055***	-0.0041***	-0.0040***
		(-3.273)	(-5.9459)	(-4.4495)	(-7.9328)	(-15.0604)	(-14.0922)	(-11.0552)	(-10.2698)
COMP×DIFC		0.1978***	0.1854***	0.2115***	0.1859***	0.4513***	0.3580***	0.3614***	0.2909***
		(8.3997)	(8.3086)	(9.2505)	(8.5777)	(5.2947)	(5.3886)	(4.4026)	(4.5453)
SIZE		-0.0007***	-0.0006***	-0.0006***	-0.0006***	-0.0010***	-0.0010***	-0.0010***	-0.0009***
		(-4.7389)	(-4.6522)	(-4.013)	(-4.0219)	(-4.5574)	(-4.366)	(-4.2108)	(-4.0027)
BM		-0.0026***	-0.0027***	-0.0027***	-0.0028***	-0.0090***	-0.0092***	-0.0092***	-0.0093***
		(-4.1436)	(-4.2884)	(-4.4071)	(-4.4843)	(-8.8446)	(-8.9862)	(-8.9652)	(-9.1152)
ROE		0.0017***	0.0016***	0.0016***	0.0015***	0.0006	0.0004	0.0005	0.0003
		(3.3272)	(3.1154)	(3.0657)	(2.9107)	(0.7503)	(0.5213)	(0.5663)	(0.3941)

续表

	业绩预告对象改变				可比性度量指标改变			
	DIFC1 COMPM	DIFC1 COMPI	DIFC2 COMPM	DIFC2 COMPI	DIFC1 COMP4	DIFC1 COMP10	DIFC2 COMP4	DIFC2 COMP10
NEWS	0.0003* (1.8771)	0.0003* (1.8622)	0.0003* (1.8186)	0.0003* (1.8345)	0.0002 (0.8295)	0.0002 (0.8187)	0.0002 (0.8154)	0.0002 (0.8088)
VOLE	0.0000 (−0.5745)	0.0000 (−0.4636)	0.0000 (−0.6694)	0.0000 (−0.5647)	0.0000 (−0.6202)	0.0000 (−0.562)	0.0000 (−0.7408)	0.0000 (−0.6783)
DAYS	−0.0001*** (−25.3242)	−0.0001*** (−25.2434)			−0.0001*** (−16.0617)	−0.0001*** (−16.037)		
COVER	0.0003** (2.339)	0.0003** (2.2439)	0.0002 (1.5924)	0.0002 (1.639)	0.0007*** (3.4894)	0.0007*** (3.4307)	0.0006*** (3.1319)	0.0006*** (3.0354)
DIRNUM	0.0001*** (2.6602)	0.0001*** (2.6282)	0.0001** (2.436)	0.0001** (2.4339)	0.0003*** (2.9599)	0.0003*** (2.905)	0.0003*** (2.8574)	0.0003*** (2.7975)
INDR	0.0091*** (4.7135)	0.0091*** (4.7102)	0.0086*** (4.4471)	0.0086*** (4.422)	0.0164*** (5.0938)	0.0163*** (5.0833)	0.0159*** (4.9305)	0.0158*** (4.9072)
DUAL	0.0002 (0.8513)	0.0002 (0.8896)	0.0002 (0.603)	0.0002 (0.6893)	0.0011*** (2.6937)	0.0011*** (2.6774)	0.0011*** (2.5862)	0.0011** (2.5563)

续表

	业绩预告对象改变				可比性度量指标改变			
	DIFC1	DIFC1	DIFC2	DIFC2	DIFC1	DIFC1	DIFC2	DIFC2
	COMPM	COMPI	COMPM	COMPI	COMP4	COMP10	COMP4	COMP10
INST	0.0000** (2.073)	0.0000** (2.0264)	0.0000** (2.0774)	0.0000** (2.0663)	0.0000 (-1.261)	0.0000 (-1.2967)	0.0000 (-1.2881)	0.0000 (-1.3154)
SOE	0.0004* (1.7959)	0.0004* (1.8261)	0.0004* (1.8684)	0.0004* (1.7953)	0.0005 (1.5644)	0.0005 (1.555)	0.0005 (1.5124)	0.0005 (1.5173)
ANNUAL			-0.0040*** (-21.4187)	-0.0040*** (-21.4089)			-0.0067*** (-21.5077)	-0.0067*** (-21.5273)
YEAR	控制	控制	控制	控制	控制	控制	控制	控制
IND	控制	控制	控制	控制	控制	控制	控制	控制
N	10449	10449	10449	10449	10449	10449	10449	10449
ADJ-R^2	18.74%	18.82%	18.88%	18.88%	15.92%	16.03%	15.90%	16.01%
F-value	59.763***	60.067***	60.317***	60.321***	49.238***	49.634***	49.175***	49.588***

注：括号里的数字为T统计量值，*、**、*** 分别表示在10%、5%和1%的统计水平上显著。

表 6-12　改变内部信息环境指标的稳健性检验

	IN_EN3			
	COMP4	COMP10	COMPM	COMPI
常数项	0.0068 (1.5545)	0.0061 (1.4076)	0.0052 (1.1917)	0.0039 (0.877)
COMP	0.2440*** (3.944)	0.2192*** (4.5034)	0.1040*** (3.7139)	0.1093*** (4.1901)
IN_EN	0.0014*** (3.9403)	0.0015*** (3.9921)	0.0030*** (4.5869)	0.0024*** (4.4401)
COMP×IN_EN	0.3453*** (3.7075)	0.2733*** (3.7651)	0.1716*** (4.0648)	0.1610*** (3.9815)
SIZE	-0.0011*** (-4.8206)	-0.0011*** (-4.6129)	-0.0009*** (-4.1116)	-0.0009*** (-3.9617)
BM	-0.0097*** (-9.3661)	-0.0098*** (-9.4683)	-0.0102*** (-9.9099)	-0.0103*** (-10.0128)
ROE	0.0021** (2.0599)	0.0019* (1.8323)	0.0018* (1.7752)	0.0015 (1.5219)
NEWS	0.0002 (0.8047)	0.0002 (0.8082)	0.0003 (0.8531)	0.0002 (0.8433)
VOLE	0.0000 (-0.9848)	0.0000 (-0.9113)	0.0000 (-1.136)	0.0000 (-1.0464)
DAYS	-0.0001*** (-15.6527)	-0.0001*** (-15.6347)	-0.0001*** (-15.692)	-0.0001*** (-15.6144)
COVER	0.0006*** (2.9695)	0.0006*** (2.9372)	0.0006*** (2.9304)	0.0006*** (2.8674)
DIRNUM	0.0003*** (3.2468)	0.0003*** (3.2274)	0.0003*** (3.117)	0.0003*** (3.0924)
INDR	0.0173*** (5.3857)	0.0173*** (5.3842)	0.0170*** (5.2736)	0.0171*** (5.3229)
DUAL	0.0011*** (2.6743)	0.0011*** (2.6749)	0.0011** (2.5423)	0.0011** (2.5434)

续表

	IN_EN3			
	COMP4	COMP10	COMPM	COMPI
INST	0.0000* (-1.7557)	0.0000* (-1.7792)	0.0000** (-2.036)	0.0000** (-2.0641)
SOE	0.0004 (1.3045)	0.0004 (1.2859)	0.0005 (1.4389)	0.0005 (1.4473)
ANNUAL	-0.0067*** (-21.26)	-0.0067*** (-21.2708)	-0.0067*** (-21.2517)	-0.0067*** (-21.27)
YEAR	控制	控制	控制	控制
IND	控制	控制	控制	控制
N	10167	10167	10167	10167
ADJ-R^2	15.83%	15.89%	15.80%	15.88%
F-value	47.625***	47.838***	47.518***	47.802***

注：括号里的数字为 T 统计量值，*、**、*** 分别表示在10%、5%和1%的统计水平上显著。

第五节 本章小结

本章利用2006年一季度到2014年一季度我国A股上市公司业绩预告的相关数据，研究了财务信息可比性对业绩预告准确度的作用机制，以及公司的内外部信息环境对这两者关系的调节效应，此外还考察了业绩预测难度对财务信息可比性与业绩预告准确度之间关系的影响。研究发现：（1）随着公司财务信息可比性的提高，管理层业绩预告的准确度得到了显著提高；（2）财务信息可比性对业绩预告准确度的促进作用还受公司外部信息环境和内部信息环境的影响，良好的公司外部信息环境和内部信息环境均能够增强财务信息可比性与业绩预告准确度之间的正向关系；（3）在业绩预测难度较大的情况下，财务信息可比性对业绩预告准确度的提升作用能够得到更大程度的发挥。本章的研究结果表明，可比性作为有用财务信息的一个重要质量特征，不仅有助于投资者和债权人做出合理的资本配置决策，提高资本配置效率，而且还能够帮助管理层更好地预测未来业绩，提高了盈余预测的准确度，进而提高了上市公司的信息披露质量。

本章的研究具有重要的理论意义与现实意义。第一，本章首次发现财务信息可比性这一信息基础是影响管理层业绩预告准确度的一个重要变量，突破了以往主要从管理层动机来分析管理层业绩预告准确度的研究。第二，本章拓展了财务信息可比性的研究范围，将可比性的研究拓展到对管理层业绩预测行为的影响，揭示了财务信息可比性影响业绩预测质量的机理并提供了经验证据。第三，本章从可比性的视角，为公司会计信息质量服务于管理层的决策提供了经验证据，有利于深化准则制定者和理论研究者对会计信息决策有用性的认知，同时也为公司管理层和监管机构提高公司业绩预测质量，进而更好地服务于资本市场发展提供了有价值的政策建议，即从内部和外部两个层面改善公司的信息环境。内部信息环境层面，公司应提高会计信息的质量，为包括管理者在内的决策者提供更为相关、可靠和可比的会计信息。外部信息环境层面，基于证券分析师在行业分析方面的优势，监管机构应鼓励和扶持证券分析师行业的发展，不断丰富我国上市公司的外部信息环境。

财务信息可比性
及其业绩预测
效应研究

Chapter 7

第七章　财务信息可比性与管理层
　　　　业绩预告乐观偏差

第七章 财务信息可比性与管理层业绩预告乐观偏差

本章研究了公司的财务信息可比性是否影响管理层业绩预告的乐观偏差。以 2005～2013 年中国 A 股披露了年度业绩预告的上市公司为样本,研究发现财务信息可比性越高的公司,其管理层业绩预告乐观偏差越小,财务信息可比性对业绩预告乐观偏差的抑制作用在较差的信息环境和较低的监督环境下更强。进一步分析表明,会计准则国际趋同提高了财务信息可比性,进而降低了管理层业绩预告的乐观偏差。研究结果说明会计准则国际趋同提高了财务信息可比性,并通过可比性这一财务信息质量特征间接影响了公司的信息披露行为,丰富了会计准则国际趋同的经济后果和财务信息决策有用观的研究文献。

第一节 引 言

财务信息可比性是一个重要的财务信息质量特征,增强了财务信息的有用性（FASB,2010）,能够促进财务信息实现财务报告的目标（Barth,2013）。IASB 的概念框架指出可比性是财务报告信息的质量特征,它能够帮助信息使用者分辨出不同公司财务业绩的相似和不同之处。财务信息可比性对于资本市场的股权投资者和债权投资人尤为重要,因为可比性有助于他们对不同的投资机会进行合适的比较,分析投资的机会成本,从而做出最优的资本配置决策。鉴于此,IASB、FASB 以及中国企业会计准则委员会（CAS）等准则制定机构在概念框架或基本准则中给予了可比性应有的关注,将可比性作为重要的会计信息质量特征。

虽然财务信息可比性在 IASB 和 FASB 这些准则制定机构看来如此重要,但可比性经济后果的经验研究却明显缺乏（Schipper,2003; Kim et al.,2016）,现有文献仅考虑到可比性在分析师预测行为、债务风险判断、股价暴跌风险以及公司估值等方面的作用。De Franco 等（2011）研究了财务信息可比性对证券分析师盈余预测行为的影响,发现可比性越高的公司,跟随它的证券分析师越多,这些分析师所做的盈余预测具有更高的准确度和更低的分歧度。Kim等(2015)分析了可比性对债务市场的公司债务风险的影响。Kim等(2016)发现财务信息可比性降低了公司的股价暴跌风险。Young和Zeng(2015)认为与同行具有越高可比性的公司,其参考同行公司进行的估值准确度越高。

本章从管理层业绩预告质量的角度来考察财务信息可比性的经济后果。为保护投资者利益,保障广大投资者获取公司关键业绩预测信息的及时性和公平性,自1998年我国开始设立业绩预告制度,由管理层在规定事项出现时强制披露或者由管理层自愿披露。业绩预告作为管理层传递给投资者前瞻性业绩信息的重要渠道,既有研究发现业绩预告(也称为管理层盈余预测)对公司股价、资本成本、盈余管理、法律风险、分析师和投资者行为等方面有着广泛的影响(Nagar et al.,2003;Coller and Yohn,1997;Kasznik,1999;Field et al.,2005;Cotter et al.,2006)。虽然大量学者对管理层发布盈余预测的影响因素和经济后果做出了较多的探索,但是关于管理层盈余预测特征的研究明显偏少(Hirst et al.,2008),而管理层盈余预测的有用性很大程度上取决于业绩预告的质量,如本章所要研究的业绩预告乐观偏差问题。业绩预告乐观偏差是指管理层对未来一定期间的业绩预测值高于真实值的差额,反映了管理层业绩预测存在乐观的"偏见"程度。如果管理层业绩预告的乐观偏差高,则推迟了公司坏消息的公之于世,相当于管理层具有隐藏坏消息的能力,表明管理层没有尽职地履行对股东的受托责任。基于财务信息可比性有利于降低管理层隐藏坏消息的动机和能力(Kim et al.,2016),本章关注的问题就是,财务信息可比性能否降低管理层业绩预告的乐观偏差?

除了可比性在分析师预测行为、债务风险判断、股价暴跌风险以及公司估值等方面的作用研究外,其他关于可比性的研究主要集中在会计准则国际趋同是否提高了可比性的问题上(De Fond et al.,

2011；Barth et al.，2012；Yip and Young，2012；Wang，2014），而中国2006年新企业会计准则实现了与国际会计惯例的趋同（楼继伟，2006），我国企业会计准则体系在整体框架、内涵和实质上实现了国际趋同，并得到了有效实施（刘玉廷，2007），那么我国2006年新会计准则的国际趋同是否带来了财务信息可比性的提高，尚无经验证据。

为回答上述问题，本章采用了De Franco等（2011）的财务信息可比性度量方法，以披露了2005~2013年度业绩预告的沪深A股上市公司为样本，研究了公司的财务信息可比性与管理层业绩预告的乐观偏差之间的关系，并进一步考察了2006年新会计准则的国际趋同是否提高了财务信息可比性，并通过这一渠道影响了管理层的信息披露行为。本章研究发现，可比性越高的公司，其管理层业绩预告的乐观偏差越小，这一抑制作用在分析师跟随较少的信息环境下，以及机构投资者持股比例较低和媒体关注较少的监督环境下有所强化。以2006企业会计准则实施作为影响财务信息可比性的外生事件，我们的分析表明2006企业会计准则的实施提高了上市公司的财务信息可比性，并在一定程度上通过提高财务信息可比性进而降低了管理层业绩预告的乐观偏差。

首先，本章丰富了财务信息可比性的经济后果研究，为公司财务信息作用于公司管理层的行为提供了经验证据，加深了我们对财务信息贯穿于管理层决策机理的理解。其次，本章研究了管理层业绩预告的乐观偏差这一预测特征，回应了Hirst等（2008）的呼吁，丰富了管理层盈余预测领域的研究文献。再次，本章也为Kim等（2016）的发现提供了直接的证据支持，表明财务信息可比性有利于降低管理层业绩预告乐观偏差这类坏消息的隐藏动机和能力。最后，本章的研究丰富了2006企业会计准则的经济后果文献，为新准则国际趋同通过提高财务信息可比性进而影响管理层的信息披露行为提供了经验证据。

后面的结构安排如下：第二节为文献回顾及假设提出；第三节为研究设计，包括数据来源、检验模型以及变量定义；第四节是实证结果分析；第五节是本章小结。

第二节　文献回顾与研究假设

一、文献回顾

管理层盈余预测乐观偏差是指管理层对未来一定期间的业绩预测值高于真实值的差额，反映了管理层业绩预测存在乐观的"偏见"程度。既有研究发现公司处于财务困境或面临较高财务风险时，管理层盈余预测呈现较高的乐观偏差。McNichols（1989）、Frost（1997）以及Koch（2002）的研究均发现，当公司处于财务困境时，管理层在对盈余进行预测时表现得过于乐观，盈余预测的乐观偏差越大，这是因为自身职业的利害关系可能会导致处于财务困境的公司管理层在盈余预测时表现得更为激进，希望具有乐观偏差的盈余预测能够延迟到业绩提高以避免他们被更换（McNichols，1989）。基于中国上市公司的数据，周晓苏和高敬忠（2009）也发现，相对于低财务风险公司的管理层，高财务风险公司的管理层盈余预测时在态度倾向上表现得更为乐观，其盈余预测有着更大的乐观偏差。

内部人私利也可能是盈余预测存在较高乐观偏差的原因。Irani（2003）通过分析财务困境公司发现，内部人抛售股份的金额与公司盈余预测乐观偏差存在显著的正相关关系。Beniluz（2006）研究也发现，当管理者出售所持本公司股份时，偏好高估盈余预测，而其买入股份对盈余预测乐观偏差没有显著影响。鉴于美国资本市场较为严格的法律监管以及较强的外部股东诉讼力量这一制度背景下，Rogers和Stocken（2005）发现，基于内部人交易动机而发布具有乐观偏差的盈余预测，只有当市场识别管理者这一策略较为困难时才成立。

　　管理层也有为调低市场预期的动机，而更倾向发布不具有乐观偏差的盈余预测（Matsumoto，2002；Cotter et al.，2006；Bergman and Roychowdhury，2008）。当市场对公司业绩存在较高的期待时，管理层发布"悲观"的盈余预测以降低投资者的市场预期。虽然这种行为短期内给市场提供了"坏消息"，但是这一非乐观偏差的预测建立了较低的市场预期水平，使得正式财务报告的盈余更容易超过或达到这一预测值，带来了未来的"好消息"。市场预期与管理层盈余预测乐观偏差的这一关系又受到预测期长短的影响，Bergman 和 Roychowdhury（2008）发现在较长的预测期窗口，如果分析师一致性预测较为乐观，公司并不会去降低这一市场预期。但当短期内分析师一致性预期较为乐观时，管理层倾向于发布"悲观"的盈余预测，以降低市场预期。基于我国资本市场证据，王俊秋等（2013）发现为了修正投资者对未来业绩的悲观预期，管理层业绩预告的乐观偏差更大。

　　此外，研究者还从公司治理以及管理层过度自信等方面考察了其对管理层盈余预测乐观偏差的影响。既有研究发现独立董事比例、机构投资者持股比例及董事会规模与管理层盈余预测乐观偏差负相关（Ajinkya et al.，2005；Karamanou and Vafeas，2005），既有文献还发现过度自信的管理层倾向于发布具有乐观偏差的盈余预测（Hribar and Yang，2016）。

　　已有研究主要从公司的财务风险、管理层内部交易动机、诉讼风险、市场预期、预测期长短、公司治理机制、管理层过度自信等角度来考察对管理层盈余预测乐观偏差的影响（McNichols，1989；Frost，1997；周晓苏和高敬忠，2009；Irani，2003；Beniluz，2006；Rogers and Stocken，2005；Matsumoto，2002；Cotter et al.，2006；Bergman and Roychowdhury，2008；王俊秋等，2013；Ajinkya et al.，2005；Karamanou and Vafeas，2005；Hribar and Yang，2016）。然而，上述

文献主要从管理层业绩预告的自利行为和外部约束机制入手，并没有从公司管理层在做出业绩预告决策时所能获得的信息质量方面考虑，而基于经典财务报表分析教材的范式（姜国华，2008），公司业绩的预测会涉及与其他公司财务数据的对比分析，这就需要公司的财务报表具有可比性。因此，本章基于管理层所能获得信息质量的角度，研究财务信息可比性与公司管理层业绩预告乐观偏差的关系，能够弥补现有文献的缺失，为公司财务信息作用于公司管理层的行为提供经验证据，加深我们对财务信息贯穿于管理层决策机理的理解。

二、研究假设

基于经典的信息披露分析框架，管理层披露行为取决于管理层拥有信息披露的能力和披露信息的动机（Healy and Palepu，2001）。管理层披露具有乐观偏差特征的业绩预告，从管理层拥有的业绩预告能力来看，主要是指管理层业绩预告时所获得信息的质量，作为会计信息重要的质量特征之一，会计信息可比性与管理层的业绩预告能力密切相关。如果公司的会计信息可比性不高，则意味着公司与行业其他公司发展状况不具有可比性，导致预测公司在行业中的竞争优势和行业发展趋势变得困难，进而无法准确地预测公司未来的业绩。既有研究发现可比性越高的公司，其业绩预告的准确度越高，因此，公司财务信息可比性越高，其管理层控制业绩预告乐观偏差的能力越强，更可能发布乐观偏差程度较低的业绩预告。

另外，由于具有乐观偏差的管理层业绩预告能够帮助管理层谋取内部人私利，例如，Irani（2003）发现内部人抛售股份的金额与公司盈余预测乐观偏差存在显著的正相关关系。Beniluz（2006）研究发现，当管理者出售所持本公司股份时，偏好高估盈余预测，而其买入股份对盈余预测乐观偏差没有显著影响。因此，管理层有动机披露具有乐观偏差的业绩预告。但是，投资者可能会借鉴可比的同行企业来判断目标公司的真实业绩情况，进而做出合理的投资决策。在这种情况下，财务信息可比性越高的公司，其同行企业财务信息供投资者参考使用进而对目标公司真实业绩知晓程度越高。而这一外部信息竞争机制可能会抑制管理层的乐观动机，约束了管理层披露乐观偏差程度较高的业绩预告。

基于管理层能力和动机两个角度分析表明，在给定公司发布业绩预告的情况下，可比性高的公司，其管理层具有披露不具有乐观偏差业绩预告的能力和不披露具有乐观偏差业绩预告的动机，据此，我们提出本章的假设：

H7-1：保持其他条件不变，可比性越高的公司，其业绩预告的乐观偏差越低。

第三节 研究设计

一、样本选取和数据来源

由于财务信息可比性指标的计算需要连续 16 个季度的业绩数据，我国自 2002 年才开始强制披露季度财务报告，也即财务信息可比性最早可获得公司年度数据为 2005 年。因此，本章选取了 2005～2013 年发布了年度业绩预告的沪深 A 股上市公司为研究样本，并根据研究需要剔除了金融行业样本和其他控制变量缺失样本。最终获取了 3813 个有效观测值作为研究样本。样本年度行业分布如表 7-1 所示，在样本年度分布上，2005～2013 年样本由 220 家增加到 607 家，增速明显，一方面可能是我国股票市场上市公司数量越来越多的原因；另一方面也是证券监管部门投资者保护意识越来越强，对上市公司业绩预告披露管制趋严的结果。在行业分布上，制造业占比达到 67.85%，基本符合我国 A 股市场的制造业占据绝大比例的分布情况。本章的业绩预告数据为来自 RESSET 金融研究数据库,其他数据均来自 CSMAR 数据库。

表 7-1　　　　　　　　业绩预告年度分布

	2005 年	2006 年	2007 年	2008 年	2009 年	2010 年	2011 年	2012 年	2013 年	合计
制造业	144	170	254	255	303	305	326	404	426	2587
非制造业	76	94	161	141	156	137	120	160	181	1226
合计	220	264	415	396	459	442	446	564	607	3813

二、模型设计和变量定义

本章采用 De Franco 等 (2011) 的方法来度量上市公司会计信息可比性。De Franco 等 (2011) 把可比性定义为会计系统使经济业务转化为会计信息的功能相似性,会计系统则为公司经济业务生成财务报表的转换过程,给定相同经济业务,如果两个公司 i 和 j 生成了相似的财务报表,则两个公司的会计系统具有较大可比性,也即两公司间的会计信息可比性较强。具体而言,用股票收益代表经济业务对公司的净影响,用会计盈余代表公司的会计信息,使用公司 i 第 t 期前连续 16 个季度的数据,以会计盈余 ($Earnings_{it}$) 为因变量,以季度股票收益 ($Return_{it}$) 为自变量进行回归来估算公司 i 第 t 期的会计系统,见式 (7-1),用同样的方法估计出公司 j 第 t 期的会计系统。两个公司间会计系统的相近程度表示会计信息可比性,为了估计这种相近程度,用相同的经济事项 (用 $Return_{it}$ 来表示,不失一般性也可以用公司 j 的收益 $Return_{jt}$ 来表示) 代入各自公司的会计系统函数中,得到各自的预期盈余,见式 (7-2) 和式 (7-3)。定义公司 i 和公司 j 的会计信息可比性 $COMP_{ijt}$ 为两公司预期盈余差异的绝对值平均数的相反数,见式 (7-4),该值越大表示两公司间的会计信息可比性越强。

第七章 财务信息可比性与管理层业绩预告乐观偏差

$$\text{Earnings}_{it} = \alpha_i + \beta_i \text{Return}_{it} + \varepsilon_{it} \quad (7-1)$$

$$E(\text{Earnings})_{iit} = \alpha_i + \beta_i \text{Return}_{it} \quad (7-2)$$

$$E(\text{Earnings})_{ijt} = \alpha_j + \beta_j \text{Return}_{it} \quad (7-3)$$

$$\text{COMP}_{ijt} = -1/16 \times \sum_{t-15}^{t} \left| E(\text{Earnings})_{iit} - E(\text{Earnings})_{ijt} \right| \quad (7-4)$$

本章构建了模型（7-5）来检验前面提出的假设，如下：

$$\begin{aligned}
\text{OPTIMISM} = & \beta_0 + \beta_1 \text{COMP} + \beta_2 \text{SIZE} + \beta_3 \text{BM} + \beta_4 \text{LEV} + \beta_5 \text{EPS} \\
& + \beta_6 \text{GROWTH} + \beta_7 \text{COVER} + \beta_8 \text{ANOPTIM} + \beta_9 \text{LENGTH} \\
& + \beta_{10} \text{BIG4} + \beta_{11} \text{SOE} + \beta_{12} \text{DUAL} + \beta_{13} \text{INDDIR} \\
& + \beta_{14} \text{INSTPCT} + \sum \text{YEAR} + \sum \text{IND} + \varepsilon \quad (7-5)
\end{aligned}$$

在模型中，OPTIMISM 表示公司管理层业绩预告的乐观偏差，借鉴 Ajinkya 等（2005）对管理层盈余预测乐观偏差的定义，我们将管理层业绩预告中的每股收益预测值减去真实的每股收益，再用差额除以期初每股股价，该值越大，则表示业绩预告乐观偏差越大。可比性 COMP 分别用公司 i 与行业内其他公司可比性最高的四对组合的平均值 COMP4 以及所有可比性组合的中位数 COMPI 来表示。

控制变量方面，既有研究发现公司的外部董事比例越高、机构投资者持股比例越高、董事会人数越多以及预测期间越短，其管理层业绩预测乐观偏差越小（Ajinkya et al., 2005；Karamanou and Vafeas, 2005），为此我们控制了独立董事在董事会占比 INDDIR、机构投资者持股比例 INSTPCT 以及预测期长度 LENGTH 等变量。既有研究发现分析师预测行为和公司的所有权性质会影响公司的业绩预告披露行为（Ajinkya et al., 2005；Bamber et al., 2010；罗炜和朱春艳，2010），可能对公司的业绩预告乐观偏差产生影响，为此我们控制了公司分析师跟随数量 COVER、分析师预测乐观偏差 ANOPTIM 以及公司所有权性质变量 SOE。

最后，参考既有研究，我们还控制了公司规模 SIZE、账面市值比 BM、资产负债率 LEV、是否四大审计师 BIG4、公司业绩变动 EPS 以及公司营业收入增长率 GROWTH 等变量（Ajinkya et al., 2005; Karamanou and Vafeas, 2005; Bamber et al., 2010）。此外，由于业绩预告是公司高层决策的披露行为，因此，我们还控制了董事长和总经理两职合一（DUAL）这一变量。各变量具体定义见表 7-2。

表 7-2　　　　　　　　　　变量定义

变量名称	变量标识	定义及计算公式
因变量		
业绩预告乐观偏差	OPTIMISM	（每股收益计划值－每股收益的实际值）/期初每股股价，该值越大表示管理层业绩预告的乐观偏差程度越高
解释变量		
财务信息可比性	COMP	分别用公司 i 与行业内其他公司可比性最高的四对组合的平均值 COMP4 以及所有组合的中位数 COMPI 来表示
控制变量		
公司规模	SIZE	公司总资产的自然对数
账面市值比	BM	公司总资产除以公司总市值
资产负债率	LEV	公司负债总额占总资产的比例
每股收益变化值	EPS	年度每股收益与上一年度每股收益的差异
营业收入增长率	GROWTH	（营业收入－上一年营业收入）/上一年营业收入
分析师跟踪数量	COVER	年度内发布盈余预测的分析师数量
分析师预测乐观偏差	ANOPTIM	（分析师每股收益的预测均值－每股收益实际值）/期初每股股价
预测期长度	LENGTH	年度业绩预告披露日与预测对应期间截止日之间的天数
是否四大审计师	BIG4	审计师为国际四大会计事务所则取值为 1，否则为 0
所有权性质	SOE	实际控制人为国有，则取值为 1，否则取值为 0

续表

变量名称	变量标识	定义及计算公式
董事长和总经理两职合一	DUAL	公司董事长和总经理为同一人取值为1，否则为0
独立董事比例	INDDIR	公司独立董事人数在董事会人数中的占比
机构投资者持股比例	INSTPCT	机构投资者持股占公司总股本的比例
年度控制变量	YEAR	属于该年度时取1，否则取0
行业控制变量	INDUSTRY	采用证监会2012年行业分类，制造业按二级代码分类，属于该行业时取值为1，否则取0

第四节　实证结果与分析

一、描述性统计分析

表7-3为主要变量的描述性统计结果。为了控制极端值的影响，我们对连续变量上下1%分位进行了Winsorize处理。管理层业绩预告乐观偏差OPTIMISM的1%分位为-3.8%，99%分位为5.5%，表明不同上市公司的管理层业绩预告乐观偏差存在较大的差异。在样本公司中，可比性COMP4均值为-0.3%，99%分位和1%分位分别为0和-2.1%，差异非常明显。此外，从管理层业绩预告的预测期长度LENGTH来看，1%分位为-90天，25%分位为-25天，中位数为-6天，而99%分位为77天，说明管理层业绩预告发布日最晚为3月17日左右，而绝大部分公司的管理层业绩预告发布时间早于当年的12月31日。这说明，大部分公司在发布年度每股收益的业绩预告时，会计年度数据尚未核算完成，管理层对未来业绩估计，在没有可比财务信息的支撑和制约下，较高程度的乐观偏差也会随之显现。

表7-3　　　　　　　　　　变量描述性统计

变量名称	样本量	平均值	标准差	1%分位	25%分位	中位数	75%分位	99%分位
OPTIMISM	3813	0.001	0.011	-0.038	-0.002	0.000	0.002	0.055
COMP4	3813	-0.003	0.003	-0.021	-0.004	-0.002	-0.001	0.000
COMPI	3813	-0.010	0.006	-0.036	-0.012	-0.009	-0.007	-0.003
SIZE	3813	22.389	1.051	20.205	21.651	22.273	22.974	25.481
BM	3813	0.649	0.249	0.144	0.456	0.649	0.854	1.198
LEV	3813	0.508	0.189	0.077	0.373	0.526	0.651	0.884
EPS	3813	0.011	0.299	-0.110	-0.011	0.007	0.021	0.165
GROWTH	3813	0.217	0.513	-0.607	-0.031	0.132	0.332	3.246
COVER	3813	6.581	8.787	0.000	0.000	3.000	9.000	38.000
ANOPTIM	3813	0.467	0.437	0.000	0.000	0.455	1.000	1.000
LEGNTH	3813	18.384	46.425	-90.000	-25.000	-6.000	66.000	77.000
BIG4	3813	0.061	0.240	0.000	0.000	0.000	0.000	1.000
STATE	3813	0.589	0.492	0.000	0.000	1.000	1.000	1.000
DUAL	3813	0.156	0.362	0.000	0.000	0.000	0.000	1.000
INDDIR	3813	0.364	0.049	0.273	0.333	0.333	0.375	0.556
INSTPCT	3813	0.071	0.105	0.000	0.007	0.035	0.091	0.558

二、相关性分析

表7-4为主要变量的Pearson相关性分析结果。如表7-4所示，管理层业绩预告乐观偏差OPTIMISM与财务信息可比性COMP4和COMPI呈显著的负相关关系，符合我们对假设7-11的预期。除预测期长度LEGNTH和四大审计师BIG4与业绩预告乐观偏差OPTIMISM没有呈现显著的相关性外，其他变量与OPTIMISM均显著相关。当然相关性分析由于没有控制其他因素的影响，还需进一步的分析。主要自变量之间相关系数绝大多数都远小于0.5，说明多重共线性问题不严重，这为后续多元回归分析结果的可靠性提供一定程度的保证。

表 7-4 相关性分析

	OPTIMISM	COMP4	COMPI	SIZE	BM	LEV	EPS	GROWTH	COVER	ANOPTIM	LEGNTH	BIG4	STATE	DUAL	INDDIR
OPTIMISM	1.000														
COMP4	-0.044	1.000													
COMPI	-0.052	0.778	1.000												
SIZE	-0.146	-0.127	-0.172	1.000											
BM	0.079	-0.169	-0.214	0.082	1.000										
LEV	0.077	-0.202	-0.278	0.289	0.379	1.000									
EPS	-0.133	-0.062	-0.070	0.067	-0.001	-0.001	1.000								
GROWTH	-0.200	0.030	0.008	0.161	-0.048	0.061	0.029	1.000							
COVER	-0.083	0.019	0.012	0.575	-0.132	-0.048	0.019	0.109	1.000						
ANOPTIM	0.152	0.072	0.126	0.177	0.003	-0.020	-0.042	-0.023	0.244	1.000					
LEGNTH	0.013	0.051	0.058	-0.112	-0.096	-0.184	-0.003	0.016	0.076	0.109	1.000				
BIG4	-0.029	-0.147	-0.185	0.297	0.134	0.046	0.000	0.013	0.200	0.002	-0.032	1.000			
STATE	-0.074	-0.117	-0.159	0.191	0.212	0.205	-0.015	0.032	-0.008	-0.049	-0.195	0.051	1.000		
DUAL	0.064	0.085	0.102	-0.066	-0.125	-0.082	-0.011	-0.044	0.030	0.055	0.111	-0.037	-0.228	1.000	
INDDIR	0.023	0.034	0.057	0.048	-0.055	-0.032	-0.005	-0.008	0.028	0.036	-0.006	0.009	-0.076	0.091	1.000
INSTPCT	-0.082	-0.005	0.006	0.175	-0.046	-0.032	0.006	0.073	0.219	0.095	0.026	0.080	0.091	-0.016	-0.060

注：表格为 Pearson 相关性系数，表明在 1% 的水平上显著相关。

三、多元回归分析

表 7-5 为财务信息可比性与管理层业绩预告乐观偏差之间关系的 OLS 回归结果,在控制了其他变量的条件下,财务信息可比性不论采用前四位组合均值 COMP4 还是中位数可比性 COMPI,均在 1% 的统计水平上显著地影响了管理层业绩预告的乐观偏差,也即,样本公司的可比性越高,其管理层和外部信息使用者利用同行可比信息来预测公司未来业绩的能力越强,外部信息使用者对管理层乐观预测的压力越大,两者共同作用下降低了管理层业绩预告的乐观偏差,支持了本章的假设 7-1。

表 7-5　财务信息可比性与管理层业绩预告乐观偏差

	COMP4	COMPI
截距	0.0300*** (5.1947)	0.0295*** (5.1384)
COMP	-0.2601*** (-4.5891)	-0.2155*** (-6.5335)
SIZE	-0.0015*** (-5.918)	-0.0016*** (-6.0528)
BM	-0.0010 (-1.0537)	-0.0008 (-0.8835)
LEV	0.0084*** (7.6914)	0.0080*** (7.2929)
EPS	-0.0041*** (-7.1742)	-0.0041*** (-7.2986)
GROWTH	-0.0033*** (-9.703)	-0.0033*** (-9.5444)
COVER	0.0000 (-0.1567)	0.0000 (-0.3005)

续表

	COMP4	COMPI
ANOPTIM	0.0044***	0.0046***
	(10.5268)	(10.8708)
LEGNTH	0.0000	0.0000
	(-0.8231)	(-0.8763)
BIG4	0.0005	0.0003
	(0.6869)	(0.3982)
STATE	-0.0015***	-0.0016***
	(-3.8877)	(-3.9384)
DUAL	0.0010*	0.0010**
	(1.9557)	(1.9685)
INDDIR	0.0043	0.0045
	(1.2315)	(1.2846)
INSTPCT	-0.0054***	-0.0053***
	(-3.198)	(-3.1589)
YEAR	Control	Control
INDUSTRY	Control	Control
N	3813	3813
ADJ-R^2	14.44%	14.93%
F-value	11.377***	11.789***

注：括号中的数字是公司层面 Cluster 效应调整后的 T 值，*、**、*** 分别表示在 10%、5% 和 1% 的统计水平上显著。

公司特征的控制变量方面，公司规模 SIZE 越大、公司业绩增长 EPS 越多、公司营业收入增长 GROWTH 越快，管理层业绩预告的乐观偏差程度越低，说明公司规模越大以及业绩增长较快的公司，在公司治理水平一定的情况下，管理层有较高的运营能力，这会在一定程度上降低管理层业绩预告乐观偏差。公司资产负债率 LEV 越高，说明公司财务风险水平较高，这会加大企业未来发展的不确定，进而会增强管理层业绩预告的乐观偏差程度，这与既有研究结论一致（McNichols, 1989；Frost, 1997；Koch, 2002）。公司治理控制变量方面，相对于董事长和总经理两职分离的公司（DUAL 取值为 0），董事长和总经理两职合一的公司，其管理层拥有更大的权利配置，更容易产生乐观自大的预期，从而带来了较高程度的业绩预告乐观偏差。机构投资者比率 INSTPCT 与业绩预告乐观偏差在 1% 的统计水平上与管理层业绩预告乐观偏差显著负相关，说明机构投资者具有一定的治理能力，约束了管理层过度乐观的披露动机，这与 Ajinkya 等（2005）结论一致。

四、稳健性检验

为了使研究结果更为稳健，本章进行了如下稳健性检验：

（1）为了缓解不随时间变化的遗漏变量问题，我们采用了变化模型，如模型（7-6）所示。我们对模型（7-5）中的因变量和自变量取前后两期的差值，然后重新回归。回归结果如表 7-6 所示，不论采用财务信息可比性 COMP4 还是 COMPI 的变化值，财务信息可比性的提高，带来了管理层业绩预告乐观偏差的下降。

$$\begin{aligned}\Delta OPTIMISM = &\beta_0 + \beta_1 \Delta COMP + \beta_2 \Delta SIZE + \beta_3 \Delta BM + \beta_4 \Delta LEV \\ &+ \beta_5 \Delta EPS + \beta_6 \Delta GROWTH + \beta_7 \Delta COVER \\ &+ \beta_8 \Delta ANOPTIM + \beta_9 \Delta LENGTH + \beta_{10} \Delta BIG4 \\ &+ \beta_{11} \Delta SOE + \beta_{12} \Delta DUAL + \beta_{13} \Delta INDDIR + \beta_{14} \Delta INSTPCT \\ &+ \sum YEAR + \sum IND + \varepsilon \end{aligned} \quad (7-6)$$

表 7-6　　　可比性与管理层业绩预告乐观偏差

	$\Delta COMP4$	$\Delta COMPI$
截距	0.0008 (0.3670)	0.0004 (0.1856)
$\Delta COMP$	-0.2993** (-2.3533)	-0.3519*** (-4.2546)
$\Delta SIZE$	0.0019 (1.6214)	0.0020* (1.7488)

续表

	ΔCOMP4	ΔCOMPI
ΔBM	-0.0022 (-0.8636)	-0.0017 (-0.6694)
ΔLEV	-0.0028 (-0.7749)	-0.0036 (-0.9943)
ΔEPS	-0.0869*** (-17.6224)	-0.0866*** (-17.6323)
ΔGROWTH	0.0002 (0.4501)	0.0002 (0.4519)
ΔCOVER	0.0001 (1.0677)	0.0001 (1.1498)
ΔANOPTIM	0.0036*** (6.041)	0.0037*** (6.1866)
ΔLEGNTH	0.0000 (0.1488)	0.0000 (0.0978)
ΔBIG4	0.0029 (0.8052)	0.0021 (0.5865)
ΔSTATE	-0.0008 (-0.2882)	-0.0008 (-0.3250)
ΔDUAL	-0.0004 (-0.3234)	-0.0006 (-0.5020)
ΔINDDIR	0.0042 (0.5227)	0.0034 (0.4301)
ΔINSTPCT	-0.0127** (-2.2324)	-0.0129** (-2.2654)
YEAR	Control	Control
INDUSTRY	Control	Control
N	1716	1716
ADJ-R^2	25.56%	26.12%
F-value	10.98***	11.275***

注：括号中的数字是公司层面 Cluster 效应调整后的 T 值，*、**、*** 分别表示在 10%、5% 和 1% 的统计水平上显著。

(2) 根据 De Franco 等 (2011) 的方法，我们还采用公司前十对组合的均值 COMP10 以及所有公司对的均值 COMPM 来表示财务信息可比性，回归结果如表 7-7 的第 1 列和第 2 列所示，财务信息可比性 COMP10 和 COMPM 均在 1% 的显著性水平上表明其对管理层业绩预告乐观偏差存在抑制作用。

(3) 由于公司会计系统对好消息与坏消息的确认具有不对称性，企业对坏消息比好消息的确认更加及时，即盈余确认具有稳健性 (Basu, 1997; 李增泉和卢文彬, 2003)。因此，De Franco 等 (2011) 采用单变量盈余——收益方程得到的可比性测度结果可能是有偏的 (该方法默认会计盈余对好消息与坏消息确认是对称的)，为此，我们在前面计算可比性的模型 (7-1) 中加入股票收益虚拟变量及其与股票收益的交互项，考虑了盈余确认的稳健性特征。采用了考虑好坏消息确认不对称性的可比性度量方法，回归结果如表 7-7 的后两列所示，财务信息可比性 BCOMP4 和 BCOMPI 与均在 1% 的显著性水平与管理层业绩预告乐观偏差负相关。

表 7-7　可比性与管理层乐观偏差：其他可比性度量

	1	2	3	4
	COMP10	COMPM	BCOMP4	BCOMPI
截距	0.03 *** (5.202)	0.0286 *** (4.9757)	0.0309 *** (5.3638)	0.0296 *** (5.1665)
COMP	-0.2354 *** (-5.1436)	-0.1725 *** (-4.879)	-0.2816 *** (-6.3508)	-0.2252 *** (-7.0708)
SIZE	-0.0016 *** (-5.9451)	-0.0016 *** (-5.9681)	-0.0016 *** (-6.113)	-0.0016 *** (-6.1297)
BM	-0.0009 (-0.9972)	-0.0009 (-0.9071)	-0.0013 (-1.3452)	-0.001 (-1.0725)
LEV	0.0082 *** (7.5191)	0.0083 *** (7.6314)	0.0078 *** (7.1086)	0.0077 *** (6.9974)

续表

	1	2	3	4
	COMP10	COMPM	BCOMP4	BCOMPI
EPS	-0.0041*** (-7.2613)	-0.004*** (-7.1549)	-0.0041*** (-7.1882)	-0.0042*** (-7.3895)
GROWTH	-0.0033*** (-9.6653)	-0.0033*** (-9.6519)	-0.0033*** (-9.7329)	-0.0033*** (-9.6116)
COVER	0.0000 (-0.2045)	0.0000 (-0.2948)	0.0000 (0.0072)	0.0000 (-0.1852)
ANOPTIM	0.0045*** (10.6109)	0.0045*** (10.6445)	0.0045*** (10.7138)	0.0046*** (10.9341)
LEGNTH	0.0000 (-0.8333)	0.0000 (-0.7067)	0.0000 (-0.8453)	0.0000 (-0.9018)
BIG4	0.0004 (0.562)	0.0005 (0.6103)	0.0005 (0.5983)	0.0003 (0.3531)
STATE	-0.0016*** (-3.9174)	-0.0015*** (-3.8837)	-0.0016*** (-3.9332)	-0.0016*** (-3.9773)
DUAL	0.001** (1.9659)	0.001** (1.9996)	0.001** (1.9943)	0.001** (2.0053)
INDDIR	0.0044 (1.2485)	0.0045 (1.28)	0.0045 (1.2779)	0.0047 (1.349)
INSTPCT	-0.0054*** (-3.1855)	-0.0054*** (-3.1849)	-0.0056*** (-3.2919)	-0.0055*** (-3.232)
YEAR	Control	Control	Control	Control
INDUSTRY	Control	Control	Control	Control
N	3813	3813	3813	3813
ADJ-R^2	14.56%	14.5%	14.88%	15.09%
F-value	11.48***	11.429***	11.744***	11.928***

注：括号中的数字是公司层面 Cluster 效应调整后的 T 值，*、**、*** 分别表示在 10%、5% 和 1% 的统计水平上显著。

五、进一步分析

(一) 信息环境质量的影响

既有研究发现管理层隐藏坏消息的能力和动机取决于公司信息环境的质量 (Kothari et al., 2009; Kim et al., 2016),管理层业绩预告乐观偏差越大的公司,相当于暂时隐藏了相对较低的真实业绩,因而这种能力和动机可能受到公司信息环境质量的影响。因此,我们预期财务信息可比性对管理层业绩预告乐观偏差的抑制作用在信息环境质量较低时有更大程度上的呈现。在信息环境质量较低的公司,投资者无法获得足够的可供参考的信息,因此投资者可能需要借鉴可比的同行企业来判断目标公司的真实业绩情况,进而做出合理的投资决策。在这种情况下,财务信息可比性越高的公司,其同行企业财务信息供投资者参考使用的可靠性越高,进而会抑制管理层的乐观倾向,管理层业绩预告的乐观偏差越小。

为验证这一预期,本章采用分析师跟随上市公司的数量来表征公司的信息环境质量(辛清泉等,2014)。我们将分析师跟随上市公司的数量按照年度和行业,从大到小排序后,按照百分位分为三组,最高一组表明分析师跟随数量越多,公司的信息环境质量越高,用 HIE 表示,取值为 1,最低一组则取值为 0,剔除介于两者之间的中间组。然后我们将 HIE 以及 COMP 与 HIE 的交互项放入模型 (7-5) 中。

回归结果如表 7-8 所示,财务信息可比性在 COMP4 和 COMPI 下均与业绩预告乐观偏差 OPTIMISM 显著负相关,表明财务信息可比性对业绩预告乐观偏差的抑制作用。我们重点关注可比性 COMP 与高信息环境质量 HIE 交互项的显著性,当采用 COMP4 时,财务信息可比性与高信息质量环境 HIE 的交互项系数为 0.519,在 1% 的统计水平上显著,采用 COMPI 的结果一致,在高质量信息环境下,财务信息可比性的作用有所减弱,这说明财务信息可比性对业绩预告乐观偏差的抑制作用在较低的信息环境质量下有更大程度的呈现。

表 7-8　　　　　　　　　　信息环境质量的影响

	COMP4	COMPI
截距	0.0241***	0.0187***
	(3.3827)	(2.6122)
COMP	-0.5282***	-0.4132***
	(-6.0998)	(-8.1489)
COMP×HIE	0.519***	0.3969***
	(4.1975)	(5.6541)
HIE	-0.0025***	-0.0001
	(-3.024)	(-0.1114)
SIZE	-0.0011***	-0.001***
	(-3.4362)	(-2.9336)
BM	-0.0006	-0.0001
	(-0.4840)	(-0.0847)
LEV	0.0056***	0.0047***
	(4.2350)	(3.5244)
EPS	-0.0031***	-0.0031***
	(-5.5808)	(-5.6231)
GROWTH	-0.0031***	-0.003***
	(-7.0450)	(-6.8797)
COVER	0.0001**	0.0001**
	(2.3146)	(2.0763)
ANOPTIM	0.0051***	0.0053***
	(8.7519)	(9.0831)
LEGNTH	0.0000	0.0000
	(0.5008)	(0.3458)
BIG4	0.0005	0.0004
	(0.5644)	(0.4373)
STATE	-0.0014***	-0.0015***
	(-2.9113)	(-3.0764)

续表

	COMP4	COMPI
DUAL	0.0006 (1.0798)	0.0006 (1.0457)
INDDIR	-0.0010 (-0.2349)	-0.0018 (-0.414)
INSTPCT	-0.0028 (-1.2568)	-0.0024 (-1.1008)
YEAR	Control	Control
INDUSTRY	Control	Control
N	2418	2418
ADJ-R^2	15.87%	16.88%
F-value	8.352***	8.918***

注：括号中的数字是公司层面 Cluster 效应调整后的 T 值，*、**、*** 分别表示在 10%、5% 和 1% 的统计水平上显著。

（二）监督机制的影响

既有研究发现机构投资者的监督能够制约管理层的乐观行为，降低公司股价暴跌风险（Callen and Fang，2013）。罗进辉和杜兴强（2014）发现媒体关注度越高的公司，其管理层隐藏负面消息能力越低，进而降低公司股价暴跌风险。业绩预告乐观偏差越大的公司，相当于暂时隐藏了相对较低的真实业绩，因而管理层这种能力和动机可能受到媒体监督和机构投资者监督的抑制。因此，在媒体监督和机构投资者监督机制较强的情况下，财务信息可比性对业绩预告乐观偏差的抑制作用会有所降低。

为了验证上述预期，我们采用新闻媒体报道上市公司的新闻数量来表征公司的媒体关注水平（李培功和沈艺峰，2010；罗进辉和杜兴强，2014）。我们将上市公司的媒体关注数量按照年度和行业，从大到小进行排序后，依据百分位分为三组，最高一组表明媒体关注越多，公司受到媒体监督的能力越强，用 MONI 表示，取值为 1，最低一组则取值为 0，剔除介于两者之间的中间组。然后我们将 MONI 以及 COMP 与 MONI 的交互项放入模型（7-5）中，回归结果如表 7-9 的前两列所示。机构投资者持股比例也采用同样的处理方法，回归结果如表 7-9 的后两列所示。

表 7-9　　　　　　　　　监督机制的影响

	MEDIA		INST	
	COMP4	COMPI	COMP4	COMPI
截距	0.0344*** (4.501)	0.0322*** (4.2136)	0.0202*** (3.0045)	0.0164** (2.4229)
COMP	-0.3667*** (-3.4469)	-0.3644*** (-5.9635)	-0.501*** (-5.7791)	-0.3871*** (-7.6966)
COMP×MONI	0.2604** (2.0107)	0.2171*** (2.9200)	0.2091* (1.8591)	0.2389*** (3.6504)
MONI	0.0011 (1.5719)	0.0024** (2.5234)	0.0001 (0.1124)	0.0019** (2.12)
SIZE	-0.0017*** (-4.932)	-0.0017*** (-4.9095)	-0.001*** (-3.193)	-0.0009*** (-2.9526)
BM	-0.0021* (-1.7272)	-0.0020* (-1.6689)	-0.0016 (-1.4964)	-0.0011 (-1.0678)
LEV	0.0094*** (6.7254)	0.0086*** (6.17)	0.0041*** (3.3063)	0.0035*** (2.7879)
EPS	-0.0035*** (-5.9387)	-0.0035*** (-6.1029)	-0.1113*** (-24.3455)	-0.1104*** (-24.2686)
GROWTH	-0.0038*** (-8.5468)	-0.0038*** (-8.4035)	-0.0006 (-1.4103)	-0.0006 (-1.371)
COVER	0.0000 (0.0809)	0.0000 (-0.0433)	0.0000 (0.4622)	0.0000 (0.2283)
ANOPTIM	0.0043*** (7.8515)	0.0045*** (8.3032)	0.0018*** (3.5755)	0.0019*** (3.8744)
LEGNTH	0.0000 (-0.1506)	0.0000 (-0.1671)	0.0000 (1.37)	0.0000 (1.2829)

续表

	MEDIA		INST	
	COMP4	COMPI	COMP4	COMPI
BIG4	0.0011 (1.2026)	0.0008 (0.8534)	0.0002 (0.2038)	0.0001 (0.1533)
STATE	-0.0016*** (-3.163)	-0.0017*** (-3.2906)	-0.0016*** (-3.5039)	-0.0017*** (-3.6852)
DUAL	0.0011* (1.8157)	0.0011* (1.7832)	0.0006 (1.0973)	0.0006 (1.0756)
INDDIR	0.0011 (0.2401)	0.0011 (0.2523)	0.0044 (1.0846)	0.0046 (1.1489)
INSTPCT	-0.004* (-1.7724)	-0.0036 (-1.6125)	-0.0025 (-1.1785)	-0.0024 (-1.1562)
YEAR	Control	Control	Control	Control
INDUSTRY	Control	Control	Control	Control
N	2424	2424	2479	2479
ADJ-R^2	14.76%	15.74%	31.12%	31.73%
F-value	7.77***	8.301***	19.056***	19.579***

注：括号里的数字公司层面的 Cluster 效应调整后的 T 值，*、**、*** 分别表示在 10%、5% 和 1% 的统计水平上显著。

如表 7-9 前两列所示，财务信息可比性 COMP4 和 COMPI 均与业绩预告乐观偏差 OPTIMISM 显著负相关，表明财务信息可比性对业绩预告乐观偏差的抑制作用。我们所要关注的可比性 COMP 与媒体监督水平 MONI 交互项的显著性，在 COMP4 和 COMPI 两种可比性度量指标下，财务信息可比性与媒体监督水平的交互项系数分别为 0.2604 和 0.2171，在 5% 和 1% 的统计水平上显著，意味着在较高的媒体监督水平，财务信息可比性对管理层乐观偏差的抑制作用有所减弱，这说明财务信息可比性的作用在较低的媒体监督水平下有更大程度的呈现。机构投资者作为公司治理中的重要监督机制，表 7-9 后两列的回归结果表明在较高的机构投资者持股水平下，财务信息可比性对管理层业绩预告乐观偏差的抑制作用有所下降,说明财务信息可比性的作用在较低的机构投资者监督水平下有更大程度的呈现。

信息环境以及两种监督机制的调节效应分析,表明在较高水平的信息环境下和较高监督水平下,财务信息可比性对管理层业绩预告乐观偏差的抑制作用有所降低,这些回归结果进一步增强了我们对财务信息可比性与管理层业绩预告乐观偏差之间存在可靠关系的信心。

六、会计准则国际趋同的影响

前面在多元回归分析中,我们已经控制了一系列可能影响业绩预告乐观偏差的企业层面因素,以及时间和行业固定效应,行业固定效应的引入可以缓解不同行业经营模式和环境差异对可比性与管理层业绩预告乐观偏差之间关系的影响。财务信息可比性的度量采用了前十六季度数据,这有效缓解了可比性与管理层业绩预告乐观偏差之间的反向因果关系。但是,考虑到公司的财务信息可比性水平可能受到了某些未观测到的遗漏变量的影响,而这些遗漏变量也可能同时影响管理层业绩预告的乐观偏差。为此,我们引入 2006 新会计准则国际趋同这一外生事件来进一步处理在考察可比性与业绩预告乐观关系时可能存在的内生性问题。

既有研究发现国际财务报告准则的实施会提升公司的财务信息可比性(Yip and Young, 2012; Wang, 2014),而中国 2006 新企业会计准则实现了与国际会计惯例的趋同,中国会计准则委员会与国际财务报告准则理事会签署的"联合声明",对中国会计准则与国际财务报告准则趋同的事实予以了确认和肯定(楼继伟,2006),我国企业会计准则体系在整体框架、内涵和实质上实现了国际趋同,并得到了有效实施(刘玉廷,2007),因此,2006 企业会计准则的国际趋同,应该会提高可比性这一会计信息质量特征。我们将新会计准则实施年份设置为虚拟变量并取值为 1,新准则实施之前的年份取值为 0,视

2006新会计准则实施为外生事件冲击,并替代可比性度量指标,放入前面的模型(7-5)中,回归结果如表7-10的第一列所示,经验证据表明新会计准则的实施降低了管理层业绩预告的乐观偏差。考虑到2006年颁布的企业会计准确虽然在2007年1月1日开始实施,但2006年的年度财务报告已经编制了准则差异调节表,新会计准则的影响可能提前对公司财务报告质量产生影响,为此我们删除了准则发布的2006年度,回归结果如表7-10的第二列所示,新会计准则的国际趋同对管理层业绩预告的乐观偏差仍有明显的抑制作用。

表7-10　新准则实施与管理层业绩预告乐观偏差

	全样本	剔除2006年
截距	0.0331*** (5.9327)	0.0257*** (4.5378)
IFRS	-0.0052*** (-5.7936)	-0.0065*** (-7.588)
SIZE	-0.0014*** (-5.5343)	-0.0011*** (-4.1261)
BM	-0.0008 (-0.8163)	-0.0013 (-1.3796)
LEV	0.0091*** (8.3368)	0.0082*** (7.4475)
EPS	-0.0039*** (-6.8736)	-0.0037*** (-6.7272)
GROWTH	-0.0034*** (-9.9207)	-0.0033*** (-9.7145)
COVER	0.0000 (-0.4381)	0.0000 (-0.9744)
ANOPTIM	0.0043*** (10.1657)	0.0043*** (10.1521)
LEGNTH	0.0000 (-0.6648)	0.0000 (0.044)

续表

	全样本	剔除 2006 年
BIG4	0.0009 (1.2299)	0.0009 (1.1487)
STATE	-0.0015 *** (-3.7995)	-0.0015 *** (-3.8556)
DUAL	0.0009 * (1.9027)	0.001 ** (2.1313)
INDDIR	0.0043 (1.2149)	0.0055 (1.5536)
INSTPCT	-0.0053 *** (-3.1177)	-0.0056 *** (-3.221)
YEAR	Control	Control
INDUSTRY	Control	Control
N	3813	3549
ADJ - R^2	13.98%	13.55%
F - value	11.158 ***	10.427 ***

注：括号中的数字是公司层面 Cluster 效应调整后的 T 值，*、**、*** 分别表示在 10%、5% 和 1% 的统计水平上显著。

前面我们发现新准则实施降低了管理层业绩预告乐观偏差，那么，新准则实施这一自然事件是否是通过提高了财务信息可比性进而降低了管理层业绩预告乐观偏差呢？我们做了中介效应分析。根据温忠麟等（2005）提出的中介效应检测程序，我们按照如下步骤进行中介效应的检验。

（1）检验新会计准则实施 IFRS 对管理层业绩预告乐观偏差是否存在显著影响，这一步骤前面已做分析，结果如表 7-11 的第一列所示，新会计准则实施对管理层业绩预告乐观偏差在 1% 的显著性水平上存在显著影响。

（2）做 Baron 和 Kenny（1986）的部分中介效应检验，首先，检验新准则实施 IFRS 对财务信息可比性 COMP4 的影响，结果如表

7-11 的第一列所示,回归系数为 0.0009,在 1% 的统计水平上显著,说明新会计准则的国际趋同显著地提高了财务信息可比性。其次,检验在原来模型(7-5)中加入 IFRS 后的回归结果中,中介变量财务信息可比性 COMP4 的系数是否显著,如表 7-11 的第二列所示,财务信息可比性 COMP4 系数为 -0.2601,在 1% 的统计水平上显著。

(3) 做 Judd 和 Kenny(1981)完全中介效应检验,如果在原来模型(7-5)中加入 IFRS 后的回归结果中 IFRS 的系数显著,则说明存在部分中介效应,即新准则实施 IFRS 对管理层业绩预告乐观的影响部分是通过提高财务信息可比性来实现的。

表 7-11　　财务信息可比性的中介效应分析

	COMP	OPTIMISM
截距	0.0073*** (4.5358)	0.0349*** (6.2712)
IFRS	0.0009*** (3.3211)	-0.0050*** (-5.552)
COMP		-0.2601*** (-4.5891)
SIZE	-0.0004*** (-5.2089)	-0.0015*** (-5.918)
BM	-0.0009*** (-3.1582)	-0.001 (-1.0537)
LEV	-0.0025*** (-8.0318)	0.0084*** (7.6914)
EPS	-0.0006*** (-3.9675)	-0.0041*** (-7.1742)
GROWTH	0.0003*** (3.0933)	-0.0033*** (-9.703)
COVER	0.0000*** (3.7679)	0.0000 (-0.1567)

续表

	COMP	OPTIMISM
ANOPTIM	0.0006*** (4.9058)	0.0044*** (10.5268)
LEGNTH	0.0000** (-2.0961)	0.0000 (-0.8231)
BIG4	-0.0016*** (-7.2282)	0.0005 (0.6869)
STATE	-0.0001 (-1.0493)	-0.0015*** (-3.8877)
DUAL	0.0001 (0.6411)	0.001* (1.9557)
INDDIR	0.0002 (0.1781)	0.0043 (1.2315)
INSTPCT	-0.0005 (-0.966)	-0.0054*** (-3.198)
YEAR	Control	Control
INDUSTRY	Control	Control
N	3813	3813
ADJ-R^2	26.66%	14.44%
F-value	23.711***	11.377***

注:括号中的数字是公司层面Cluster效应调整后的T值,*、**、***分别表示在10%、5%和1%的统计水平上显著。

根据温忠麟等(2005)提出的中介效应检测程序,本章中介效应分析表明存在部分中介效应。此外,有研究表明Sobel检验统计效率更高,为此,我们也做了Sobel(1982)检验,结果表明,Z统计值为-2.6904,在1%的显著性水平上显著,说明存在中介效应,即新会计准则的实施提高了财务信息可比性,进而降低了管理层业绩预告乐观偏差。

第五节 本章小结

本章以2005~2013年披露了年度业绩预告的沪深A股上市公司为研究样本，考察了财务信息可比性与管理层业绩预告乐观偏差之间的关系。本章研究发现，可比性越高的公司，其管理层业绩预告的乐观偏差越小，这说明管理层在预测未来业绩时，需要纵向分析公司历史信息和横向参考行业信息，较高质量的财务信息至关重要。一方面，财务信息可比性越高的公司，其管理层业绩预告决策时获得的信息基础较好，降低了盲目过度乐观的可能性。另一方面，可比性越高的公司，其同行企业财务信息供投资者参考使用进而对该公司真实业绩知晓程度越高，这一外部信息竞争机制又会抑制管理层的乐观行为。

此外，财务信息可比性对管理层业绩预告乐观偏差的抑制作用在分析师跟随较少的信息环境下，以及机构投资者持股比例较低和媒体关注较少的监督环境下有所强化。这说明，在信息环境质量较低的公司，投资者无法获得足够的可供参考的信息，因此投资者可能需要借鉴可比的同行企业来判断目标公司的真实业绩情况，进而做出合理的投资决策。在这种情况下，财务信息可比性越高的公司，其同行企业财务信息供投资者参考使用的可靠性越高，进而会抑制管理层的乐观倾向，较少管理层业绩预告的乐观偏差。媒体监督和机构投资者监督能力越强的公司，会降低管理层通过发布具有乐观偏差的业绩预告进而暂时隐藏较低的真实业绩的能力，从而降低了财务信息可比性对管理层业绩预告乐观偏差的影响。

本章还发现2006企业会计准则的国际趋同，通过提高财务信息可比性这一重要的会计信息质量特征，进而降低了管理层业绩预告的乐观偏差。这说明新企业会计准则的实施能够帮助信息使用者分辨出不同公司财务业绩的相似和不同之处，增强了会计信息的决策有用性，这为我国会计准则的国际趋同改革提供了支持性的经验证据。

本章的研究结论为公司财务信息质量服务于公司管理层的决策提供了经验证据，说明公司管理层要保障公司财务报表的质量，较高的可比性有利于避免预测公司业绩时出现盲目的乐观偏差。本章的发现也为投资者识别管理层业绩预告的质量进而指导自身的投资决策提供了识别路径，较高质量的财务报表能够帮忙投资者区分管理层业绩预告的偏差程度，进而识别真实的业绩，服务于更好的投资决策。本章的发现也为监管机构如何降低上市公司业绩预告的乐观偏差，减弱管理层暂时隐藏坏消息的能力，进而更好地服务于资本市场发展提供了有价值的政策建议，即增强公司财务信息质量，提高公司的信息透明度，以丰富公司的信息环境，为媒体和机构投资者的治理作用提供更好的环境。

本章的研究结果对准则制定者有重要的启示。会计准则的国际趋同提高了财务信息可比性进而降低了管理层业绩预告的乐观偏差，说明我国会计准则国际趋同的改革在提高会计信息可比性方面取得了一定的成效。可比性作为财务报告重要的质量特征，对于公司的业绩预告披露特征有着重要影响，进而提高了会计信息服务于投资者决策的有用性。因此，我国会计准则的国际趋同有利于维护资本市场投资者的利益，会计准则的国际趋同仍须不断推进，以更好地服务于我国资本市场健康、有序的发展。

第八章　结论、启示及未来研究方向

第八章 结论、启示及未来研究方向

在理论分析、文献回顾和实证研究的基础上,本章首先对全书的主要结论进行归纳和总结,接着根据这些研究结论提出研究启示,最后指出本书的局限和未来可能的研究方向。

第一节 主要研究结论

本书研究财务信息可比性的影响因素及其对业绩预测的影响问题,主要研究了财务信息可比性的影响因素、财务信息可比性对分析师预测行为的影响、财务信息可比性对管理层业绩预告精确度的影响、财务信息可比性对管理层业绩预告准确度的影响以及财务信息可比性对管理层业绩预告乐观偏差的影响这样五个问题,并得出如下结论:

第一,本书基于公司层面财务信息可比性的度量,考察了公司外部与内部治理机制、公司财务特征、财务信息的基本质量特征等因素对我国上市公司财务信息可比性的影响。研究发现:在外部治理方面,产品市场竞争程度显著影响了财务信息的可比性,表现为激烈的产品市场竞争能够提高所在行业公司的财务信息可比性;审计师的行业专长也有利于提高被审计公司与行业内其他公司的财务信息可比性。在内部治理方面,大股东的治理效应体现为大股东持股比例的增加提高了公司的财务信息可比性,并且大股东为非国有性质会有利于提高财务信息可比性;机构投资者持股和独立董事比例虽对财务信息可比性有正向影响,但影响不显著;在财务特征方面,盈余波动性越大的公司其财务信息可比性越低,公司规模和财务信息可比性显著负相关,发展比较平稳的公司财务信息可比性较高。此外,较好的盈利能力和较低的负债比率均有利于提高上市公司的财务信息可比性。在财务信息的基本质量特征方面,财务信息的如实反映和相关性均能够显著增强财务信息可比性,进一步说明可比性是建立在如实反映和相关性基础之上的增进质量特征。

第二，本书研究了上市公司的财务信息可比性对分析师预测行为的影响，分别从分析师跟踪数量和分析师预测质量两个方面来对分析师预测行为进行考察。研究结果发现：上市公司的财务信息可比性越高，则对其进行跟踪预测的分析师数量越多，预测质量越高，表现为预测分歧度越小，预测准确度越高。进一步研究发现，财务信息可比性与分析师预测行为之间的关系还受公司所在产品市场竞争程度的影响，产品市场竞争程度高的公司，其财务信息可比性与分析师跟踪数量之间的正向关系更为显著，财务信息可比性与分析师预测质量之间的正向关系也更显著。由此可知，上市公司的财务信息可比性是影响分析师预测行为的一个重要因素，并且公司的产品市场竞争程度会增强两者之间的正向关系。

第三，本书考察了上市公司的财务信息可比性对管理层业绩预告精确度的影响。研究发现，财务信息可比性越高的公司，其管理层披露的业绩预告精确度越高，说明财务信息可比性能够提高管理层业绩预告的质量。进一步分析，发现财务信息可比性与业绩预告精确度的关系主要体现在较高的财务报告信息质量或较好的外部市场化环境下，说明财务信息可比性的作用发挥依赖于高质量的公司内部信息和较好的外部市场化环境的支撑。以2006企业会计准则实施作为政策冲击，研究发现，准则趋同能够提高管理层业绩预告精确度，并且部分是通过提高财务信息可比性而实现的。该研究结果表明，可比性这一重要的财务信息质量特征不仅有助于外部信息使用者做出更加合理的投资或信贷决策，而且还有助于公司管理层预测未来业绩，提高预测的精确度，从而提高业绩预告的披露质量。此外，本书也从管理层盈余预测视角，验证了高质量的外部审计和良好的市场化环境，能够提高上市公司的财务信息质量，这不仅有利于外部投资者和债权人使用更加真实完整的财务信息做出合理决策，而且也使得管理层在对公司未来业绩做出预测时能够建立在真实有效信息基础之上，进而降低业绩预测成本，提高业绩预告的精确度。

第四，本书研究了上市公司的财务信息可比性对管理层业绩预告准确度的影响，并进一步研究公司的内外部信息环境对这两者关系的影响。研究发现，财务信息可比性越高的公司，其管理层业绩预告的准确度越高；财务信息可比性对业绩预告准确度的促进作用还受公司内外部信息环境的影响，良好的公司外部信息环境和内部信息环境均能够增强财务信息可比性与业绩预告准确度之间的正向关系。此外，还发现在预测难度较大的情况下，财务信息可比性对业绩预告准确度的提升作用能够得到更大程度的发挥。该研究结果表明，财务信息可比性是业绩预告准确性的基础，保障财务信息质量是提高上市公司预测性信息披露质量的重要途径。

第五，本书还研究了上市公司的财务信息可比性对管理层业绩预告的乐观偏差产生的影响。研究发现财务信息可比性越高的公司，其管理层业绩预告乐观偏差越小，财务信息可比性对业绩预告乐观偏差的抑制作用在较差的信息环境和较低的监督环境下更强。进一步的分析表明，会计准则的国际趋同提高了财务信息可比性，进而降低了管理层业绩预告的乐观偏差。研究结果说明会计准则国际趋同提高了财务信息可比性，并通过可比性这一会计信息质量特征间接影响了公司的信息披露行为，丰富了会计准则国际趋同的经济后果和会计信息决策有用观的研究文献。

第二节 研究启示

根据本书的研究结论，可以得到以下启示：

第一，以中国上市公司为例，本书首次较系统地研究了公司层面财务信息可比性的影响因素，从公司外部与内部治理机制、公司财务特征以及财务信息的基本质量特征等方面识别出影响我国上市公司财务信息可比性的因素，给我们的启示是，提升上市公司财务信息可比性需要从以下几方面着手：（1）上市公司要对财务信息进行如实呈报，提高信息披露质量，增加信息披露透明度，监管部门也要加大对上市公司信息真实性和完整性的检查力度，进而从内外两方面提高上市公司财务信息基本质量。（2）政府部门要搭建公平自由的竞争环境，逐渐放开垄断领域，引入竞争机制，培育良好的市场竞争环境，以发挥产品市场竞争这一外部治理机制对公司信息披露质量的积极作用。（3）监管部门和市场应当鼓励会计师事务所做大做强，发展行业专长，提高专业胜任能力，促进审计市场适度竞争，合理提高审计市场的集中度，并且会计师事务所自身也应当加大行业专长投资力度，积累丰富的行业审计经验，以达到"规模效应"与"专长效应"，提高审计质量，进而提高上市公司财务信息质量。（4）上市公司自身要继续完善内部治理结构，增加独立董事比例，提高独立董事的话语权并有效发挥其监督职能；优化股权结构，降低国有股比例，加强对国有企业经营者的监督，引入更多的机构投资者并提高他们参与公司治理的积极性，使机构投资者能够真正以战略股东的身份参与到公司治理中来，形成对管理者的监督；同时，倡导大股东对经营者的监督作用，积极发挥大股东的治理效应。

第二，可比性作为一个重要的财务信息质量特征，对证券分析师的预测行为具有重要的促进作用，财务信息可比性较高的公司可以吸引到更多分析师对其进行跟踪预测，并且预测的质量也更高。这无疑丰富了公司的信息环境，对改进我国资本市场普遍存在的信息不对称问题大有裨益。可比性的提高给上市公司自身也带来了潜在利益，更多的分析师关注，不仅有利于公司形象的优化，而且也有利于降低资本成本。总之，上市公司具有较高的财务信息可比性，无论对资本市场还是公司自身都有正面作用。因此，基于证券分析师对资本市场效率的影响，为了提高我国资本市场的运作效率，监管部门要督促上市公司严格按照会计准则和有关信息披露政策的要求生成高质量的财务信息并真实完整地披露。同时，上市公司也要注重提高与行业内其他公司的财务信息可比性，以此提升自身的财务信息质量。另外，对于政府部门而言，尽量给各行各业提供公平自由的竞争环境，通过降低进入壁垒等方式加强产品市场竞争不仅是提升财务信息质量的重要途径，而且也能够提高财务信息的有用性。

第三，可比性作为一个重要的财务信息质量特征，不仅有助于投资者和债权人做出合理的资本配置决策，提高资本配置效率，而且还能够帮助管理层更好地预测未来业绩，提高预测的精确度和准确度，同时还能够降低预测的盲目乐观程度，使预测变得更稳健，从而提高了预测性信息披露质量。同时，公司良好的内外部信息环境也能够增强财务信息可比性对管理层业绩预测促进作用的发挥。基于此，对于公司管理层来说，要注重公司的财务信息质量，提供更为相关、如实反映与可比的财务信息，不仅有助于外部信息使用者做出更加合理的投资或信贷决策，而且对自身做预测也是大有裨益的，此外，分析师提供的信息也是管理层业绩预测的一个重要信息来源，管理层可以拿来为其所用。对于监管部门，应鼓励、扶持并规范证券分析师行业的发展，不断丰富我国上市公司的外部信息环境，进而提高资本市场的资源配置效率。

第四，本书研究的是一国内部公司层面的财务信息可比性问题，其无论是对分析师预测还是对管理层预测所带来的作用，从经验证据方面都加深了准则制定机构和理论研究者对可比性这一增进的财务信息质量特征的决策有用性的认知。对于准则制定机构而言，不仅要关注有用财务信息的基本质量特征，而且也要注重可比性等增进质量特征的作用，并使之作用得到更好的发挥。对于理论研究者而言，要加大对可比性问题的研究力度，使之更好地为企业实践服务。

第三节 研究局限及未来研究方向

作为一项探索性的研究，同时还受笔者研究能力与学识水平的限制,本书不免存在一些不同程度上的局限。

(1) 公司财务信息质量是内外部治理环境共同作用的结果,对于财务信息可比性的影响因素,除了本书已经识别的一些内外部治理机制、公司财务特征以及财务信息的基本质量特征之外,还可能还受其他内外部治理因素的影响。此外,本书也未考虑管理层异质性对财务信息可比性的可能影响,而这些因素都有可能对财务信息质量有所影响(Dechow et al.,2010),这些将作为未来进一步研究的方向。

(2) 基于既有关于业绩预测经济后果的研究(Hirst et al.,2008),上市公司业绩预测的发布,特别是准确度较高的业绩预测,有利于保障广大投资者及时地、公平地获悉公司未来业绩信息的权利,有利于投资者做出合理的投资决策,进而提高资本市场的资源配置效率。由于管理层业绩预测准确度与正确的投资决策都取决于管理层的预测能力,既有研究还发现管理层业绩预测的准确度会影响公司的资本投资决策,管理层业绩预测准确度与公司并购公告的市场反应以及并购后的运营绩效正相关,而与并购后的商誉减值的可能性与大小负相关(Goodman et al.,2014)。因此,作为管理层业绩预测的一种类型,营收计划以及营收计划的准确度是否具有上述经济后果,这些都将是今后进一步研究的方向。

(3) 可比性最重要的作用是为信息使用者提供可比的财务信息,帮助投资者或债权人识别不同企业经济事项的异同点,因此可比性的增加能提升竞争者信息传递(或溢出)效应,最终提高股票定价及资源配置效率。这一研究也是比较重要的,因为资本市场发展的一个重要目标就是实现稀缺资源的优化配置。为此,本书关于财务信息可比性对业绩预测的影响研究只是可比性经济后果的冰山一角,诸如可比性的信息传递效应等其他经济后果还没有涉及,是未来需要进一步研究的方向。

此外,本书不能排除一切实证研究的固有缺陷。尽管本书的实证检验是建立在理论分析以及大量研究文献的基础之上,但由于经验结

第八章　结论、启示及未来研究方向

论可能是多种因素交互作用的结果，而本书又无法一一识别和分离出这些因素，因此，本书的研究结论是否真正反映了或者在多大程度上反映了我国上市公司财务信息可比性问题的真相，并没有充分的把握。因此，本书的研究结论不能排除这样一种危险，即马克·吐温的名言："使我们陷入困境的不是无知，而是那些看似正确的谬误论断"。尽管研究无法排除"盲人摸象"的陷阱，但基于实证研究在于知识积累和知识整合的一个过程，我们将承认和正确看待这些研究局限，并在后续的研究中加以改进。

参 考 文 献

[1] Barth, M. E. 财务报告的全球可比性——是什么、为什么、如何做以及何时实现 [J]. 会计研究, 2013, (5): 3 - 10.

[2] 白晓宇. 上市公司信息披露政策对分析师预测的多重影响研究 [J]. 金融研究, 2009, (4): 92 - 112.

[3] 蔡春, 鲜文铎. 会计师事务所行业专长与审计质量相关性的检验——来自中国上市公司审计市场的经验证据 [J]. 会计研究, 2007, (6): 41 - 47.

[4] 陈小林, 王玉涛, 陈运森. 事务所规模、审计行业专长与知情交易概率 [J]. 会计研究, 2013, (2): 69 - 77.

[5] 程书强. 机构投资者持股与上市公司会计盈余信息关系实证研究 [J]. 管理世界, 2006, (9): 129 - 136.

[6] 戴德明, 毛新述, 姚淑瑜. 上市公司预测盈余信息披露的有用性研究——来自深圳、上海股市的实证证据 [J]. 中国会计评论, 2005, (12): 253 - 272.

[7] 丁方飞, 范丽. 我国机构投资者持股与上市公司信息披露质量——来自深市上市公司的证据 [J]. 软科学, 2009, (5): 18 - 23.

[8] 董盈厚, 侯铁建. 基于 IASB 概念框架的可靠性质量特征之认识理性——一个经济学视角的分析与讨论 [J]. 会计研究, 2011, (1): 4 - 10.

[9] 杜兴强, 章永奎. 财务会计理论 (第二版) [M]. 厦门: 厦

门大学出版社，2008：109 - 139.

[10] 樊纲，王小鲁. 我国市场化指数 [M]. 北京：经济科学出版社，2011.

[11] 范宗辉，王静静. 证券分析师跟踪：决定因素与经济后果 [J]. 上海立信会计学院学报，2010，(1)：61 - 69.

[12] 范经华，张雅曼，刘启亮. 内部控制、审计师行业专长、应计与真实盈余管理 [J]. 会计研究，2013，(4)：81 - 88.

[13] 方军雄. 我国上市公司信息披露透明度与证券分析师预测 [J]. 金融研究，2007，(6)：193 - 206.

[14] 高敬忠，周晓苏. 管理层盈余预告消息性质与预告方式操控性选择 [J]. 商业经济与管理，2009a，(11)：89 - 96.

[15] 高敬忠，周晓苏. 信息不对称、董事会特征与管理层盈余预告披露选择——基于我国 A 股上市公司 2004 - 2007 年数据的实证检验 [J]. 财经论丛，2009b，(5)：74 - 80.

[16] 高敬忠，周晓苏，王英允. 机构投资者持股对信息披露的治理作用研究——以管理层盈余预告为例 [J]. 南开管理评论，2011，(5)：129 - 140.

[17] 高雷，张杰. 公司治理、机构投资者与盈余管理 [J]. 会计研究，2008，(9)：64 - 72.

[18] 葛家澍. 未来财务会计和财务报告的模式——兼论会计信息的可靠性与相关性 [J]. 财务与会计，1999，(2)：6 - 9.

[19] 葛家澍，刘峰. 会计理论——关于财务会计概念结构的研究 [M]. 北京：中国财政经济出版社，2003.

[20] 葛家澍. 创新与趋同相结合的一项准则——评我国新颁布的《企业会计准则——基本准则》[J]. 会计研究，2006，(3)：3 - 6.

[21] 葛家澍，张金若. FASB 与 IASB 联合趋同框架（初步意见）的评介 [J]. 会计研究，2007，(2)：3 - 10.

[22] 葛家澍，陈朝琳. 财务报告概念框架的新篇章——评美国

FASB 第 8 号概念公告 [J]. 会计研究，2011，(3)：3 - 8.

[23] 韩传模，杨世鉴. 自愿披露能提高上市公司信息披露质量吗——基于我国上市公司业绩预告的分析 [J]. 山西财经大学学报，2012，(7)：67 - 74.

[24] 胡奕明，孙聪颖. 国外证券分析师盈利预测实证研究综述 [J]. 证券市场导报，2005，(8)：27 - 32.

[25] 胡志勇. 会计政策可比性：测定及其经济后果 [M]. 北京：经济科学出版社，2008：14 - 76.

[26] 胡奕明，唐松莲. 独立董事与上市公司盈余信息质量 [J]. 管理世界，2008，(2)：149 - 160.

[27] 姜付秀，黄磊，张敏. 产品市场竞争、公司治理与代理成本 [J]. 世界经济，2009，(10)：46 - 59.

[28] 姜国华. 财务报表分析与证券投资 [M]. 北京：北京大学出版社，2008.

[29] 姜英兵，严婷. 制度环境对会计准则执行的影响研究 [J]. 会计研究，2012 (4)：69 - 78.

[30] 贾建军、张文贤、陈高才. 会计形式协调与实质协调：文献综述 [J]. 会计研究，2007，(5)：88 - 94.

[31] 李丹，贾宁. 盈余质量、制度环境与证券分析师预测 [J]. 中国会计评论，2009，(4)：351 - 370.

[32] 李培功，沈艺峰. 媒体的公司治理作用：中国的经验证据 [J]. 经济研究，2010，(4)：14 - 27.

[33] 李青原. 会计信息质量与公司资本配置效率——来自我国上市公司的经验证据 [J]. 南开管理评论，2009，(1)：115 - 124.

[34] 梁上坤，陈冬，胡晓莉. 外部审计师类型与上市公司费用粘性 [J]. 会计研究，2015 (2)：79 - 86.

[35] 刘立国，杜莹. 公司治理与会计信息质量关系的实证研究 [J]. 会计研究，2003，(2)：28 - 36.

[36] 刘凤委，孙铮，李增泉．政府干预、行业竞争与薪酬契约——来自国有上市公司的经验证据［J］．管理世界，2007，(9)：76-84．

[37] 刘文军，米莉，傅倞轩．审计师行业专长与审计质量——来自财务舞弊公司的经验证据［J］．审计研究，2010（1）：47-54．

[38] 刘玉廷．中国企业会计准则体系：架构、趋同与等效［J］．会计研究，2007，(3)：2-8．

[39] 楼继伟．中国企业会计准则建设的可贵实践和崭新突破［J］．会计研究，2006，(2)：5-6．

[40] 陆建桥．中国亏损上市公司盈余管理实证研究［J］．会计研究，1999，(9)：25-35．

[41] 罗党论，唐清泉．独立董事制度实施效果分析——基于上市公司关联交易的证据［J］．南方经济，2006，(9)：65-74．

[42] 罗进辉，杜兴强．媒体报道、制度环境与股价崩盘风险［J］．会计研究，2014，(9)：53-59．

[43] 罗玫，宋云玲．中国上市公司业绩预告可信吗？［J］．金融研究，2012，(9)：168-180．

[44] 罗炜，朱春艳．代理成本与公司自愿性披露［J］．经济研究，2010，(10)：143-155．

[45] 潘越，戴亦一，林超群．信息不透明、分析师关注与个股暴跌风险［J］．金融研究，2011，(9)：138-151．

[46] 邵红霞，方军雄．我国上市公司无形资产的价值相关性——基于无形资产明细分类信息的再检验［J］．会计研究，2006，(12)：26-32．

[47] 唐盛培．机构投资者与上市公司会计信息相关性分析［J］．证券市场导报，2006，(5)：49-52．

[48] 童驯．上市公司年报业绩预告的股价反应研究［R］．申银万国内部研究报告，2003．

[49] 万鹏，曲晓辉．董事长个人特征、代理成本与营收计划的自愿披露——来自沪深上市公司的经验证据 [J]．会计研究，2012，(7)：15-23.

[50] 王化成，佟岩．控股股东与盈余质量 [J]．会计研究，2006，(2)：66-74.

[51] 王静，孙美华．我国会计准则的国际协调度研究 [J]．中国会计学会"中国会计国际化"专题研讨会论文集，2003：122-131.

[52] 王克敏，廉鹏．公司治理、内部人交易与管理者盈余预测误差 [R]．工作论文，2009.

[53] 王培欣，乔荟．我国 IPO 公司盈利预测可靠性实证分析 [J]．管理科学，2003，(6)：36-39.

[54] 王治安，万继峰，李静．会计准则国际协调度测量研究 [J]．当代经济科学，2005，(5)：89-94.

[55] 王雄元，刘众．产品市场竞争与信息披露质量的实证研究 [J]．经济科学，2008，(1)：92-103.

[56] 王玉涛，王彦超．业绩预告信息对分析师预测行为有影响吗 [J]．金融研究，2012，(6)：193-206.

[57] 王跃堂，朱林，陈世敏．董事会独立性、股权制衡与财务信息质量 [J]．会计研究，2008，(1)：55-62.

[58] 魏明海．会计协调的测定方法 [J]．中国注册会计师，2003，(4)：20-24.

[59] 温忠麟，侯杰泰，张雷．调节效应与中介效应的比较和应用 [J]．心理学报，2005，(2)：268-274.

[60] 吴东辉，薛祖云．财务分析师盈利预测的投资价值：来自深沪 A 股市场的证据 [J]．会计研究，2005，(8)：37-43.

[61] 夏冬林．财务会计信息的可靠性及其特征 [J]．会计研究，2004，(1)：20-27.

[62] 夏冬林,李刚. 机构投资者持股和会计盈余质量 [J]. 当代财经, 2008, (2): 111-118.

[63] 夏立军. 国外盈余管理计量方法述评 [J]. 外国经济与管理, 2002, (10): 35-40.

[64] 夏立军. 审计师行业专长与审计市场研究综述及启示 [J]. 外国经济与管理, 2004, (7): 39-43.

[65] 辛清泉,孔东民,郝颖. 公司透明度与股价波动性 [J]. 金融研究, 2014, (10): 193-206.

[66] 徐经长,戴德明,毛新述,姚淑瑜. 预测盈余的价值相关性研究——来自深圳、上海股市的经验证据 [J]. 证券市场导报, 2003, (12): 61-65.

[67] 许年行,于上尧,伊志宏. 机构投资者羊群行为与股价崩盘风险 [J]. 管理世界, 2013, (7): 31-43.

[68] 徐宗宇. 对上市公司财务预测准确性的研究 [J]. 当代财经, 1997, (4): 47-50.

[69] 徐宗宇. 对盈利预测可靠性影响因素的分析研究 [J]. 会计研究, 1998, (1): 38-41.

[70] 杨海燕,韦德洪,孙健. 机构投资者能提高上市公司会计信息质量吗?——兼论不同类型机构投资者的差异 [J]. 会计研究, 2012, (9): 16-23.

[71] 杨书怀. 上市公司年报业绩预告的信息含量分析——兼论上市公司信息披露管理办法的实施效果 [J]. 财贸研究, 2010, (5): 113-119.

[72] 杨钰,曲晓辉. 中国会计准则与国际财务报告准则趋同程度——资产计价准则的经验检验 [J]. 中国会计评论, 2008, (4): 369-384.

[73] 伊志宏,姜付秀,秦义虎. 产品市场竞争、公司治理与信息披露质量 [J]. 管理世界, 2010, (1): 133-162.

[74] 袁知柱，吴粒. 财务信息可比性研究述评及未来展望 [J]. 会计研究, 2012, (9): 9-15.

[75] 袁振超，岳衡，谈文峰. 代理成本、所有权性质与业绩预告精确度 [J]. 南开管理评论, 2014, (3): 49-61.

[76] 岳衡，林小驰. 证券分析师VS统计模型：证券分析师盈余预测的相对准确性及其决定因素 [J]. 会计研究, 2008, (2): 40-49.

[77] 张纯，吕伟. 信息环境、融资约束与现金股利 [J]. 金融研究, 2009, (7): 81-94.

[78] 张然，张鹏. 中国上市公司自愿业绩预告动机研究 [J]. 中国会计评论, 2011, (1): 3-20.

[79] 张翼，林小驰. 公司治理结构与管理层盈利预测 [J]. 中国会计评论, 2005, (2): 242-252.

[80] 张维迎. 我国上市公司业绩预告状况研究 [J]. 中国对外贸易商务月刊, 2002, (9): 42-45.

[81] 中华人民共和国财政部. 企业会计准则2006 [M]. 北京: 经济科学出版社, 2006.

[82] 周晓苏，高敬忠. 公司财务风险、盈余预告消息性质与管理层盈余预告披露——基于我国A股2004~2007年数据的检验 [J]. 当代财经, 2009, (8): 108-115.

[83] Ajinkya, B., S. Bhojraj, and P. Sengupta. The Association between Outside Directors, Institutional Investors and the Properties of Management Earnings Forecasts [J]. Journal of Accounting Research, 2005, 43 (3): 343-376.

[84] Alberto, C., C. Li, G. Peters, and V. J. Richardson. The Effect of Enterprise Systems Implementation on the Firm Information Environment [J]. Contemporary Accounting Research, 2013, 30 (4): 1427-1461.

[85] Alchian, A. A. Uncertainty, Evolution, and Economic Theory [J]. Journal of Political Economy, 1950, 58, (3): 211-221.

[86] Ali, A., S. Klasa, and E. Yeung. Industry Concentration and Corporate Disclosure Policy [J]. Journal of Accounting and Economics, 2014, 58 (2-3): 240-264.

[87] Ashbaugh-Skaife, H., D. W. Collins, and W. R. Kinney. The Discovery and Reporting of Internal Control Deficiencies Prior to SOX-Mandated Audits [J]. Journal of Accounting and Economics, 2007, 44 (1-2): 166-192.

[88] Atiase, R. Predisclosure Information, Firm Capitalization and Security Price Behavior around Earnings Announcement [J]. Journal of Accounting Researeh, 1985, 23 (1): 21-36.

[89] Bae, K., H. Tan and M. Welker. International GAAP Differences: the Impact on Foreign Analysts [J]. The Accounting Review, 2008, 83 (3): 593-628.

[90] Baginski, S. P., and J. M. Hassell. The Market Interpretation of Management Earnings Forecasts as a Predictor of Subsequent Financial Analyst Forecast Revision [J]. The Accounting Review, 1990, 65 (1): 175-190.

[91] Baginski, S. P., E. J. Conrad, and J. M. Hassell. The Effects of Management Forecast Precision on Equity Pricing and on the Assessment of Earnings Uncertainty [J]. The Accounting Review, 1993, 68 (4): 913-927.

[92] Baginski, S. P., and J. M. Hassell. Determinants of Management Forecast Precision [J]. The Accounting Review, 1997, 72 (2): 303-312.

[93] Baik B., S. Lee, and D. Farber. CEO Ability and Management Earnings Forecasts [J]. Contemporary Accounting Research, 2011,

28 (5): 1645 – 1668.

[94] Ball, R., and G. Foster. 1982. Corporate Financial Reporting: A Methodological Review of Empirical Research [J]. The Accounting Review, 20 (Supplement): 161 – 234.

[95] Ball, R., A. Robin, and J. S. Wu. Incentives Versus Standards: Properties of Accounting Income in Four East Asian Countries [J]. Journal of Accounting and Economics, 2003, 36 (1 – 3): 235 – 270.

[96] Balsam, S., J. Krishnan, and J. G. S. Yang. Auditor Industry Specialization and the Earnings Response Coefficient [J]. Auditing: A Journal of Practice and Theory, 2003, (22): 71 – 97.

[97] Bamber, L. S., and Y. S. Cheon. Discretionary Management Earnings Forecast Disclosures: Antecedents and Outcomes Associated with Forecast Specificity Choices [J]. Journal of Accounting Research, 1998, 36 (2): 167 – 190.

[98] Bamber, L. S., J. Jiang, and I. Y. Wang. What's My Style? The Influence of Top Managers on Voluntary Corporate Financial Disclosure [J]. Accounting Review, 2010, 85 (4): 1131 – 1162.

[99] Baron, R. M., and D. A. Kenny. The Moderator – Mediator Variable Distinction in Social Psychological Research: Conceptual, Strategic, and Statistical Considerations [J]. Journal of Personality and Social Psychology, 1986, 51 (6): 1173 – 1182.

[100] Barth, M. E., W. R. Landsman, M. Lang, and C. Williams. Are IFRS – based and US GAAP – based Accounting Amounts Comparable? [J]. Journal of Accounting and Economics, 2012, 54 (1): 68 – 93.

[101] Barth, M. E., W. R. Landsman, M. Lang, and C. Williams. Are IFRS – based and US GAAP – based Accounting Amounts Comparable? [J]. Journal of Accounting and Economics, 2012, 54 (1): 68 – 93.

[102] Basu, S. The Conservatism Principle and the Asymmetric

Timeliness of Earnings [J]. Journal of Accounting and Economics, 1997, 24 (1): 3 - 37.

[103] Beasley and S. Mark. An Empirical Analysis of the Relation between Board of Director Composition and Financial Statement Fraud [J]. The Accouting Review, 1996, 71 (4): 443 - 465.

[104] Beasley, M. and K. Petroni. Board Independence and Audit - Firm Type [J]. Auditing: A Journal of Practice and Theory, 2001, 20 (1): 97 - 114.

[105] Beniluz, Y. Managerial Earnings Forecast Bias and Managers' Decision to Issue Earnings Guidance: An Examination of Management Incentives [D]. University of Chicago, 2006.

[106] Bergman, N. K., and S. Roychowdhury. Investor Sentiment and Corporate Disclosure [J]. Journal of Accounting Research, 2008, 46 (5): 1057 - 1083.

[107] Beuselinck, C., P. Joos, and S. Van der Meulen. International Earnings Comparability [R]. Working paper, Tilburg University, 2007.

[108] Beyer, A., D. A. Cohen, T. Z. Lys, and B. R. Walther. The Financial Reporting Environment: Review of the Recent Literature [J]. Journal of Accounting and Economics, 2010, 50 (2 - 3): 296 - 343.

[109] Bhushan, R. Firm Characteristics and Analyst Following [J]. Journal of Accounting and Economics, 1989, 11 (2 - 3): 255 - 274.

[110] Botosan, C. A., and M. Stanford. Managers' Motives to Withhold Segment Disclosures and the Effect of SFAS No. 131 on Analysts' Information Environment [J]. The Accounting Review, 2005, 80 (3): 751 - 771.

[111] Bradshaw, M., B. Bushee and B. Miller. Accounting Choice, Home Bias, and U. S. Investment in Non - U. S. Firms [J]. Journal of Ac-

counting Research, 2004, 42 (5): 795 – 841.

[112] Brennan, M. J. and P. J. Hughes. Stock prices and the Supply of Information [J]. Journal of Finance, 1991, 46 (5): 1665 – 1691.

[113] Brochet, F., A. D. Jagolinzer, and E. J. Riedl. Mandatory IFRS Adoption and Financial Statement Comparability [J]. Contemporary Accounting Research, 2013, 30 (4): 1373 – 1400.

[114] Brown, L. D., and M. S. Rozeff. The Superiority of Analyst Forecasts as Measures of Expectations: Evidence from Earnings [J]. Journal of Finance, 1978, 33 (1): 1 – 16.

[115] Brown, L. D., and E. Mohd. The Predictive Value of Analyst Characteristics [J]. Journal of Accounting, Auditing and Finance, 2003, (18): 625 – 648.

[116] Brown, L. D., and H. N. Higgins. Managers' Forecasts Guidance of Analysts: International Evidence [J]. Journal of Accounting and Public Policy, 2005, 24 (4): 280 – 299.

[117] Callen, J. L. and X. Fang. Institutional Investor Stability and Crash Risk: Monitoring versus Short – termism? [J]. Journal of Banking & Finance, 2013, 37 (8): 3047 – 3063.

[118] Campbell, J. L., and P. E. Yeung. Does Stock Price Contagion Reflect the Information in Earnings Management Contagion [R]. Working paper, University of Georgia, Cornell University, 2013.

[119] Carcello, J. V., and A. L. Nagy. Client Size, Auditor Specialization and Fraudulent Financial Reporting [J]. Managerial Auditing Journal, 2004, (19): 651 – 668.

[120] Cascino, S., and J. Gassen. What Drives the Comparability Effect of Mandatory IFRS Adoption? [J]. Review of Accounting Study, 2015, 20 (1): 242 – 282.

[121] Chan, K., and A. Hameed. Stock Price Synchronicity and

Analyst Coverage in Emerging Markets [J]. Journal of Financial Economics, 2006, (80): 115-147.

[122] Chen, C. J. P., and C. Jaggi. The Association Between Independent Non-Executive Directors, Family Control and Financial Disclosures in Hong Kong [J]. Journal of Accounting and Public Policy, 2000, 19 (4-5): 285-310.

[123] Chen, C. W., D. W. Collins, and T. Kravet. Financial Statement Comparability and the Efficiency of Acquisition Decisions [R]. Working paper, The University of Iowa, 2013.

[124] Cheng, Q., Luo, T., Yue, H. Managerial Incentives and Management Forecast Precision [J]. The Accounting Review, 2013, 88 (5): 1575-1602.

[125] Choi, F. D. S., C. A. Frost, and G. K. Meek. International Accounting [M]. Upper Saddle River, NJ: Prentice Hall, 1999.

[126] Chung, R., M. Firth, and J. Kim. Institutional Monitoring and Opportunistic Earnings Management [J]. Journal of Corporate Finance, 2002, 8 (1): 29-48.

[127] Clement, M. B. Analyst Forecast Accuracy: Do Ability, Resources and Portfolio Complexity Matter? [J]. Journal of Accounting and Economics, 1999 (27): 285-303.

[128] Coller, M. and T. L. Yohn. Management Forecasts and Information Asymmetry: An Examination of Bid-Ask Spreads [J]. Journal of Accounting Research, 1997, 35 (2): 181-191.

[129] Cotter, J., I. Tuna, and P. D. Wysocki. Expectations Management and Beatable Targets: How Do Analysts React to Explicit Earnings Guidance? [J]. Contemporary Accounting Research, 2006, 23 (3): 593-624.

[130] Cole V., J. Branson, and D. Breesch. Determinants Influen-

cing the De Facto Comparability of European IFRS Financial Statements [R]. Working paper, Vrije Universiteit Brussel, 2010.

[131] Craswell, A., J. Francis, and S. Taylors. Auditor Brand Name Reputations and Industrial Specializations [J]. Journal of Accounting and Economics, 1995, 20 (3): 297 – 322.

[132] Daily, R. A. The Feasibility of Reporting Forecasted Information [J]. The Accounting Review, 1971, 46 (4): 686 – 692.

[133] Daske, H., L. Hail, C. Leuz, and R. Verdi. Mandatory IFRS Reporting around the World: Early Evidence on the Economic Consequences [J]. Journal of Accounting Research, 2008, 46 (5): 1085 – 1142.

[134] Dechow, P. M., R. G. Sloan, and A. P. Sweeney. Detecting Earnings Management [J]. The Accounting Review, 1995, 70 (2): 193 – 225.

[135] Dechow, P. M., R. G. Sloan, and A. P. Sweeney. Cause and Consequence of Earnings Manipulation: an Analysis of Firms Subject to Enforcement Actions by the SEC [J]. Contemporary Accounting Research, 1996, 13 (1): 1 – 36.

[136] Dechow, P., W. Ge, and C. Schrand. Understanding Earnings Quality: A Review of the Proxies, Their Determinants and Their Consequences [J]. Journal of Accounting and Economics, 2010, 50 (2 – 3): 344 – 401.

[137] De Franco, G., S. P. Kothari, and R. S. Verdi. The Benefits of Financial Statement Comparability [J]. Journal of Accounting Research, 2011, 49 (4): 895 – 931.

[138] De Franco, G., and O. K. Hope. Do Analysts' Notes Provide New Information? [J]. Journal of Accounting, Auditing, and Finance, 2011, 26 (2): 229 – 254.

[139] DeFond, M. L., and M. Hung. An Empirical Analysis of Analysts' Cash Flow Forecasts [J]. Journal of Accounting and Economics, 2003, 35 (1): 73 - 100.

[140] DeFond, J., J. Franei, and T. J. Wong. Auditor Industry Specialization and Market Segmentation: Evidence from Hong Kong [J]. Auditing: A Journal of Practice & Theory, 2000, 19 (1): 49 - 66.

[141] DeFond, M., X. S. Hu, M. G. Hung, and S. Q. Li. The Impact of Mandatory IFRS Adoption on Foreign Mutual Fund Ownership: the Role of Comparability [J]. Journal of Accounting and Economics, 2011, 51 (3): 240 - 258.

[142] Dempsey, S. Predisclosure Information Search Incentives, Analyst Following, and Earnings Announcement Price Response [J]. The Accounting Review, 1989, 64 (4): 748 - 757.

[143] Durney, A., and C. Mangen. Corporate Investments: Learning from Restatements [J]. Journal of Accounting Research, 2009 (47): 679 - 720.

[144] Fama, E. F., and M. Jensen. Separation of Ownership and Control [J]. Journal of Law and Economics, 1983, 26 (2): 301 - 325.

[145] Fang, X., Y. Li, B. Xin, and W. J. Zhang. Accounting Comparability and Bank Loan Contracting [R]. Working paper, Georgia State University, University of Lethbridge, University of Toronto, Dalhousie University, 2012.

[146] Farber, D. B. Restoring Trust after Fraud: Does Corporate Governance Matter? [J]. The Accounting Review, 2005, 80 (2): 539 - 561.

[147] Financial Accounting Standards Board. Statement of Financial Accounting Concepts No. 8, Conceptual Framework for Financial Reporting, Chapter 1, The Objective of General Purpose Financial Reporting,

and Chapter 3, Qualitative Characteristics of Useful Financial Information [R]. Norwalk, CT, September 2010.

[148] Field, L., M. Lowry, and S. Shu. Does Disclosure Deter or Trigger Litigation? [J]. Journal of Accounting and Economics, 2005, 39 (3): 487 – 507.

[149] Fontes, A., L. Rodrigues, and R. Craig. Measuring Convergence of National Accounting Standards with International Financial Reporting Standards [J]. Accounting Forum, 2005, 29 (4): 415 – 436.

[150] Foster, G. Financial Statement Analysis [M]. Englewood Cliffs, N. J.: Prentice – Hill, 1986.

[151] Francis, J., and L. Soffer. The Relative Informativeness of Analysts' Stock Recommendations and Earnings Forecast Revisions [J]. Journal of Accounting Research, 1997, 35 (2): 193 – 211.

[152] Francis, J., K. Schipper, and L. Vincent. Earnings Announcements and Competing Information [J]. Journal of Accounting and Economics, 2002, 33 (3): 313 – 342.

[153] Francis, J., R. Lafond, P. Olsson, and K. Schipper. Cost of Equity and Earnings Attributes [J]. The Accounting Review, 2004, 79 (4): 967 – 1010.

[154] Francis, J. R., M. L. Pinnuck, and O. Watanabe. Auditor Style and Financial Statement Comparability [J]. The Accounting Review, 2014, 89 (2): 605 – 632.

[155] Frankel, R., S. P. Kothari, and J. Weber. Determinants of the Informativeness of Analyst Research [J]. Journal of Accounting and Economics, 2006, 41 (2 – 3): 29 – 54.

[156] Frost, C. A. Disclosure Policy Choices of UK Firms Receiving Modified Audit Reports [J]. Journal of Accounting and Economics, 1997, 23 (2): 163 – 187.

[157] Garrido, P., Á. León, and A. Zorio. Measurement of Formal Harmonization Progress: The IASC Experience [J]. The International Journal of Accounting, 2002, 37 (1): 1–26.

[158] Gleason, C. A., N. T. Jenkins, and W. B. Johnson. The Contagion Effects of Accounting Restatements [J]. The Accounting Review, 2008, (83): 83–110.

[159] Goodman, T. H., M. Neamtiu, N. Shroff, and H. D. White. Management Forecast Quality and Capital Investment Decisions [J]. The Accounting Review, 2014, 89 (1): 331–365.

[160] Hagerman, R. L., and M. E. Zmijewski. Some Economic Determinants of Accounting Policy Choice [J]. Journal of Accounting and Economics, 1979, 1 (2): 141–161.

[161] Harris, M. S. The Association between Competition and Managers' Business Segment Reporting Decisions [J]. Journal of Accounting Research, 1998, 36 (1): 111–128.

[162] Hassell, J. M., and R H. Jennings. Relative Forcast Accuracy and the Timing of Earnings Forecast Announcement [J]. The Accounting Review, 1986, 62 (3): 58–75.

[163] Healy, P. M., and K. G. Palepu. Information Asymmetry, Corporate Disclosure, and the Capital Markets: A Review of The Empirical Disclosure Literature [J]. Journal of Accounting and Economics, 2001, 31 (1–3): 405–440.

[164] Hirst, D. E., L. Koonce, and J. Miller. The Joint Effect of Management's Prior Forecast Accuracy and the Form of Its Financial Forecasts on Investor Judgment [J]. Journal of Accounting Research, 1999, 37 (S): 101–124.

[165] Hirst, D. E., L. Koonce, and S. Venkataraman. Management Earnings Forecasts: A Review and Framework [J]. Accounting Ho-

rizons, 2008, 22 (3): 315 – 338.

[166] Hodder, L., P. E. Hopkins, and D. A. Wood. The Effects of Financial Statement and Informational Complexity on Analysts' Cash Flow Forecasts [J]. The Accounting Review, 2008, 83 (4): 915 – 956.

[167] Hogarth, R. M. Jugement and Choice [M]. Chicester, England: John Wiley&Sons, 1987: 132 – 140.

[168] Holmstrom, B. Moral Hazard in Teams [J]. Bell Journal of Economics, 1982, 13 (2): 324 – 340.

[169] Hope, O. K. Accounting Policy Disclosures and Analysts' Forecasts [J]. Contemporary Accounting Research, 2003, 20 (2): 295 – 321.

[170] Hribar, P., and H. Yang. Does CEO Overconfidence Affect Management Forecasting and Subsequent Earnings Management? [R]. Working paper, University of Iowa, 2010.

[171] Hughes, J., and S. Pae. Voluntary Disclosure of Precision Information [J]. Journal of Accounting and Economics, 2004, 37 (2): 261 – 289.

[172] Hutton, A. P., and P. C. Stocken. Effect of Reputation on the Credibility of Management Forecasts [R]. Working paper, Boston College and Dartmouth College, 2007.

[173] Hutton, A. P., L. F. Lee, and S. Z. Shu. Do Managers Always Know Better? The Relative Accuracy of Management and Analyst Forecasts [J]. Journal of Accounting Research, 2011, 50 (5): 1217 – 1244.

[174] Hutton, A. P., G. S. Miller, and D. J. Skinner. The Role of Supplementary Statements with Management Earnings Forecasts [J]. Journal of Accounting Research, 2003, 41 (5): 867 – 890.

[175] International Accounting Standards Board. The Conceptual

Framework for Financial Reporting 2010 [R]. IASB, London, 2010.

[176] Irani, A. J. Management Earnings Forecast Bias and Insider Trading: Comparison of Distressed and Non – distressed firms [J]. Journal of Business and Economics Study, 2003, (9): 12 – 25.

[177] Jaafar, A., and S. McLeay. Country Effects and Sector Effects on the Harmonization of Accounting Policy Choice [J]. Abacus, 2007, 43 (2): 156 – 189.

[178] Jensen, M. C., and W. H. Meckling. Theory of the Firm: Managerial Behavior, Agency Costs, and Ownership Structure [J]. Journal of Financial Economics, 1976, 3 (4): 305 – 360.

[179] Jensen, M. C. The Modern Industrial Revolution, Exit, and the Failure of Internal Control Systems [J]. Journal of Finance, 1993, 48 (3): 831 – 880.

[180] Jin, I. and S. C. Myers. R^2 around the World: New Theory and New Tests [J]. Journal of Finance Economics, 2006 (79): 257 – 292.

[181] Johnson, M. F., R. Kasznik, and K. K. Nelson. The Impact of Securities Litigation Reform on the Disclosure of Forward – Looking Information by High Technology Firms [J]. Journal of Accounting Research, 2001, 39 (2): 297 – 327.

[182] Jones, J. Earnings Management During Import Relief Investigations [J]. Journal of Accounting Research, 1991, 29 (2): 193 – 228.

[183] Kadan, O., L. Madureira, R. Wang, and T. Zach. Analysts' Industry Expertise [J]. Journal of Accounting and Economics, 2012, 54 (2 – 3): 95 – 120.

[184] Kang, J. W. Kim, H. Y. Lee, and M. G. Lee. Financial Statement Comparability and Audit Efficiency: Evidence from South Korea

[J]. Applied Economics, 2015, 47 (4): 358 – 373.

[185] Karamanou, I., and N. Vafeas. The Association between Corporate Boards, Audit Committees, and Management Earnings Forecasts: An Empirical Analysis [J]. Journal of Accounting Research, 2005, 43 (3): 453 – 486.

[186] Kasznik, R., and B. Lev. To Warn or Not to Warn: Management Disclosures in the Face of an Earnings Surprise [J]. The Accounting Review, 1995, 70 (1): 113 – 134.

[187] Kasznik, R. On the Association between Voluntary Disclosure and Earnings Management [J]. Journal of Accounting Research, 1999, 37 (1): 57 – 81.

[188] Kim, S., P. Kraft, and S. G. Ryan. Financial Statement Comparability and Credit Risk [J]. Review of Accounting Study, 2013, 18 (3): 783 – 823.

[189] Kim, J. B., L. Li, L. Y. Lu, and Y. Yu. Financial Statement Comparability and Expected Crash Risk [J]. Journal of Accounting and Economics, 2016, 61 (2 – 3): 294 – 312.

[190] Kim, O., and R. Verrecchia. Trading Volume and Price Reactions to Public Announcements [J]. Journal of Accounting Research, 1991, 29 (2): 302 – 321.

[191] King, R., G. Pownall, and G. Waymire. Expectation Adjustments via Timely Management Forcasts: Review, Synthesis, and Suggestion for Future Research [J]. Journal of Accounting Literature, 1990 (9): 113 – 144.

[192] Klein, A. Audit Committee, Board of Director Characteristics and Earnings Management [J]. Journal of Accounting and Economics, 2002, 33 (3): 375 – 400.

[193] Koch, A. S. Financial Distress and the Credibility of Manage-

ment Earnings Forecasts [R]. Working Paper, 2002.

[194] Kothari, S. P. , A. J. Leone, and C. E. Wasley. Performance Matched Discretionary Accrual Measures [J]. Journal of Accounting and Economics, 2005, 39 (1): 163-197.

[195] Kothari, S. P. , K. Ramanna, and D. Skinner. Implications for GAAP from An Analysis of Positive Research in Accounting [J]. Journal of Accounting and Economics, 2010, 50 (2-3): 246-286.

[196] Kothari, S. P. , S. Shu, and P. D. Wysocki. Do Managers Withhold Bad News? [J]. Journal of Accounting Research, 2009, 47 (1): 241-276.

[197] Krishnan, G. V. Does Big 6 Auditor Industry Expertise Constrain Earnings Management? [J]. Accounting Horizons, 2003, 17 (Supplement): 1-16.

[198] Lang, M. , and R. Lundholm. Cross-Sectional Determinants of Analyst Ratings of Corporate Disclosures [J]. Journal of Accounting Research, 1993, 31 (2): 246-271.

[199] Lang, M. H. , and R. J. Lundholm. Corporate Disclosure Policy and Analyst Behavior [J]. Accounting Review, 1996, 71 (4): 467-492.

[200] Lang, H. P. , V. Karl, Lins, and D. P. Miller. ADRs, Analysts, and Accuracy: Does Cross-Listing in the USA Improve a Firm's Information Environment and Increase Market Value? [J]. Journal of Accounting Research, 2003, 41 (2): 317-345.

[201] Lang, M. H. , M. G. Maffett, and E. L. Owens. Earnings Comovement and Accounting Comparability: The Effects of Mandatory IFRS Adoption [R]. Working paper, University of North Carolina at Chapel Hill and University of Rochester, 2011.

[202] La Porta, R. , F. Lopez De Silanes, and A. Shleifer. Corpo-

rate Ownership Around the World [J]. The Journal of Finance, 1999, 54 (2): 471 – 517.

[203] Lee, M. G., M. Kang, H. Y. Lee, and J. C. Park. Related – party Transactions and Financial Statement Comparability: Evidence from South Korea [J]. Asia – Pacific Journal of Accounting and Economics, 2016, 23 (2): 224 – 252.

[204] Lee S., S. Matsunaga, and C. Park. Management Forecast Accuracy and CEO Turnover [J]. The Accounting Review, 2012, 87 (6): 2095 – 2122.

[205] Leuz, C. and R. E. Verrecchia. The Economic Consequences of Increased Disclosure [J]. Journal of Accounting Research, 2000, 38 (3): 91 – 124.

[206] Li, S. Q. Does Mandatory Adoption of International Financial Reporting Standards in the European Union Reduce the Cost of Equity Capital? [J]. The Accounting Review, 2010, 85 (2): 607 – 636.

[207] Li, X. The Impacts of Product Market Competition on the Quantity and Quality of Voluntary Disclosures [J]. Review of Accounting Studies, 2010, 15 (3): 663 – 711.

[208] Li, Y., L. Zhang. Short Selling Pressure, Stock Price Behavior, and Management Forecast Precision: Evidence form A Natural Experiment [J]. Journal of Accounting Research, 2015, 53 (1): 79 – 117.

[209] Libby, R., P. Libby, and D. Short. Financial Accounting (Sixth edition) [M]. New York, NY: McGraw – Hill/Irwin, 2009: 714.

[210] Maines, L., and L. McDaniel. Effects of Comprehensive – income Characteristics on Nonprofessional Investors' Judgments: The Role of Financial Statement Presentation Format [J]. The Accounting Review, 2000, 75 (2): 179 – 208.

[211] Matsumoto, D. A. Management's Incentives to Avoid Negative Earnings Surprises [J]. The Accounting Review, 2002, 77 (3): 483 – 514.

[212] Mcleay, S., D. Neal, and T. Tollington. International Standardization and Harmonization: A New Measurement Technique [J]. Journal of International Financial Management and Accounting, 1999, 10 (1): 42 – 70.

[213] Mcleay, S., and A. Jaafar, Accounting Harmonization in Europe: Country Effects and Sector Effects [C]. conference paper, 2003.

[214] McNichols, M. Evidence of Informational Asymmetries from Management Earnings Forecasts and Stock Returns [J]. The Accounting Review, 1989, 64 (1): 1 – 27.

[215] McNichols, M. F. and S. R. Stubben. Does Earnings Management Affect Firms' Investment Decisions? [J]. Accounting Review, 2008, 83 (6): 1571 – 1603.

[216] Mitra, S., and W. M. Cready. Institutional Stock Ownership, Accrual Management and Information Environment [J]. Journal of Accounting Auditing&Finance, 2005, 20 (3): 257 – 286.

[217] Nagar, V., D. Nanda, and P. Wysocki. Discretionary Disclosure and Stock – based Incentives [J]. Journal of Accounting and Economics, 2003, 34 (1 – 3): 283 – 309.

[218] Nalebuff, B. J., and J. E. Stiglitz. Prizes and Incentives: towards A General Theory of Compensation and Competition [J]. Bell Journal of Economics, 1983, 14 (1): 21 – 43.

[219] Ozkan N., Z. Singer, and H. You. Mandatory IFRS Adoption and the Contractual Usefulness of Accounting Information in Executive Compensation [J]. Journal of Accounting Research, 2012, 50 (4): 1077 – 1107.

[220] Peasnell, K. V., P. F. Pope, and S. Young. Board Monitoring and Earning Management: Do Outside Directors Influence Abnormal Accruals? [J]. Journal of Business Finance & Accounting, 2005, 32 (7-8): 1311-1346.

[221] Penman, S. H. An Empirical Investigation of the Voluntary Disclosure of Corporate Earnings Forecasts [J]. Journal of Accounting Research, 1980, 18 (1): 132-160.

[222] Pownall, G., and G. Waymire. Voluntary Disclosure Credibility and Security Prices: Evidence from Management Earnings Forecasts [J]. Journal of Accounting Research, 1989, 27 (2): 227-245.

[223] Pownall, G., C. Wasley, and G. Waymire. The Stock Price Effects of Alternative of Management Earnings Forcasts [J]. Accounting Review, 1993, 68 (4): 896-912.

[224] Rahman, A., H. Perera, and S. Ganeshanandam. Measurement of Formal Harmonization in Accounting: An Exploratory Study [J]. Accounting and Business Research, 1996, 26 (4): 325-339.

[225] Rahman, A., P. Hector, and G. Siva. Accounting Paratice Harmony, accounting regulation and firm characteristics [J]. Abcus, 2002, 38 (1): 46-77.

[226] Ramnath, S. Investor and Analyst Reactions to Earnings Announcements of Related Firms: An Empirical Analysis [J]. Journal of Accounting Research, 2002 (40): 1351-1376.

[227] Ramnath, S., S. Rock, and P. Shane. The Financial Analyst Forecasting Literature: A Taxonomy with Suggestions for Further Research [J]. International Journal of Forecasting, 2008, (24): 34-75.

[228] Rogers, J. L., and P. C. Stocken. Credibility of Management Forecasts [J]. The Accounting Review, 2005, 80 (4): 1233-1260.

[229] Romanus, R. N., J. J. Maher, and D. M. Fleming. Auditor

Industry Specialization, Auditor Changs and Auditor Restatements [J]. Accounting Horizons, 2008, 22 (4): 389 – 413.

[230] Russo, J. The Value of Unit Price Information [J]. Journal of Marketing Research, 1977, 14 (2): 193 – 201.

[231] Scharfstein, David and J. Stein. Herd Behavior and Investment [J]. American Economic Review, 1990 (80): 465 – 479.

[232] Schipper K. Principle – Based Accounting Standards [J]. Accounting Horizons, 2003, 17 (1): 61 – 72

[233] SEC. SEC Concept Release: International Accounting Standards [EB]. Available at http://sec.gov/rules/concept/34 – 42430.htm, 2000.

[234] Shleifer, A., and R. Vishny. Large Shareholders and Corporate Control [J]. The Journal of Political Economy, 1986, 94 (3): 461 – 488.

[235] Shleifer, A., and R. Vishny. A Survey of Corporate Governance [J]. The Journal of Finance, 1997, 52 (2): 737 – 783.

[236] Simmons, J. K. A Concept of Comparability in Financial Reporting [J]. The Accounting Review, 1967, 42 (2): 680 – 692.

[237] Sinha, P., L. Brown, and S. Das. A Re – examination of Financial Analysts' Differential Earnings Forecast Accuracy [J]. Contemporary Accounting Research, 1997 (14): 1 – 42.

[238] Skinner, D. J. Why Firms Voluntarily Disclose Bad News [J]. Journal of Accounting Research, 1994, 32 (1): 38 – 60.

[239] Skinner, D. Earnings Disclosures and Stockholder Lawsuits [J]. Journal of Accounting and Economics, 1997, 23 (3): 249 – 262.

[240] Sobel, M. Asymptotic Confidence Intervals for Indirect Effects in Structural Equation Models [J]. Sociological Methodology, 1982, 13: 290 – 313.

[241] Stickney, C. P., P. R. Brown, and J. M. Wahlen. Financial Reporting, Financial Statement Analysis, and Valuation (Sixth edition) [M]. Mason, OH: Thomson/South-Western, 2007.

[242] Taplin, R. H. A Unified Approach to the Measurement of International Accounting Harmony [J]. Accounting & Business Research, 2004, 34 (1): 57-73.

[243] Tay, J. S. W., and R H. Parker. Measuring International Harmonization and Standardization [J]. Abacus, 1990, 26 (1): 71-88.

[244] Teoh, S. H., T. J. Wong. Perceived Auditor Quality and the Earnings Response Coefficient [J]. The Accounting Review, 1993, 68 (2): 346-366.

[245] Turner, J. N. International Harmonization: A Professional Goal [J]. Journal of Accountancy, 1983, 155 (1): 58-66.

[246] Van der Tas, and G. Leo. Measuring Harmonization of Financial Reporting Practice [J]. Accounting and Business Research, 1988, 18 (70): 157-169.

[247] Wang, C. Accounting Standards Harmonization and Financial Statement Comparability: Evidence from Transnational Information Transfer [J]. Journal of Accounting Research, 2014, 52 (4): 955-992.

[248] Wang, I. Y. Private Earnings Guidance and Its Implications for Disclosure Regulation [J]. Accounting Review, 2007, 82 (5): 1299-1332.

[249] Watts, R. L., and J. Zimmerman. Positive Accounting Theory [M]. New Jersey: Prentice-Hall, 1986.

[250] Watts, R. L., and J. Zimmerman. Positive Accounting Theory: A Ten Year Perspective [J]. The Accounting Review, 1990, 65 (1): 131-156.

[251] Watts, R. L. Conservatism in Accounting Part1: Explanation and Implications [J]. Accounting Horizons, 2003, 17 (3): 207 – 221.

[252] Waymire, G. Earnings Volatility and Voluntary Management Forecast Disclosure [J]. Journal of Accounting Research, 1985, 23 (1): 268 – 295.

[253] Williams, P. A. The Relation between a Prior Earnings Forecast by Management and Analyst Response to a Current Management Forecast [J]. The Accounting Review, 1996, 71 (1): 103 – 115.

[254] Williamson, O. E. The New Institutional Economics: Taking Stock, Looking Ahead [J]. Journal of Economic Literature, 2000, 38 (3): 595 – 613.

[255] Weber, C. Harmonization of International Accounting Standards [J]. The National Public Accountant, 1992, (October 1).

[256] Yip, R. W. Y. and D. Young. Does Mandatory IFRS Adoption Improve Information Comparability? [J]. The Accounting Review, 2012, 87 (5): 1767 – 1789.

[257] Young, S., and Y. Zeng. Accounting Comparability and the Accuracy of Peer – Based Valuation Models [R]. Working paper, 2015.

[258] Yu, G. and A. S. Wahid. Accounting Standards and International Portfolio Holdings [J]. The Accounting Review, 2014, 89 (5): 1895 – 1930.

[259] Zhang, X. F. Information Uncertainty and Analysts Forecasts Behavior [J]. Contemporary Accounting Research, 2006, 23 (2): 565 – 590.

[260] Zmijewski, M. E. Methodological Issues Related to The Estimation of Financial Distress Prediction Models [J]. Journal of Accounting Research, 1984, 22 (Supplement): 59 – 82.